U0057902

班級經營

吳清山　李錫津　劉緬懷
莊貞銀　盧美貴　　／著

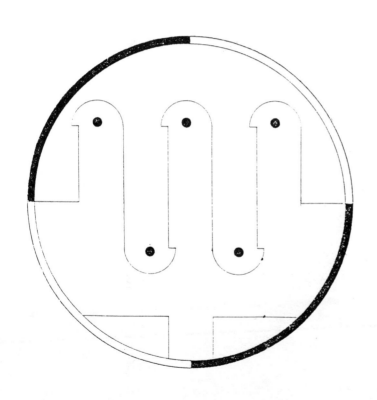

◉心理出版社◉

作者簡介

（依各人負責撰寫章次排列）

吳清山（兼主編）

國立政治大學教育研究所博士

曾任國中教師、台北市政府教育局科員、秘書、台
北市立師範學院校長、台北市立師範學院初等教育
系教授

現任台北市立教育大學國民教育所教授

李錫津

國立台灣師範大學教育碩士

美國北科羅拉多大學博士班研究

曾任教師、縣市政府教育局督學、課長、台灣省政
府教育聽視察、台北市政府教育局秘書、高等及職
業教育科科長、台北市教育局局長、台北市立建國
高中及松山家商校長

現任台北市政府公務人員訓練中心主任

劉緬懷

國立台灣嘉義師範學院畢業

國立台灣師範大學教育系畢業

國立台灣師範大學教育研究所、美國南伊利諾大
學科學教育研究所研究

曾任國民小學教師、台北市立師專助教、講師
現任台北市立教育大學教育系教授

莊貞銀

日本東洋大學教育系畢業
國立台灣師範大學教育研究所結業
曾任國小教師
曾任台北市立師範學院幼兒教育系系主任

盧美貴

國立台灣師範大學教育研究所博士
曾任國中教師、台北市政府教育局科員、台北市
立師專秘書、台北市立師範學院幼兒教育系系主
任及兒童發展研究中心主任、台北市立師範學院
附設實驗小學校長、台北市立師範學院兒童發展
研究所及幼兒教育系教授
榮獲中華民國教育學術團體木鐸獎
現任吳鳳技術學院幼兒保育系教授兼系主任

序　言

　　「如何成為有效的班級經營者」，一直是教師們所關心的課題。因為有效的班級經營，是發揮教學效果、達成教育目標的條件之一，所以目前很多教育界人士特別呼籲要加強教師及師範生的班級經營能力，使其能成為適任而有效的教師。

　　值此國內重視「班級經營」之際，然坊間出版有關「班級經營」書籍為數不多，實在可惜。有鑒於此，撰寫一本具有理論性、實用性、本土性、啟發性的「班級經營」書，對於有志研究或興趣於班級經營的人，將是一件重要而有意義的事。

　　基於以上的體認，乃邀集志同道合的師院教授們，共同撰寫「班級經營」一書。在撰寫過程中，力求嚴謹並多次研商，以確定內容和體例。所以本書除理論的介紹外，也特別著重於實務的印證。因此，每章後面均有參考案例一至四則不等，並附有問題討論，俾供教學時，教授們可靈活運用，以啟發學生的思想，並增加教學的趣味。此外，也可讓讀者自修時，不會產生枯燥乏味的心理，增加讀書的效果。

　　本書能夠順利出版，特別要感謝劉定霖先生、台北市國語實小林淑英老師、台北市立師院附設實小高紅瑛老師、顏英老師、趙桂珠老師、洪國本老師、張素苓老師，提供很多實際案例，使本書增色不少；同時也要感謝台北市立師院毛院長連塭殷殷垂詢

、多方指導，使本書能有一個很正確的撰寫方向；當然，對於心
理出版社許發行人麗玉慨允協助出版，更要表示由衷的謝意。

　　作者才疏學淺，錯誤之處在所難免，尚祈教育先進賢達賜予
指正，俾供再版修訂時參考。

目　錄

第六章　班級常規輔導　　　　　　李錫津

第一章

班級經營的基本概念

第一節　班級經營的定義

一、經營的意義
二、班級經營的意義

第二節　班級經營的內容與功能

一、班級經營的內容
二、班級經營的功能

第三節　班級經營的研究方法與研究取向

一、研究方法
二、研究取向

第四節　有效的班級經營

一、了解影響班級行為的因素
二、掌握班級經營的特性

　　班級是一個複雜的小社會，也是學校最基層的小團體。它通常由一位級任教師（或數位科任教師）和一群學生所組成；然後透過師生交互影響的過程實施教學，以達成教育目標。所以，班級教學也就成為一種有系統的教育型態。因此，為了發揮最大的教學效果，教師如何運用良好而有效的方法來經營班級，實為一項重要的課題。

第一節　班級經營的定義

壹、經營的意義

一、英文的涵義

「經營」一詞，其英文為 Management，根據韋氏新國際字典（Webster's New International Dictionary）的解釋，Manage 最早期的字是 Maneare，係來自拉丁文 Marus，該字有「手」（hand）之意，亦指 mode of handling（處置方式）。後來引申為有控制和指示、使人服從、小心處理及執行業務以達成目標等多種涵義。（註1）

二、中文的涵義

「經營」兩字出現於我國古籍甚早。如詩小雅黍苗：「召伯營之」，引申為「謀」。左傳昭二十五年：「為夫婦外內，以經二物」，「經」即「治」也。而書召誥：「既得吉卜，則經營」，此「經營」有「謀作」之意。所以，它也具有「管理」的意義，根據辭海之解釋：「管理係依一定之尺度，就事物、動作或現象為必要之處置」。「理」，治玉也，今云修理、清理、整理、料理，皆「治」義之引申（註2）。由此可知：「經營」與「管理」之義並無差別，可說是同義詞。

基於以上的解釋，「經營」可界定為：根據一定的準則，就人、事、物做必要的處理，以達成目標的一種歷程。所以，「經營」應該具有下列要件：

(一)經營的本質：它不僅是一種結果（目標的達成），也是一種歷程（運用各種策略）。

(二)經營的方式：必須遵循一定的法則，不能閉門造車，也不能土法煉鋼，只有應用客觀、科學、有系統的方法，方能達到

最大效果。

㈢經營的範圍：經營所處理之事情範圍甚廣，舉凡人、事、物等都包含在內。

㈣經營的目標：一方面要發揮效率（efficiency），一方面要發揮效能（effectiveness）。換言之：經營的目標乃是將人力、物力、財力及時間作最完善的安排與分配，以達成組織的目的。所以，經營須要兼顧個人心態的滿足與組織目標的達成。

貳、班級經營的意義

一、班級團體的特徵

班級組成的要素有教師、學生及環境。教師為班級的靈魂人物，學生為教學的主體，環境則提供施教場所。所以班級乃成為環境、教學變項與個人人格、性向形成強而有力的互動情境。因此，班級乃成為一種獨特的社會組織（social organizations），每人都有不同的需求、理念。葛佐爾等人（Getzel & Thelen）乃提出了班級團體的特徵，如表 1-1 所示。（註 3）

從表 1-1 可知：班級團體中所追求的目標、成員與領導者的關係，與大部份社會企業機構（social enterprises）有別，師生很少有選擇自己隸屬班級的自由，而且是以學習為主，不是以營利為目標。

表 1-1　班級團體的特徵

目　標

■學習是主要目標，而不是次要目標。
■學生加入班級之前，學校已經選擇了學生所要學習的結果及達成的程序。
■學生很少參與教學方法、目標的修正和評量。

成　員

■法令要求學生參與。
■出生時間和居住環境決定了學生所配置的學校和班級。
■班級學生無法控制團體的成份。

領　導

■領導者不必經過成員的選擇或同意。
■建立領導的特權是來自法律和習俗，而不是團體的共識。
■領導者控制了學生表達和活動的自由。

關　係

■班級的所作所為常由職位較高者決定，成員需加以遵循。
■其他團體成員可能會運用強大壓力，要求成員接受或拒絕班級規範。
■其他團體也會細察師生的工作情形。

資料來源：Len A. Froyen（1988）*Classroom Management: Empowering Teacher-Leaders.* Columbus: Merrill Publishing Compang, P 13.

二、班級經營的意義

「班級經營」（Class Management）一詞，早期多以「班級管理」或「教室管理」稱呼。但自一九七〇年代以後，由於開放教育愈來愈受到重視，學生學習的空間和環境都擴大了，不再只限於教室，例如操場、校外教學場所……等學習場地，都需要教師有效的處理，俾使學生學習活動能夠順利進行。所以，「班級經營」一詞逐漸為大家所接受和通用。

所謂「班級經營」，簡單而言，就是有效處理班級中所發生的事情，以達成教學目標。中外學者論述甚多，茲舉若干說法，以供參考。

方炳林認為教室管理就是教室處理，是教師或教師和學生共同合適地處理教室中人、事、物等因素，使教室成為最適合學習的環境，以易於達成教學目標的活動。（註4）

李祖壽亦強調：「班級管理係安排教學環境（包括物質的和精神的），以使學生能有效的利用其學習時間，在教師的指導與希望之下，從事其應有的及可能的學習。」（註5）

李園會則將「班級經營」定義為：為使兒童能在學校與班級中，愉快的學習並擁有各種快樂的團體生活，而將人、事、物等各項要件加以整頓，藉以協助教師推展各種活動的一種經營方法。（註6）

朱文雄則認為班級管理的意義，應指「教師管理教學情境，掌握並指導學生學習行為，控制教學過程，以達成教學目標的技術或藝術。」（註7）

詹森（L.V. Johnson）等人認為「班級經營」是「建立和維

持班級團體，以達成教育目標的歷程。」（註8）

　　古德（C.V. Good）則將「班級經營」定義爲「處理或指導班級活動所特別涉及到的問題，如紀律、民主方式、補充和參考資料的使用與保管、教室的物理特色、一般班務處理及學生社會關係。」（註9）

　　艾默（E.T. Emmer）則將班級經營視爲教師一連串的行爲和活動，主要在培養學生班級活動的參與感與合作性，其範圍包括了安排物理環境、建立和維持班級秩序、督導學生進步情形、處理學生偏差行爲、培養學生工作責任感及引導學生學習。（註10）

　　以上各家的看法雖然互有不同，但就其基本內涵和實際精神而言，可說大致相若，並無任何明顯的差異。因此，作者乃歸納上述各家的說法，將「班級經營」定義如下：

　　　「班級經營，乃是教師或師生遵循一定的準則，適當而有效地處理班級中的人、事、物等各項業務，以發揮教學效果、達成教育目標的歷程。」

　　從這個定義中，可以作以下的分析：
　㈠班級經營的旨趣，在於遵循一定準則，以發揮教學效果、達成教育目標。
　㈡班級經營的項目，涵蓋了人、事、物等內容，人的方面如教師之間關係、師生之間關係、學生之間關係；物的方面如班級中的環境及其設備；事的方面如人與物所發生的一切活動——教學、訓導、輔導等工作。

㈢班級經營的方式，需要遵循一定的法則，而這法則乃是以教育的理念——個別差異與因材施教爲基準，簡言之，它要合乎教育的原理。

㈣班級經營的決定，不僅由教師作決定，而且也要讓學生有參與的機會。同時，師生也可從班級經營的過程中得到回饋，進而建立班級經營的最佳策略。

第二節　班級經營的內容與功能

壹、班級經營的內容

班級經營所涉及的人、事、物等事項，範圍廣泛、內容繁多，而且可能會因學校、班級差異而稍有不同。但其主要內容約可分爲下列六方面：

一、行政經營

班級活動猶如一個小型的機構，內部有許多行政工作需要處理。舉凡認識學生、座次安排、生活照顧、班會活動、班規訂定、校令轉達、各項競賽、學生問題處理……等，都算是行政經營的一部份，從廣義的角度來看，幾乎涵蓋班級教務、訓導、總務、輔導等工作的處理。

二、教學經營

行政經營是增進學生學習的利器，但是要使學生能更有效地學習，則有賴妥善的班級教學經營，它的範圍包括了教學活動的設計、教學內容的選擇、教學方法的應用、學生作業的指導，以及學習效果的評量。所以，如何利用時間和空間，並給予學生一個適當之安排，以增進教學效果，是班級教學經營的重要課題。

三、自治活動

自治活動係指學生在教師指導下成立自治組織、從事自我管理的活動。其目的在培養學生公民智能及獨立自主的精神。原則上，學生自治組織是以班級「班會」爲基本單位，在級任教師指導下處理各班的自治事宜，設班長、副班長一人，並分設學藝、總務、康樂、服務及衛生等各股。因此，自治活動也就成爲班級重要活動之一。身爲級任教師應該以積極輔導的方式，來協助學生活動的進行。

四、常規輔導

班級常規，主要包括生活教育的輔導和問題行爲的處理。所以在班級中，常訂定許多規則，如教室禮節、教室公約、教室秩序、集會公約……等，旨在輔導學生實踐日常生活規範，養成良好生活習慣。此外，學生於班級內，常會做出一些違反班級常規的行爲，輕者不守秩序、爭吵，重者打架、偷竊、逃學，此時教師必須予以特別處置和輔導，俾減少其不良行爲的產生。

五、班級環境

　　良好的班級經營環境，不但能直接幫助學生學習、增進學習效果，而且又能發揮境教效果。所以，班級環境的佈置，常成為班級經營的主要內容之一。而班級環境所要探討的內容，以班級的物質環境和教室的佈置為主。班級的物質環境，如教室的座落方向、通風、整潔、光線、課桌椅的擺設……等。而教室的佈置，如公佈欄的設計、作品展示、榮譽榜、益智角設計、圖書角規劃，以及教室走廊的綠化和美化……等。當然，有關班級經營環境的佈置應儘量顧及其教育性、實用性、整體性及安全性。

六、班級氣氛

　　班級氣氛乃是班級師生或學生彼此之間產生交互作用影響而形成一種獨特的氣氛。這種獨特的班級氣氛會影響到學生學習結果。所以，在班級經營中，班級氣氛的研究逐漸為大家所重視。班級氣氛主要探討的內容有：㈠師生關係與學習；㈡教師教導方式與班級氣氛；㈢學生同儕團體中的人際關係。

貳、班級經營的功能

　　班級經營的功能，不僅是防止學生不良行為的產生，而且更要提高其學習效果。所以班級經營的功能，可以歸納為下列六方面：

一、維持良好班級秩序

　　良好的班級秩序，教師可以安心教學，學生可以快樂學習。根據蓋洛普(Gallup)在 1988～1989 年所做的民意調查中，發現學校紀律問題一直是美國人民所認為最嚴重的二大問題之一（前項是藥物問題）。（註 11）故美國學校教育的教學效率始終無法提昇。因為在一片不安定和混亂的情境下，是很難獲得學習效果的。所以，維持良好班級秩序，可以算是班級經營最基本的功能。

二、提供良好學習環境

　　班級常規訓練，無非是為了維持班級秩序，只能視為消極地功能。因此，以更積極地功能來看，重視教學環境的佈置，提供一個安全舒適、富有啟發性的學習環境，不僅使教學目標容易達成，而且更有陶冶性情、變化氣質之效。所以，提供一個良好學習環境，使學生能夠勤學樂學，也是班級經營的重要功能之一。

三、提高學生學習效果

　　教學是師生交互作用的一種活動。身為教師，為了提高學生學習效果，常會設計各種不同的教學活動、運用各種教學技術，無非是為了啟發學生的學習興趣，增進教學效果，進而提高學生學習效果。

四、培養學生自治能力

　　班級是學生共同生活和學習的場所，所以，班級中所訂的各

種規範，以及班會活動、課外活動，其主要目的不在於約束學生行為，而在於培養學生互助合作、自治治人的精神。因此，在有效的班級經營中，對於學生自治能力的培養，裨益甚大。

五、增進師生情感交流

教師不只是知識的傳遞者，更是品德的陶冶者。換言之：教師不僅是人師，而且更是經師。有效的班級經營，更要加強師生之間接觸與溝通的機會，教師常於接近學生，學生樂於親近教師。唯有如此，方能建立水乳交融的師生情感，以及和諧的班級氣氛。良好的師生關係，應是學生學習的原動力。

六、協助學生人格成長

國小學生仍是一個未成熟的個體，具有相當的可塑性和依賴性，需要師長們從旁輔導協助，才能發展為健全而成熟的個體。因此，教師在班級經營中，常會運用各種指導策略，如行為改變、角色扮演、示範學習、自我管理，其目的在於協助學生人格不斷成長，進而達到身心健康、自我實現的教育目標。

第三節　班級經營的研究方法和研究取向

壹、研究方法

　　研究之目的，有時只對某種現象和問題作描述與解釋，有時則希望能夠對所研究的現象加以控制和預測。故班級經營也常運用一種或數種研究方法，藉以了解師生在班級所表現的各種行為和活動，作為處理班級活動之參考。而班級經營常用的研究方法，主要有下列四種：

一、實驗法

　　實驗法乃是實驗者操縱（maniuplate）某一變項（variable），而了解此一變項對另一變項所發生的影響。被實驗操縱的變項，稱為「自變項」（Independent Variable），接受觀察或實驗的變項，稱為「依變項」（Dependent Variable）。例如不同增強方式對學生生活適應的影響，其中增強方式可能可視為自變項，而生活適應可視為依變項。因此，實驗者在操縱自變項，而自變項要以各種不同形式出現，例如增強方式可用自我增強（自己督導自己，根據行為後果給予自己獎懲）、社會增強（行為表現良好時，給予讚許、鼓勵、微笑……）、次級增強（行為表現良好時，給予等第、獎狀、獎品等），則每一種形式即是實驗處理（treatment）。

　　在實驗設計，常可分為控制組（不接受實驗處理之組）和實驗組（接受實驗處理之組），如研究「價值澄清對國小學生人際關係的影響」，接受價值澄清法訓練，即為實驗組，而控制組則不接受價值澄清法。這種設計，主要在比較實驗組和控制組中，自變項是否會影響到依變項。值得注意的是，為排除無法直接控制因素的影響，常採用隨機方式（random）分派不同組別，接受不同實驗處理。

伊梅遜（C.M. Evertson）曾以國小一年級教師爲研究對象，將受試者分爲實驗組和控制組，實驗組在學期初和學期中接受班級經營研習，結果發現在班級經營技巧方面，實驗組要比控制組爲佳。（註 12）國內亦有多篇論文，利用實驗法了解班級經營的效果，如劉春榮的「代幣制對國小兒童適應行爲、班級氣氛及學業成績之成效研究」，及陳月華的「角色扮演對國小兒童的輔導效果之研究」。（註 13）

二、觀察法

觀察法乃是指在自然的情境或控制的情況下，根據既定的研究目的，對現象或個體的行爲做有計劃與有系統的觀察，並依觀察的紀錄，對現象或個體的行爲做客觀性解釋的一種研究。（註 14）因此，觀察法可分爲自然觀察法和控制觀察法；若從觀察者是否參與觀察情境活動來看，又可分爲參與觀察者和非參與觀察者二種。所以，很多研究學者都把觀察法視爲質的研究方法。

師生「生活」在教室中，掌握許多教室生活的「現實」，因此，爲了了解師生互動情形，使用持續而長期的參與與觀察的方式，不失爲良好而有效的途徑。目前頗受重視的人種誌法（enthnography），特別重視田野研究（Field Studies），認爲應該「參與」正在進行的活動，「觀察」自然情境中的事情。（註 15）

一般而言，使用觀察法進行教室觀察常須準備錄音機、馬錶、紀錄表（如附錄一至三）等工具，並與晤談法一併使用，才能得到精確而詳實的資料。國內孫敏芝曾研究「教師期望與師生交互作用——一個國小教室的觀察」（註 16），柯華葳也研究「

教室規矩──一個觀察研究報告」（註17），較為深入的探究班級師生各種行為及活動。

三、調查法

調查法係利用問卷或訪問的方式，請受調查的對象針對研究陳述有關事實或意見加以統計分析，以了解研究問題的實況或意見趨勢，供研究解決問題方案之根據。（註18）故有問卷調查和訪問調查兩種。

在調查法中，對於樣本選取和研究工具的編製，尤應特別重視。而在班級經營中，教師應以班級為對象，較不會產生抽樣的困擾。至於研究工具，大部份以問卷或調查表為主。當然要以問卷方式來了解學生行為，就必須注意編寫問卷題目的原則：㈠問題的陳述宜簡明扼要、涵義確定、避免語意不明或過於空泛；㈡問題要有一個重心，避免題目中含有兩個或兩個以上問題的概念；㈢問題避免涉及社會禁忌；㈣問題避免涉及個人隱私；㈤問題避免引用學術上的專有名詞，以免超出受試者的知識和能力；㈥問題避免使用雙重否定；㈦問題避免產生暗示作用的線索；㈧問題避免冗長和複雜，或需要花費太多時間填答；㈨問題必須是受試者所能回憶的範圍之內；㈩題目中如有特別重要或需強調的觀念，應在這些字詞下加線表示；㈠題目屬於評比或比較的，必須提供參照點；㈢題目應以提供完整資料的問題為宜；㈢如果問卷中所有題目的反應均屬於相同類型，則不必逐類列出，僅寫一次即可。（註19）

利用調查法進行班級經營研究，如王俊明的「國小級任教師之領導行為對班級氣氛的影響」、張慧文的「國小教師類型、師

生關係與班級適應之影響」等（註20），頗有參考價值。

四、個案法

個案法乃是對個體做深入而詳盡的觀察與研究，以期發現與個體有關的所有資料。使用個案法，常常須藉助於心理測驗、紀錄文件及個別談話等方式，方能獲得效果。

在班級中，常有少數適應欠佳的學生，有時會影響其他同學的學習。因此，教師必須針對這少數學生予以輔導，俾使其人格健全發展。所以，個案法也成為班級經營重要的研究方法。

一般而言，個案法所使用的格式，常以下列重點來敘寫：

㈠個案身份
㈡個案緣起
㈢問題行為敘述
㈣資料收集與整理
㈤問題原因分析與診斷
㈥處理經過
㈦追踪輔導
㈧檢討與建議

以上乃是針對班級經營常用的研究方法。事實上，在班級經營中，偶而也會用到行動研究法，甚至發展研究法或者相關研究法。

貳、研究取向

　　每位研究班級經營的學者，都有其研究取向。此種取向會影響其研究方法的選擇與研究結果的解釋。

　　依艾默（E.T. Emmer）的看法，班級經營的研究取向主要有三大類：一、功能研究取向（functional perspective），二、行爲改變研究取向（behavior modification perspective），三、人際——互動研究取向（humanist-interactionist perspective）。（註21）茲分別說明如下：

一、功能研究取向

　　功能研究取向可說取源於功能論（functionalism），係由美國心理學家詹姆斯（W. James）與杜威（J. Dewey）所首創。此一理論頗受達爾文（C. Dawin）進化論和美國實用主義的影響，因此特別重視個體適應環境功能的研究，所以大部份以內省法和觀察法等研究方法爲主。

　　這種功能論的看法，對於班級經營研究頗受影響，爲了讓學生能夠有效適應班級環境，很重視管理標準（Criteria for Management）的建立，希望透過選擇的方法，設法找出教師的行爲，以協助目標的達成。由於這種研究重於內省法和觀察法，常常偏重於主觀的、理論的探究，容易成爲一般常識或天眞的想法。

二、行爲改變研究取向

　　行爲改變研究取向主要是以行爲主義者論點爲主。特別重視個體行爲的直接觀察與客觀紀錄。因此，用在班級經營方面，其研究取向也是利用增強和懲罰原理，來建立、維持或消除個體某一特定行爲，主要是以實驗法和觀察法爲主。

　　行爲改變研究取向所選擇的變項，要比功能研究取向更爲狹隘，而且著重於實驗室的研究，頗受批評。近幾年來，已慢慢從事田野研究。由於行爲改變研究取向所使用的依變項（如學生花費於學習的時間、破壞性或偏差性行爲）都與班級經營效果有關。因此，它的研究已不再限於行爲論的制約學習理論，而擴大採用認知論的理論，以改變個體的觀念、態度等較爲複雜的心理歷程。

三、人際──互動研究取向

　　人際──互動研究取向是以心理治療（psychotherapetic）爲基礎，可說起源於人本主義，重視個人的主觀感受、自由意志，相信本身有能力選擇，並能解決自己面對的生活問題。

　　所以這種研究取向，強調教師特定行爲的正面價值，如學生情感的接受或主動傾聽，因爲這些行爲可以增進學生自我觀念、個人適應或人格的成長。因此，教師班級經營所表現的行爲，旨在增進學生個人情感的發展，這樣才會有較良好的班級經營效果。很可惜的，使用這些技術，被視爲有助於班級經營，却很少有班級研究來支持它。

　　日前有關班級經營的研究，大多以功能研究取向或行爲改變研究取向爲主，較少涉及人際──互動研究取向，因爲人際──互動研究模式之研究效果的證據要比其他兩種模式薄弱。

　　以上乃是就班級經營的研究取向作一說明，可以歸納如表1-2：

表1-2 三種研究取向比較摘要表

取向名稱 類別	功能研究取向	行為研究取向	人際——互動研究取向
起　源	功　能　論	行為主義	人本主義
要點	(一)重視個體適應環境功能。 (二)重視管理標準的建立。 (三)設法找出教師有效行為。	(一)利用增強和懲罰原理，建立、維持或消除個體某一特定行為。 (二)著重實驗室研究，目前已擴大到認知理論的研究。	(一)重視個人主觀的感受。 (二)強調教師應具有接納和主動傾聽的行為與技巧，增進學生人格發展。
主要研究方法	觀察法和內省法	觀察法和實驗法	觀察法和個案法

第四節　有效的班級經營

　　成功的班級經營需要事先規劃。因此，教師每天所從事的單元教學設計是不夠的。一位成功而有效的老師，除了避免學生不良行為的產生外，更要增進學生學習效果。所以，要成為有效的

班級經營者，必須從下列兩方面著手：

壹、了解影響班級行為的因素

影響班級行爲的因素，主要有個人因素和環境因素，個人因素如學生的人格特質、學習態度、教師的人格特質、教學態度、教學行爲、家長的態度、學校行政人員的態度……等；至於環境因素，依沙莉（B. Shirley & E.S. Jonather）等人的看法，主要的有物理因素、社會因素和教育因素，如表1-3所示：（註22）

表1-3 影響班級行爲的環境因素

物理因素	社會因素	教育因素
大量的工作和活動空間	團體大小和組成份子 學生共同或單獨工作	教育工作的類型、關連性、難度和長度
座位安排	班級常規	教師的教法
材料分配	教師對個別和團體行爲	書面的說明和例子
噪音大小	學生彼此的行爲及對老師的行爲	每課和每天的活動方式

資料來源：Bull, Shirky L. & Jonathan E.S. （1987）*Classroom Management: Principles to Practice.* London: Croom Helm. p 18

　　教師了解了影響班級行為的因素，在進行班級經營時，下列五點可供參考：（註23）

㈠安排班級例行事務、標準，並將這些規定與學生溝通意見。

㈡透過教學和增強方式，督導學生遵守規定，使學生能夠了解並接受這些規定。

㈢預先釐訂教學計畫、預期學生的物質需求、協助及活動。

㈣發展績效制（accountability），追踪學生進步情形，並發展學生自我控制和自我評鑑能力。

㈤分析工作和學習經驗，以預期時間分配、參與情形及工作限制。

　　由此可知，提供良好學習環境、建立良好教學技巧、不斷評估學生進步情形，實在是有效班級經營的條件。

貳、掌握班級經營的特性

一、整體性

　　班級是學生學習的大環境，任何班務的活動，都應該以謀求班級整體發展為導向。諸如教室環境的佈置、教室設備的擺設、班級常規的管理⋯等，除了應顧及大多數同學的需求之外，更要表現出該班級的特色。

二、適應性

　　教育的功能在於增進學生知識的獲得、人格的養成，使學生能夠成為健全的個體。而學生來自不同的遺傳和環境，各有其不

同的興趣、性向及需求，教師為使每位學生都能得到適當的教育，使其潛能能夠獲得充分的發展，教師班級經營時，就不能不顧及學生「個別差異」的事實，諸如教學方法、教材內容、作業分量、環境布置……等，最好能適應學生的需求。

三、啓發性

論語述而篇曾謂：「不憤不啓，不悱不發，舉一隅不以三隅反，則不復也。」故教師教學時，不能只讓學生被動地去吸引知識，應該啓發學生的思想，引導學生去解決問題。同樣地，教師班級經營時，即可採用啓發式教學法，即使是道德的教學，亦可採用道德兩難法（註 24）；再則教室的布置，亦可布置成圖書閱覽室的形式，俾便學生自學。此外，教室常規的管理，不一定要採用規定、訓誡的方式，利用角色扮演、示範學習，亦是相當可行的方式。

四、合作性

班級是師生共同組成的小型社會。為增進學生的參與感及情感，教師處理班級各項事務，如教室環境布置、學生自由活動推展、學生自治公約的訂定、教學活動的設計……等，應讓學生有表達意見和參與活動的機會。相信在「師生共同合作、同學彼此合作」的情況下，必能形成良好的班級氣氛，進而建立良好的學習環境。

五、創新性

人類的才智創造了人類的文化和文明。但是在人類社會中，

却時時面臨著很多亟待解決的問題，那就需要一批有創造力的人，方能提出妥善解決方案。學校教育是培養個人創造力的最佳場所，而班級教學則爲學校教育最重要的施教方式，爲了培養有創造力的個體，便需要一個有創造性的環境。所以，教師進行班級經營時，如教學環境的設計和布置，或者教學方式（採用腦力激盪活動……），便不能不顧及創新性。簡言之：班級經營不能流於呆板、形式、缺乏變化，否則會產生「有怎麼樣的環境，就有怎麼樣的學生。」

六、優先性

　　班級經營可視爲一種有計畫安排和處理班務的活動。而班務活動，小至座位安排、大至教學活動設計，易如清潔衛生、難如教室常規維持，都需要加以組織和計畫。因此，教師便須決定某時班級活動的重點，此即優先次序的安排。所以，班務處理應考慮事情的輕重緩急。

七、安全性

　　班級是學生活動的場所，而且國民教育階段的學生又屬於好動期。所以，教師進行班級經營時，無論設備的擺設或環境的布置，都要考慮安全的原則。因爲在危險或威脅的環境下，要提高學習效果，猶如緣木求魚，必屬不可得，身爲教師不能不注意。心理學家馬斯洛（A.H. Maslow）特別指出安全需求（Safety Needs）是人類基本需求之一，其因在此。

　　以上乃是就班級經營的特性作一扼要說明。事實上，教師經

營班級時，切勿好高騖遠，應以具體可行作為優先考慮，同時也宜針對處理班務情形，隨時提出檢討，作為改進之參考。

附　註

註1：*Webster's Third New International Dictionary*（1986）. Springfield. Merrian-Webster Inc, p 1372.

註2：台灣中華書局辭海編輯委員會（民71）：*辭海*。台北市：中華書局，第3453頁及第2994頁。

註3：Len A. Froyen （1988）. *Classroom Management: Empowering Teacher-Leaders.* Columbus: Merrill Publishing Company, p 13

註4：方炳林（民65）：*普通教學法*。台北市：教育文物出版社，第306頁。

註5：李祖壽（民68）：*教學原理與教法*。台北市：大洋出版社，第169頁。

註6：李園會（民78）：*班級經營*。台北市：五南圖書出版公司，第2頁。

註7：朱文雄（民78）：*班級經營*。高雄市：復文圖書出版社，第11頁。

註8：L. V. Johnson & M.A. Bany （1970）. *Classroom Management.* New York: Macmillan.

註9：Carter V. Good（ed.）（1973）. *Dictionary of Education.* New York: McGram-Hill Book Company, p 102.

註10：E. T. Emmer. *Classroom Management.* By Michael
　　　J. Dunkin（ed.）. The International Encyclopedia of
　　　Teaching and Teacher Education. Oxford: Pe-
　　　gramon Press. p 437.

註11：Stanley M. Elan & Alec M. Gall up（1988 Septem-
　　　ber）: The 20st Annual Gallup poll of the puhilic's
　　　Attitudes Toward the Public Schools. *PHI DELTA
　　　KAPPAN*, P 34. Stanley M Elan & Alec M. Gallap（
　　　1989 September）: The 21st Annual Gallup poll of
　　　the Public's Attitudes Toward the public Schools.
　　　PHI DELTA KAPPAN, P 52.

註12：C.M. Evertson（1989, Nov / Dec）. Improving Ele-
　　　mentary Classroom: A school-Based Training Pro-
　　　gram for Beginning the Year. *The Journal of Edu-
　　　cational Research,* 83 （2）. p 82～90.

註13：程又強、陳明終、吳清山（民77）：教育與心理論文索
　　　引彙編，台北市：心理出版社，第28頁。

註14：郭生玉（民75）：心理與教育研究法。台北縣：精華書
　　　局，第170頁。

註15：歐用生（民78）：質的研究。台北市：師大師苑，第3
　　　頁。

註16：同註13，第25頁。

註17：台灣省立屏東師院（民77）：質的探討在教育研究上的
　　　應用學術研討會論文集，第73～116頁。

註18：莊懷義等（民78）：教育問題研究。台北市：國立空中大學，第119頁。

註19：吳清山（民73）：教育理念與問題研究。高雄市：復文圖書出版社，第188～194頁。

註20：同註13，第15頁及第27頁。

註21：同註10，第438頁。

註22：Bull, Shirley L. & Jonathan E.S.（1987）*Classroom Management: Principles to Practice.* London: Croom Helm. p 18.

註23：Johanna Kasin Lemlech（1988）. *Classroom Management：Methods and Techniques for Elementary and Secondary Teachers.* New York: Longman. p 6.

本章摘要

班級是一個複雜的小社會，通常由一位級任教師（或數位科任教師）和一群學生所組成，並透過師生交互影響實施教學，以達成教育目標。所以，班級經營可視為教師或師生遵循一定的準則，適當而有效地處理班級中的人、事、物等各項業務，以發揮教學效果，達成教育目標的歷程。

班級經營內容主要可分為：行政經營、教學經營、自治活動、常規輔導、班級環境、班級氣氛。其功能在於維持良好班級秩序、提供良好學習環境、提高學生學生效果、培養學生自治能力、增進師生情感交流、協助學生人格成長。

　　班級經營研究方法主要以實驗法、觀察法、調查法、個案法為主；至於其研究取向則可歸納為：功能研究取向、行為改變研究取向、人際——互動研究取向等三大類。

　　為有效進行班級經營，必須從兩方面著手：㈠了解影響班級行為因素：個人因素（教師、行政人員、學生、家長）和環境因素（物理因素、社會因素和教育因素）；㈡掌握班級經營特性：整體性、適應性、啓發性、合作性、創新性、優先性、安全性。

作業活動

一、試說明班級團體的特徵和班級經營的意義。

二、班級經營的研究方法甚多，試扼要舉出四種研究方法，並說明之。

三、試比較班級經營三種研究取向——功能研究取向、行為改變研究取向、人際——互動研究取向之差異。

參考案例一

柯老師的煩惱

劉定霖先生提供

　　柯雅莉老師是一位正義國小的老師，漫長的暑假又快要結束了，柯老師坐在餐桌前吃早餐，臉上帶着一種陷入深思的神情。先生與兒子偉偉注意到她的沈思，父子兩人會心的做了個鬼臉，知道這種表情表示她正在思考一些有關教學的事情。

　　「雅莉，妳已經教了七年的書，怎麼還會為一個新的班級這麼煩惱？」

　　「立銘，我才不是在煩惱，只是要開學了，有很多事情得計劃準備一下。總不能等到開學的時候，就唏哩呼嚕地走進教室，然後期望所有的事情都會自動就序吧！」雅莉笑着回答說。

　　「媽，妳不是最優秀的老師嗎？那妳還要準備什麼？」

　　「最優秀的老師就是最有計劃的老師，偉偉。教學工作不是隨隨便便的事。好，讓媽媽告訴你為什麼面對一個新的班級必須要有新的安排與計劃。」柯雅莉愛憐的拍拍兒子的小腦袋瓜說：

　　「經過一個學年的教學與活動，學校通常會利用暑假期間做

一些校舍或器材的維護與修繕工作。譬如：換新課桌椅、粉刷門窗、修釘櫥櫃……等等。因此，我必須重新考慮如何佈置新班級的教室環境，如何讓學生在學習活動時容易分組，並且最有利於師生在教學中的互動關係。同時還要顧及教室中教學器材的安排與圖表用品的放置，讓同學們取閱及使用方便、安全。」

「哦，媽咪，我不知道教室的安排還要經過這麼費心的思考。我一直以為把桌椅放好，小朋友走進去便可以上課了！」

「每件事情都沒有想像中那麼簡單。偉偉，想想看，如果我把餐桌椅移到冰箱旁邊，你會覺得怎麼樣？」

「這很簡單，桌子正好擋在水槽和爐子的通道上，我們進出廚房時會很不方便。」

「對，你的觀察力不錯。好，我們再換一個位置放餐桌，看看又有什麼不同的改變，譬如——把餐桌靠着牆壁的話，你覺得怎樣？」

「哦……如果這樣的話，我們全家人必須坐成一排吃飯，講話時彼此都看不見對方的臉。」

「你覺得一家人吃飯時都不能看見對方的臉，那種感覺好不好？」

「不好！」

「對。教室的環境也是一樣。必須要在教學活動時走動方便，同時桌椅的安排也要便利同學之間的溝通，並且讓老師能最有效的掌握班級氣氛。這樣學習者與教學者雙方才會樂於互動。知道嗎，班級經營也是一門學問呢！」

「媽，可是為什麼不每年都用一個固定的形式呢？這樣不是一勞永逸！」

「也許有一些傳統的老師是這樣做。不過，我發現一成不變的班級經營理念已經不適用於現代的教育方式。因為，一個新的年級或新的班級，都是一些新的學生所組成的，他們之間差異性很大，需要也不同；因此，必須要有新的安排才符合班級實際的需求。偉偉，就像你愛用的口頭禪：『不求新，便落伍了！』不是嗎？」

問題討論

一、柯雅莉老師具有多年的教學經驗，剛接一個新的班級，為什麼還會有煩惱呢？

二、假如您是正義國小的教務主任，您如何來協助柯老師成為有效的班級經營者？

三、試說明柯老師所需要經營的人、事、物有那些？

第二章

導師的任務與素養

第一節　導師與國民教育

　　　一、班級活動的性質
　　　二、導師、班級活動與國民教育

第二節　導師的認識與理念

　　　一、對教育活動的認識
　　　二、對班級活動的認識
　　　三、導師的教育理念

第三節　導師的任務

　　　一、就教育輔導而言
　　　二、就師生互動而言
　　　三、就教師個人修養而言
　　　四、就行政管理而言
　　　五、就綜合任務而言

第四節　導師的素養

第五節　導師志業的展望

　　在學生心目中，「我們老師」常常指的就是級任老師——導師。導師與學生的關係最密切，接觸最多，影響最大（註1），因此，導師的任務，簡單說就是去接近學生、了解學生、關愛學生、引導學生、影響學生。導師適如其分地執行這些任務，應該具備那些素養，或者，導師應具備那些素養，始克有助於執行任務、完成任務，正是本章要探討的要點。本章首先分析導師與國民教育的關係，再討論導師的認識與理念，從而析述導師的任務和應有的素養以供參考。

第一節　導師與國民教育

　　班級教學是國民小學教育的基本型態，導師不但負責班級的

主要教學任務，更負擔導生生活訓育輔導工作，對學生人格特質的塑鑄、心緒發展的引導，影響非常之大，導師的良窳，直接影響學生心緒人格的發展和教學品質的好壞，其關係極為密切。本節先討論班級活動的性質，再論導師、班級活動與國民教育的關係。

壹、班級活動的性質

一、從基本型態到班級型態

　　班級教學究竟從何時開始，教育史上雖尚不能有明確的斷定（註2），但是，十九世紀初葉西歐各國的導生制度（monitorial system）或可視為班級教學的開始（註3），昔時，由於教育機會尚不十分普及，教育內容較為單純，教育活動的基本型態，亦即「施教者與受教者間單純而直線的關係」（註4）已足以應付社會發展的需要，殆至近世，由於教育機會趨於普及，教育內容日漸複雜，在有限的師資、財力設備的情況下，教育有逐漸制度化的需要，於是乎產生了班級型態的教學（註5），俾先因應教育上對數量遽增的需求，此種存在至少已有百年以上歷史的班級型態教學，教師要運作的不再僅是單純而直接或是面對面（face-to-face）的師生關係而已，實際上必須面對由數十位學生所組成，具有相當異質性的班級團體，運用許多團體技巧、溝通策略、經營方法，以及教學社會學等專業知識，塑造班級學習氣氛，輔導全班的學習活動，提升班級教學品質，教師成為「教育體制與班級團體的媒介」和「班級團體的核心人物」（註6），

導師經營班級的品質成為班級教學成敗的關鍵。

二、從單純性質到綜合性質

班級活動係一位教師同一時間，在同一場所指導多數學生的班級團體學習，本質上具有大量教育（mass education）、團體教育（group education）、總體教育（macro education）和多元教育（mutiple education）的性質：

(一)大量教育

班級型態的教學活動，在同一個教學時空裡，教師所指導的不再只是一個學生或幾個學生，而是一群學生，所獲得的是集體的教育產出（product），其單位時間的教育功能遠大於基本型態的教學，因此，它是一種大量教育（mass education）。

(二)團體教育

班級型態教學活動中，學生來源、學生能力的組合均依循一定的規準，將能力、年齡相近的一群學生集合起來，同時實施群體教學，師生間和學生彼此間均產生一定程度的互動和影響，因此，它是一種團體教育。

(三)總體教育

在班級型態教學活動之下，教學活動的內容均經過多種領域的專業人員，依據一定的原理原則，作有系統的規劃與設計，兼顧到學習者發展成完全人（well-rounded）的需求，同時，強調家庭、社會和學校的溝通，以家長社會群眾的結合，來協助教師完成規定的教育工作（註7），學生面對的除了教師以外，還包括班級所在學校的典章制度和生態環境，因此，它是一種總體教育。

㈣多元教育

　　班級教學型態，在總體教育的要求下，所傳輸給學生的，包含了德智體群美技等內容，使學生習得了知識、情意、價值、技能和方法、習慣等項目，是一種多元化的教育。

　　因此，班級教學在運作上便成為該群集學生的學習體、生活體、工作體、遊戲體和共同意識體，因為，班級是學生學習、生活、工作、遊戲的地方，也是他們學習、生活、工作和遊戲的基本單位。

三、班級教學的教育意義

　　綜觀前面的論述，班級教學的形成、發展以及普遍化，實係基於社會發展、社會變遷的需求，具有相當的意義：

㈠充分運用人力、物力、財力，有效運用教育資源，提高教育產出量，降低教育的單位成本。

㈡透過社會模擬系統，提供學生參與機會、學習內容，及早發展學生群性，培養團體意識和社會知覺，早日熟練社會技能，協助完成社會化的需求。

㈢透過學生同儕間深具教育導向、持續性的活動，發展學生中心思想，建立穩定合宜的人生觀，為來日生活做好準備。

㈣實施專業化教學活動，提高教育產出之素質，以因應社會發展的需求。

㈤提供單純、完整的學習環境，實施有計畫、有系統的教學活動，提高教育產出的效能。

貳、導師、班級活動與國民教育

導師、班級活動、國民教育的關係圖示如下：

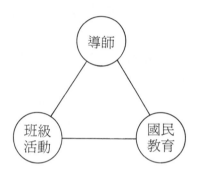

導師負責教學、訓育與輔導，是國民教育成敗的關鍵角色，他依據國民教育的目標，藉着班級教學與經營活動，完成國民教育所賦予的任務。導師、班級活動和國民教育成為無可分割的三聯環，實在缺一不可，蓋沒有導師，班級活動即無人指導，活動無以進行；沒有班級活動，導師即無處着力，既然無人可教，聯環即不存在；國民教育如缺乏目標，導師的班級經營與活動即失去依據，有如茫茫大海，不知航向何方。因此三者關係密切。

第二節　導師的認識與理念

了解國民教育成效、班級活動情形和導師間相互依存的關係

，導師的重要性已不言可喻。導師在國民小學教育活動上既然如此重要，是則導師對國民教育應該有那些認識，具備那些理念，正是本節所要探討的。

壹、對教育活動的認識

教育（Education）指的是一種活動（Education activity）、一種歷程（Education processes），或是這種活動與歷程所導致的結果（註8），因此，教育活動、教學行為或班級經營的結果，如果未能導致受教者行為的持久改變或經驗的有效重組——不管是知能的增進、品格的陶冶、習性的養成——就不能稱為教育。（註9）

因此，人生自有教育活動以來，不管持「教育即生活」、「教育即生長」、「教育即經驗之改造」的生長說；或強調「教育即激發個人潛能生長與表現」的自我實現說；抑或主張「教育係造成學習者由外而內的改變，以符合社會需求」的社會化說而言，均深具目的性、基礎性、深遠性、隱藏性、不確定性、延緩性與催化性，茲分析如下：

一、目的性

教育學究竟是一門科學或哲學，雖難謂已有定論，但當教育學落實到其實際運作——教育活動中的教學行為時，便具有明顯的目的性，我們各級學校，特別是中小學，其具體目標便明載於課程標準上，因此，教育的目的性已昭然若揭。

二、基礎性

國民教育是國家規定其國民在法定年齡內應受之基本教育（Fundamental education）（註10），也是一種義務教育（Compulsory education），傳播國民道德、知識、技能上最起碼的基礎教育（註11）。因此，國民教育活動，就個人教育或國民教育而言，均有基礎性。

三、深遠性

國民教育具有獨特的功能，其既為國民養成的基本教育，直接在培養社會經建的基礎人力，間接在提供社會高層人力的基本教育，其重要性一如「礎之不固，何以建高樓」，因此，國民教育對國家或個人具深遠的影響性。

四、隱藏性

教師個人在教育活動中，就教育功能之發揮、教育績效之彰顯而言，常居於幕後之地位。就教育最後之產出──畢業生個人之成就而言，更是歷經數階段教育時，由許多教師教誨指導而成，其成就是該一歷程中許多因素相互作用結果的綜合表現，時差既久，更難謂單一教師之功勞，因此，教育工作對教師而言具有極大的隱藏性。

五、不確定性

一如隱藏性，教育的具體產出──畢業生的綜合成就，是整個教育活動歷程中所有人、事、物、活動相互作用的綜合結果，

極難釐清是某個階段、某某老師教導的結果，因此，對個別教師而言，實具有不確定性。

六、延緩性

國民教育既係基礎教育，由於人類的成熟需時較長，教育養成期間亦長，教育成果的產生更是逐步漸進的，因此，教育績效的顯現，便具有相當的延緩性。

七、催化性

主導教育活動的教師，代表成人的社會，以昨日之所學，教給今日的學生，讓他們用之於明日的社會，在變遷步幅愈大、速度愈快的社會，學用間的差距很大（註12），因此，教育自必須發揮催化的功能，激發學生主動運用所學，創新運用在不同的時空中。

貳、對班級活動的認識

班級型態是教育經營企業化後，學校教育活動的最基本單位，具有社會性、團體性、有機性和次級性。

一、社會性

華勒在教學社會學（Sociology of Teaching）一書中，認為在本質與功能上來說，班級是一個服務機構（Service institution），是為社會提供服務的（註13），有其道理，而涂爾幹（Durkhein）認為教室是一種縮型的社會（a miniature of society）（註14），一般教育學者爲了分析方便，也把班級當成一種社會體系（social system）（註15），因爲在班級的經常活動中，教師與學生或學生與學生間維持多種角色關係，已充分具備了社會體系的基本要求——必須兩個以上的人產生固定交互作用的關係。（註16）

二、團體性

班級在學校中除了自成一個社會體系外，更是校內最大的次級團體，校內行政科層管理、教學實施、舉辦學藝性活動，通常以班級爲基本單位，觀察學校教育活動的進行，主要是在班級裡面來進行的（註17），因此，班級活動具有完整的團體性。

三、有機性

班級活動，雖然具有完整的團體性，但其組成份子又是極具個別差異性、獨立性、具有生命的眾多學生個體和教師所組成，不但班級氣氛時有起伏，就是師生個體間、個體內的情緒、心態亦時有變化，因此，就班級內個體間的交互作用或班級間的交互作用來說，班級具有機性，充滿活力與脈動。

四、次級性

學校是一個社會體系，學校之下，性質相近的有年級，年級之下，又有許多班級，不同的班級有不同的組成分子、不同的組合模式，分由不同的導師來經營，表現出不同的班級氣氛和班級行爲，因此，班級是學校的次級團體，具有次級性。

叁、導師的教育理念

導師應該具備的教育理念很多，劉眞在「中國教育思想」一文中曾提示中國教育思想的十大要義：以人文爲本、施教以仁、有教無類、因材施教、知行一貫、學以致用、尊師重道、促進大同、均衡發展與確立宗旨（註18），他在「中國的師道」一文中，主張師道的主要內容爲仁愛爲本、有教無類、因材施教、以身作則、教學相長、樂道自得等六項，孫邦正在「經師與人師」一文中提示教師應該發揮誨人不倦的服務精神、忠恕仁愛的教育精神、學而不厭的進修精神，以及淡泊寧靜的樂道精神，且以之爲教師努力的目標（註19）。本文卽以此爲基礎，分(1)仁愛爲本、(2)樂道自得、(3)有教無類、(4)因材施教、(5)傳輸陶冶、(6)創造思考、(7)識略兼重、(8)教學相長和(9)以身作則等九項，來探討導師的教育理念。

一、仁愛爲本

仁愛爲我國教育基本之道，我們知道，孔子爲集我國古代文化學術之大成者，兩千多年來，中國的學術思想，可以說都是以孔子的思想學說爲範疇，因此，有人認爲中國以往數千年的文化學術，可統名之爲「仁學」。至於孔子的教育思想和教育精神，他自己曾明白地說是以仁愛爲本的，他嘗說：「修道以仁」（中庸哀公問政），中庸說：「修道之謂教」，修道就是教育，「修道以仁」意卽教育以仁愛爲本，我們今天努力倡導的所謂「教育的愛」是和孔子以仁愛爲本的教育精神完全符合的。（註20）

　　晚近以來，教育工作者強調人文或人本精神的教育，尊重學生人格，認為教人比教書重要，在教學上設計核心課程，倡導通識教育，特別着重情意的教育（affective education），指導學生學習如何生活、充實人生和發揮生命的價值（註21）。因此，這種尊重個性發展，提高人類價值，促進人群關係為重的教育，在教育過程、教育目的、教育方法等方面，都以「人性」為重點，以學生為中心（註22），以教育成完整的全人（integrated development in personality the wholeness of man）為其鵠的，此種人文教育代表着愛的教育，和我國傳統上愛的教育，正是不謀而合，所謂「愛就開心」（Education）正是人文、人本和仁愛的最高旨趣。

二、樂道自得

　　樂道自得，亦即今日所提倡的專業樂業的精神（註23），也是一種犧牲享受、享受犧牲，自得其樂，樂不知苦，樂以忘憂的情懷。

　　教師的待遇或許不如企業界的從業人員，較之同級的一般公務員，則要高出許多，教師的非貨幣性收入和回饋，也都非其他人員所能比擬，尤其是寬敞的工作環境、活潑的學童，更非他人所能比。教師能以此為樂，有了澹泊寧靜的志趣，然後可以樂業，有了兼善天下的抱負，然後可以敬業（註24）。美國教育家阿德里（A. Adler）也認為教師手中，掌握着人類的命運，因為「一個理想的教師負有一種神聖的使命，做着一種引人入勝的工作，在他的手中掌握着人類將來的命運，因為他直接在塑鑄兒童的心智，間接在規定人類未來的生活」（註25），孫邦正（註

26）指出，教師對國家負教育國民、培養人才的責任，對社會負改進生活和闡揚文化的責任，對學生負指導其思想、行為、學業和身心攝護的責任，對學校負推進教育事業、實現國家教育方針的責任，其使命重大，可想而知，君子坦蕩蕩，自當樂道自得也！

三、有教無類

有教無類，顯示教育愛的無私與偉大。

在孔子心目中，天下無不可教之人，所以他首先提出「有教無類」的教育主張，打破了古代階級性的貴族教育制度，開我國歷史上平民教育之先聲。孔子所謂「有教無類」的教育，就是不問來學者身世之貴賤、家境之貧富、天資之智愚，均一律收列門牆，悉心教誨。他的弟子中，賤人子弟如仲弓，富裕子弟如子貢，貧窮如顏淵，魯如曾參，愚如高柴等，門徒之多，品類之不齊，就是他實施有教無類的最好證明。這種「有教無類」的教育，正是我們今天所推行的「教育機會平等」的教育（註 27），遠古時代，教育極不普及，機會更不均等，孔子尚且有此思想，如今，社會結構大有變遷，經濟發展，工商發達，教育更為普及，上智下愚、身心傷殘者皆有所受教，教育服務的提供更不能忽視教育機會均等——有教無類的理念。

四、因材施教

有教無類的理想，必須輔以因材施教的原則，才能發揮教育的預期功能。

因材施教乃古有的教育理念，亦為孔子所重視，孔子認為各

人的資質、性情、志趣和能力等旣有不同，故必須按其個性施以不同的教育，所以，他特別提出「因材施教」的教學原則，論語衞靈公篇：「可與言而不與之言，失人；不可與言而與之言，失言。知者不失人，亦不失言。」雍也篇：「中人以上，可以語上也；中人以下，不可以語上也。」均說明因材施教的原因。（註28）

　　目前，我國國民平均所得已超過七千美元，家庭經濟能力的提升，大大地強化了國民受教育的意願和可能，對教育品質的要求，亦非昔日可比，加以實施義務教育，國民小學就學率達百分之九十九點九，由於教育的普及，受教人數衆多，大班教學成爲學校教育的主要型態，班級的異質性高，因材施教是勢在必行的措施。

五、傳輸陶冶

　　教育兩字，據說文解字的解釋：「教，上所施、下所效也；育，養子使作善也。」西文教育 Education，出於拉丁文 Educāre，而 Educāre（名詞）又由 Educēre（動詞）變化而來，Educère 係由 E 與 Ducère 兩個字組成，E 的意思是「出」，Ducère 是引，合起來是引出的意思（註29），可見教育之事，着重引導、激發學生潛力，使其潛藏之力發而於外，教育所強調的是傳輸價值理念，陶冶性靈、人格，並隨時引之、導之，使之努力向善，不着重機械行爲的養成訓練，更宜摒棄教條和知識的灌輸，改以合於認知的、理性的、追根究底的和開放性的討論、啓發，以引發有效的學習，合乎教育意義或教育規準。（註30）

　　現代的教師，特別是導師，必須把握傳輸、陶冶的理念，使班級教學的活動，合乎自由化、民主化、人性化以及多向的交流和運作，達到教學輔導的目的。

六、創造思考

　　創造力是人類一項最優越的能力（註31），可惜，在人類成長過程中，由於若干外在因素使然，成長後往往遺失許多寶貴的創造能力。根據文獻，創造力是人類共有的能力，可經由適當的教育與訓練的方式加以培養（註32），由於社會變遷迅速，各種知識的半衰期日覺其短，人類不可能僅靠昔日受教育所得的知識技能來適存於變化多端的未來社會，為了有效因應，必須培養使之具有創造思考的能力，使之能日日新、又日新，具有權變、創造的能力，就如同具有捕魚的能力，而不僅有魚吃而已，如此，方能自力更生，永久適存，因此，今日教師應該具有培養學生創造思考能力的理念，協助學生獲得創造思考的概念、習得思考的方法、養成思考的習慣、表現創造思考的行為，使之發揮點石成金的效果。

七、識略兼重

　　識指的是知識（knowledge），略是策略，方法（method）或過程（process）。識略兼重則指教學或學習，固要注意知識的獲得，也要兼顧追求知識、思考問題、解決問題的策略、方法和過程。

　　王陽明先生教人不可執一偏，並倡導「知行合一」之論，強調完整的學習，鼓勵學者既應學習知識之精髓，更應懂得如何將

所學付諸實踐，方爲眞知，否則知而無行，或知而不能行，亦如不知也，正如知道全套游泳技術，卻從未下過水，熟悉開車方法，卻從未上座開車一樣。胡適之曾主張方法和材料（卽知識）應該並重（註33），正是這種道理。因此，導師在進修時固應識略兼重，在教學時更宜指導學生注意及此，使學生之知，反映在實際之行上，學生習得知識時，同時亦習得求知方法、思考方法、解決問題之方法，如此，知能反映於行之上，才能眞正顯示知識的功能。

八、教學相長

學無止境，不進則退，以「傳道、授業、解惑」爲職志的教師，更須一面從事教學、一面努力進修，所以禮記學記篇說：「學，然後知不足；教，然後知困。知不足，然後能自反也；知困，然後能自強也，故曰：教學相長。」孔子嘗說：「溫故知新，可以爲師矣！」可見，努力進修，吸取新知，爲教師應具備的基本條件。（註34）

再說，人類文明的進展，自上古石器時代延續了五十萬年，進入鐵器、銅器時代延續了五千年，產業革命、工業時代又延續了五百年，才進入原子時代，不到五十年，又進入了太空時代，越二三十年，又進入電腦時代（註35），就人類發展的歷史來看，每一階段維持的年數有益形縮短的趨勢，說明人類知識成長之快速和教師應先進修始能教人的需求。根據聯合國文教組織統計，以一九〇〇年爲準，人類的知識總量，在以前的一百五十年裡增加了一倍，以後五十年增加了一倍，從一九五〇年到一九六〇年，十年中又增加了一倍，一九六〇年後，則七年增加一倍，

一九七〇年後增加的速度可能更快（註 36），身爲經營班級、傳輸知識、陶冶學生人格的教師，能不謀求教學相長乎？可見，不斷進修、吸收新知、充實專門知識（ knowing the subject ）、加強專業訓練（ knowing the student ）、改善專業能力（ teaching the subject to the student ），是時代教師的重要理念。

九、以身作則

以身作則，指教師要作學生的表率、模範。

「君子不重則不威，學則不固」，說明以身作則在教育上的重要（註 37），尤其，教師是介於社會與學生之間的人物，是社會道德權威的代表者，是文化傳播工作的推動者，也是社會工作者及文化價值的維護者，更是上下兩代不同次級文化的協調者（註 38），導師直接而深入地輔導學生的日常生活，是教師中的教師，是學生學習生活上的重要他人（ significant others ），是學生學習上模仿、認同的重要參考對象，有什麼樣的教師，就有什麼樣的班級；什麼樣的班級，陶鑄出什麼樣的學生，因此，以身作則是導師極不可忽視的重要理念。

第三節　導師的任務

導師對學生來說，負有「經師」與「人師」之責，不但要授業、解惑，並且要授以爲人處事之道；對學校來說，負有推進校務與實現國家教育方針的責任，不但要與有關人員密切合作，並且要努力推行國家既定之教育政策；對於社會來說，負有充實與

改進社會生活及傳遞與發揚社會文化的責任；對國家民族來說，要傳播國家的建國理想，並且要培育健全的民族意識和濃厚的民族愛（註 39）。換句話說，導師主導班級活動，是國民教育的核心人物。他一方面負責班級的經營管理，協助學生進行活動和有效學習，幫助學生解決生活和學習的困難，使學生身心獲得健全發展；另一方面要協助學校推展校務，將教育政策、德智體群美的教育目標，具體落實在班級教學活動上，因此，導師扮演了指導者、表率者、鼓勵者、催化者、管理者和校務推動者的角色。（註 40）

導師的任務很多，底下擬從不同角度，包括教育輔導、師生互動、個人修養、行政管理及綜合任務等項來加以討論。

壹、就教育輔導而言

教育輔導（Guidance in Education）包括學業輔導（Educational guidance）、職業輔導（vocational guidance）和生活輔導（personal guidance），是導師的核心工作——導師運用輔導的專業知識與技術，以一個有組織的工作計畫，爲學童作熱誠的服務（註 41），茲分述如后：

一、學業輔導（Educational Guidance）

說到導師的任務，我們最容易想到的就是指導學童的課業。在這方面，導師要幫助學生學習「如何學習」（learning to learn），亦卽學習追求知識的方法，了解知識誕生的過程，熟悉探究新知的工具，培養良好的學習態度，以及獲得知識的概念

、原理原則。

　　因此，導師應該熟練輔導技術，衡量學生的學習能力，指導學生運用學習方法，幫助學生解除學習上的困難，誘導學生獲得學習上的適應，協助學生充實繼續學習的準備，以期養成良好的學習習慣與方法，樹立正確的學習觀念與態度，激發學習興趣與需要，克服學習障礙，以求德智體群美五育均衡發展（註42），其所包括的範圍很廣，如始業的輔導，一般學習輔導，診斷、追蹤的輔導都是。（註43）

二、職業輔導（ Vocational Guidance ）

　　就生計教育（career education）的觀點來看，國民小學正是職業輔導的重要階段。

　　按美國教育總署（U. S. Office of Education）的定義：「生計教育是一種綜合性的教育計畫，其重點放在人的全部生涯，從幼稚園直到成年，分生計認知（career awareness）、生計試探（career exploration）、生計定向（career orientation）與生計準備（career　preparation）、生計熟練（career　proficiency）等步驟」（註44），霍伊特（Hoyt）指出，生計教育應始於最早的教育階段，不可遲於小學一年級（註45），而事實上，生計認知通常開始於小學，其目標在協助學童認識各種職業，並體認各種行業之不同技能水準，如男生想做警察、教師，女生想做護士，導師可提供學習經驗和相關的價值觀念等。（註46）

　　另外，金柏格（Ginzberg）和阿塞德（Axelrand）、海爾曼（Herma）指出，六歲到十一歲是一個人成長過程中第一個職業

選擇期——幻想的選擇（fantasy choice），是恣意的、無眞實性的，主要以喜好爲支配因素（註47）。因此，國民小學階段，仍是導師進行職業輔導的良機。

三、生活輔導（ Personal Guidance ）

　　生活輔導就是輔導學生「怎樣做人」，也就是怎樣做個現代的人，亦卽輔導學生從生活中養成良好的生活習慣，學習生活的知能、待人接物處事的正當態度、進而服務社會與造福人群的正確觀念，而達培養健全完全人格的教育目標，所以，生活輔導是教育的重要工作，是學業輔導和職業輔導的基礎，也因此，生活輔導向來在學校中占有重要的地位，應該是國民小學教育的中心工作（註48），值得特別重視。

　　生活輔導就是個人生活適應的輔導，包含思想輔導、品德輔導、社交生活輔導、健康生活輔導和休閒生活輔導等項目（註49），導師應運用各種輔導方法，使學童對自己有清楚的認識，進而更能適應環境，善與人處，發揮自己的能力，對有困擾的學生，應先廣泛蒐集資料，進行診斷，根據學生人格特質及需要，予以合適的處理與輔導（註50），此乃導師經營班級的重大任務。

貳、就師生互動而言

　　師生關係始於師生的互動。師生關係是學校社會環境中最重要的一面（註51），此種關係的建立，始之於學生對教師指導的知覺、接納、內化並終成持續性的行爲，達到預期的目的，師

生缺少互動，教學效果便大打折扣。可見，教學情境中師生交互作用，是人際關係中最複雜、最微妙的型態之一（註52），導師要妥爲運用以提高班級經營的效率。

教師代表了許多工作項目（A teacher is many things），包括教學者、催化者、指導者、管理者、示範者，評量者、演出者、執行者、創造者、督導者……等，可謂不一而足（註53），唯限於篇幅，擇數項加以討論：

一、教學者

導師負責本班所有科目或大部份科目的教學活動，傳授學科的知識、方法、態度之內涵，導師是最重要的教學者，教學也是導師最重要、最具體的任務之一。

二、催化者

導師無法在有限的時空中，教給學生所有應該知道的訊息，更無法教授恆久有效的學科知識，因此，導師要扮演催化者的角色，激勵學生、誘導學生主動進入學習的園地，持續主動、恆久地學習，方能適應知識爆炸的社會。

三、指導者

有效的學習是班級最重要的活動，導師是學童學習活動的當然指導者。學童的學習如乏人指導或缺乏有效指導，不但學習效果降低，甚至於會產生學習偏差的現象，導師可運用教練式（coaching）的指導，使學生知道如何學習，以發揮最大的學習功效。

四、管理者

班級是學校的基本單位，導師依學校教育的需求經營班級，自須督導、管理班級，指揮班級幹部，推展班務，並作適當的仲裁與評量，使學生認清自己的角色，遵照一定的規則，參加班級的所有活動。

五、示範者

楊雄法言學行篇：「師者，人之模範也！」簡單明確地指出教師的任務，導師是學童學習過程中的重要他人（significant others），特別容易成為他們認同模仿的對象，教師的言行舉止、處世態度、生活方式、工作習慣，甚至個人的愛惡，往往都成為學生師法的典範（註54），因此，導師應該認清這種潛移默化的作用所產生的教育效果，做好示範、表率的作用，所謂身教重於言教是也！

叁、就教師個人修養而言

教師是學校教育活動的實際運作者，因此，國家教育的目的是什麼，教師的任務就是什麼。我國古代教師的主要職責在於以道德教育化民成俗，建立社會秩序；其後，社會生活日漸進步，教師的任務因之擴充，教師除了傳授學生如何立身處世、修己善群外，還要教授學生先民文化制度的精華、文藝哲學的結晶，也要為學生解疑析難，此即韓愈所說的「師者，所以傳道、授業、解惑也。」（註55）

　　我國社會對於教師的一項重要文化期望是：不僅要做經師，而且要做人師（註56），因此，經師、人師實際上成爲國家社會對教師能力的期望，也是教師任務和修養的目標，人人以做好經師、人師來自我期許，以此觀之，做起碼的經師，進而做好人師，便由社會期望、自我期許，而成爲教師相當具體的任務。

　　經師傳授知識，做的是授業、解惑的工作，人師培養人格，做的是傳道的工作，一個理想的教師，必須兼具經師、人師的條件，才能作育英才，發揮教育的獨特功能（註57）。導師是教師中的教師，自必須兼具經師、人師的任務，方能發揮導師的完整功能，因爲，導師不僅要教書，還要教人，不僅要改變學生的行爲，同時要對他產生積極、潛移默化的價值導引。郭爲藩教授指出，做老師不僅是教書、教人，還要更上的層次，就是要從更遠大，從國家的教育目標，從整個時代任務或說從鉅觀的（macroscopic）層面──良師興國的任務來着眼。良師興國是比教書、教人更上一層次的教育目標和教育任務。（註58）

　　因此，經師、人師、良師是導師工作內容的三個層次，也是導師的三層任務，是所有導師努力以赴的目標。

肆、就行政管理而言

　　導師經營級務，是班級的管理者，已如前述，就行政管理立場言，導師的任務是：班級領導、級務處理、教務經營、訓育經營、輔導服務、校務推展、社區協調等項目。

一、班級領導

　　班級雖依例選舉自治幹部，根據校規處理級務，實際上，導師還是班級活動的靈魂人物，是班級的領袖，經常領導全班參加各項活動。

二、級務處理（註 59）

　　級務處理是導師工作的重要部份，是科任教師和導師明顯差異之所在，導師常須支用許多時間和心力在級務處理上，茲分項依序簡述如下：

（一）日常事務

1. 不遲到、不早退，準時到校指導學生課業活動。
2. 準時出席有關教務、訓導各項會議，並執行決議。
3. 指導教室布置，使之有助於教學。
4. 慎選班訓，培養優良班風和高尚的情操。
5. 指導學生說國語，統一語言，加強團結。
6. 核定本班學生請假事項。
7. 建立學生家庭聯絡網及電話通訊錄。
8. 隨時家庭訪視、家長座談、加強追蹤輔導。
9. 批閱本班教室日誌、學生日誌、週記。
10. 檢查點名簿，管理學生出缺情形。
11. 指導學生做人、處事、應對、進退的道理。
12. 隨時記錄學生行為，作為德育、群育之參考。
13. 簽報和協辦學生獎懲事件。
14. 指導學生實踐國民生活須知。

15.隨時輔導行爲偏差學生，並塡寫紀錄表作輔導之依據。

16.處理値週事宜，協同指導本校學生生活。

17.指導新生塡寫各項基本資料卡和自傳。

18.指導確實清寒學生參加工讀。

19.指導已記過學生的生活，輔導改過遷善的銷過手續。

20.指導應屆畢業生校外參觀。

21.指導學生參加慈善工作。

22.編定、調整學生座次、座號。

(二)早自習

1.每日早自習前到達教室指導學生自習。

2.觀察學生神色，實施卽輔導，安定全天學習情緒。

3.於早自習前安排値日生整理教室環境整潔。

4.指導學生於早自習前清掃外庭及公共區域。

5.檢查學生服裝。

6.檢查學生儀容、指甲與衛生習慣的養成。

7.指導學生實踐「四維」、「八德」中心德目的內容和規條。

8.指導學生閱讀班級報紙以了解時事。

9.指導學生研習功課和書寫各科作業，以提高學習風氣。

10.禁止外人推銷書刊或散發宣傳刊物。

11.指導學生按時繳交各科作業。

(三)上課及自習課

1.鼓勵學生自我學習，養成自動、自發、自治的精神。

2.指導學生集中注意力學習，下課時離開教室盡情的舒暢筋

　骨。

3. 指導學生不在走廊玩危險遊戲。

4. 指導學生幹部發揮自治效能。

5. 指導學生維護班級桌椅、器材的完整。

6. 指導學生踴躍參加冬、夏令自動活動。

7. 指導學生隨時維護班級之整潔衛生。

㈣午餐及午休

1. 指導學生分配菜蔬及主食（午餐學校）。

2. 指導值日生抬送餐盒或啓動蒸飯裝置。

3. 指導學生領取便當之前後秩序。

4. 指導學生飲食衛生常識。

5. 指導學生守秩序、有禮貌。

6. 督導學生不抽煙、不穿奇裝異服。

7. 輔導特殊學生思想與行為，作成記錄以追踪輔導。

8. 核發學生外出證明書。

9. 禁止不明身份之外客與學生來往。

㈤升降旗及集合

1. 指導學生在走廊排隊後，領導學生參加朝夕會。

2. 親自指導學生朝夕會，清查出缺席人數，了解缺席原因。

3. 輔導隊伍行進秩序及維護隊形。

4. 利用學生不在教室的時間檢查書包，搜查違禁物品及不良書刊。

5. 指導隊伍排列和禮節。

㈥班會

1. 選拔並訓練自治幹部。

2. 指導學生行使四權。

3. 指導學生集會、議事之程序與法則。

4. 指導學生作羣體生活之檢討與改進。

5. 指導學生幹部自治活動，以發揮幹部功能。

6. 指導學生自我介紹、時事報告、講故事等活動。

7. 指導學生有關心理衛生常識。

㈦休閒生活

1. 經常指導班級學生郊遊、野餐、登山、健行、文化參觀等活動。

2. 指導學生參加正當的休閒、康樂活動。

3. 指導學生選擇自己的休閒活動，以調節身心。

4. 鼓勵學生參加各項代表隊的訓練以爭榮譽。

5. 指導班級球類代表、民俗體育代表訓練。

6. 指導班級合唱、樂隊、舞蹈等訓練。

7. 指導學生利用課餘時間培植花木，維護花圃。

8. 輔導課外書報雜誌的閱讀，可設立班級圖書館。

9. 指導學生編製壁報和製作教具。

10. 指導學生作班際運動友誼賽。

11. 鼓勵管樂、國樂、鼓隊隊員參加訓練。

12. 指導學生參加國劇欣賞、故宮文物參觀。

13. 指導參觀時應發揚團隊精神，未經承辦單位同意不得藉故

個別行動。

(八)上下學

1. 指導學生實踐「國民生活須知」的一般守則。

2. 指導學生早睡早起的日常生活。

3. 指導學生交通安全常識和排隊上車運動。

4. 指導學生乘車安全和禮讓尊長。

5. 指導學生熱烈參加社會服務。

6. 查閱家庭聯絡簿。

(九)學期末

1. 結算學生成績，提出學生評語。

2. 統計班級出缺狀況。

3. 填寫學生成績通知。

4. 指導清點班級公物。

5. 指導學生賠償因意外破損之玻璃門窗等公有物品之價款。

6. 簽報班級幹部自治功效的獎懲事件。

7. 指導班級幹部歸還所借用之公有財物。

8. 填寫學生資料卡。

9. 指導學生重新訂定假期作業、假期生活計畫。

10. 參加期末校務檢討會。

(十)其他有關導師應負之級務處理事項

三、教務經營 （註60）

教務經營的內容很多，包括課業輔導、學藝輔導、圖書經營
……等。

㈠課業輔導

課業雖非學童唯一的功課，卻是最重要的學習內容之一，尤
其，小學教育是一切教育的基礎，導師更要有長遠的眼光和計畫
來指導兒童，其內容有：

1.培養自動自發的學習精神、強烈的求知慾、進取心。

2.培養自學的能力和習慣。

3.培養閱讀、書寫、表達的能力，熟悉各種學習方法。

4.培養良好的學習習慣、興趣和學習風氣。

㈡推展學藝活動

設計活動，提供機會，發揮學生潛能和專長，並施予有計畫
的輔導和培養，以幫助其發展。或辦理藝文活動，相互觀摩，以
提昇學童興趣。

㈢班級圖書經營

終生的閱讀習慣十分可貴，培養之道應從國小開始，可成立
班級圖書室，提供最方便的閱讀機會。圖書來源可由學校提供、
師生捐助、家長提供……等，再運用各種方式鼓勵閱讀。

四、訓育經營 （註61）

國民教育法第七條規定，國民小學教育應以民族精神教育及
國民生活教育為中心，實際運作上，除禁止、防止學生不良行為
的產生外，更應該實施學生精神陶冶，根本改變學生態度，養成

自動、自治、自強、自愛的精神，其工作內容很多，無法一一述及，茲僅擇其要者簡述如下：

㈠班級常規輔導

　1.養成遵守校規及教室常規的習慣。

　2.養成有規律的生活習慣。

　3.養成良好的待人接物禮貌。

　4.養成說話的能力和傾聽的習慣。

　5.養成遵守交通規則的習慣。

　6.培養榮譽心、責任感、愛護群體、尊重別人的群性。

㈡班級衛生及兒童健康輔導

　1.養成整齊、清潔的衛生習慣。

　2.養成良好的飲食習慣。

㈢班級兒童體育活動

　1.辦理體育活動和競賽。

　2.養成良好運動習慣和運動風氣。

㈣班級休閒活動

　1.培養對運動、藝文活動的興趣，和參與活動的習慣。

　2.舉辦郊遊、健行、採集、露營等活動。

㈤民族精神教育

　1.加強價值學科的教學。

　2.配合慶典、相關活動，喚起學童民族意識。

五、輔導服務

　　有效的輔導服務，可以協助學童確立自我觀念，建立價值體系，是一種人性化的校園工作，最能表現人師的功能，最能顯示

班級經營的實效。可做的事項很多,如:

　　㈠建立完整資料,眞正了解學生。

　　㈡運用策略、積極輔導。

　　㈢廣求資源、擴大輔導效果。

　　㈣確立輔導組織,發揮輔導效果。

　　㈤時加檢討,力求輔導績效。

六、校務推展

　　教育工作日趨專業化,教育工作的決策重視全體教師的參與,導師身兼經師、人師的良師角色,有關學習輔導、生活輔導、職業輔導,固須透過導師來執行(註62),就是學校的措施,如校園規劃、校舍建築、學校慶典活動……等重要事項,皆須透過導師的參與、貢獻智慧,做成決定,並對學生、社區宣導、溝通,同時協助執行,因此協助推廣校務,也是導師的任務。

七、社區協調

　　現代社會中,社區與學校相互影響,學校已非社區的孤立機構,亦非單純的社區雛型,而是聯繫並改善社區機構與環境的重要單位,社會中心教育的實施及社區發展運動的推展,使教師必須成爲社區關係的協調者,更是鼓吹並成爲社區行動的領導者(註63),尤其,導師透過對學生之關懷指導,以及家庭訪問等活動,極易打入社區,和家長取得聯繫,或參與社區活動,分享社區資源,可做社區間、社區學校間成功的協調人,而促進學校和社區的繁榮與發展。

伍、就綜合任務而言

綜合言之,教師的任務在教人作人,作人的總目標是「完人」,完人的教育也稱「全人」的教育,從德智體三育進到德智體群四育,現在已進到德智體群美五育(註64),再細思之,恐怕是德智體群美技六育了。依據國民小學課程標準總綱的提示:「國民小學教育,以培養活活潑潑的兒童、堂堂正正的國民為目的,應注意國民道德之培養、身心健康之鍛鍊,並增進生活必需之基本知能。」為達成國民教育的目標,我們提出導師的綜合任務如下:

一、知識傳輸

知識傳輸,亦即認知內涵的傳輸。導師負責經營班級和教學,自然負有知識傳輸的任務。

所謂認知內涵,包括知識的記憶、再認、及各種智性能力和技巧的發展(註65),細分之可有知識、理解、應用、分析、綜合、評鑑等層次,教師教學時,可以運用行為目標的方式來分析運作,以圓滿達成傳輸的目的。

知識傳輸是每一個科目教學最不易忽略的部份,因為知識的學習是今日教育的主要部份,豐富的知識確有助於我們的生活與行為(註66)。目前的學習管道雖多,教師的講解傳授,仍然是學童習得知識最有效的管道,因為教師能依據學習者的經驗,選用簡明而適於學習者程度的字彙或概念,以適於各個學習者的講解方法,深入淺出地說明艱難的學習內容,並解答學者個別的

疑難（註67），以培養良好的學習氣氛，激發學習者濃厚的求知慾，收到良好的教學效果。因此，知識傳輸是導師的主要任務之一。

二、情意涵蘊

情意內涵強調感覺、情緒、接受或拒絕的程度（註68），談的是愛好、態度、價值和信仰（註69）的問題，包含有美、德、群的成分，是一項非常重要的學習內容，也是導師的艱難任務。

所謂情意內涵包含接受、反應、評價、組織和品格的形成等五個層次，教師在教學時也可以用行為目標的方式來指導學生逐層逐步完成內化，以達最高層次的教學。

一般而言，教育旨在發展平衡的身心，為學貴在變化氣質，均指教學要能培養學生良好的態度，建立遠大的理想和陶冶豐富高尚的情趣，使學生在立身處世、待人接物、學習生活行為與品格方面，都能合適健全，進而更能欣賞人生、享受人生，真正具有幸福的生活與生命（註70）。認知內涵提供學生力量，情意內涵卻充實生命的意義，提升生活的價值，美化人生的內涵，使之具有良好的人際關係，獲得最佳的適應，否則，徒有力量，而乏良好的情意，則易成武夫，非教育的本意。因此，情意之涵蘊是為導師的重要任務。

三、技能的訓練

技能指的是一個人的動作能力，包含反射動作、基本動作、知覺能力、體能、技巧動作以及有意的溝通等，可以用行為目標

的方式來完成教學。（註 71）

　　技能目標強調肌肉或動作的技能、材料或物品的操作，或需神經肌肉協調的動作（註 72），就生活或實際學習結果而言，動作是生活的關鍵，而且存在於生活的各個領域，人必須協調了認知、情意和技能的領域後，才能表現出有目的的動作（註 73），這種有目的動作或技能，不但能幫助吾人謀生，而且能充實生活內容，使生活有趣而且有意義（註 74），是學童學習不可或缺的項目，因此，是導師經營班級的重要任務之一。

四、行為習慣的養成

　　學童透過學習活動，獲得預期的學習內涵，而學習就是藉由經驗或練習而獲得相當持久性的行為改變的歷程（註 75）。可見，行為習慣的養成確實是教育的目的之一。

　　根據行為主義心理學者的看法，行為是一個人對環境中一切刺激所作的反應，各種學習活動則是許多刺激反應的交替作用，經過多次練習以後所形成的習慣。所謂道德品格也是習慣，而人格則是行為習慣的總和（註 76）。再說，任何學習，如果僅止於純粹之認知，不能顯現在行為改變和習慣之上，顯然尚未完成學習的目的，所謂知而不能行，一如未知或無知也！譬如栽植花木，知道應適時澆水施肥，學習者卻從不澆水施肥，終至花木枯死；又譬如知道排隊上車，可是車到停妥，學童卻蜂擁而上，則實無異於無知也！就評量而言，行為或習慣具有精確性、可觀察性與可測量性，而且，行為或習慣學習本身提供導師明確的教學指標，也提供導師選擇教材、教法、教具的依據，更提供了評鑑教學成果的指引（註 77），因此，協助學生培養良好行為、習

慣成爲導師極重要的任務。

五、方法訓練

　　胡適治學強調科學方法的重要，他以爲西洋自然科學的成就，中國樸學的成果，乃至牛頓、達爾文的研究，都是因爲重視方法、運用方法的結果（註78），方法確實是做好事情、成就事業的重要因素，導師應該把方法訓練當做是教學的重要內容，小學生可以學習的方法很多，比如讀書方法、思考方法、問題解決方法、遊戲方法……眞是不一而足，此處僅擇數項加以說明：

(一)讀書的方法

　　讀書是學生最重要的任務之一，因此，學生應該懂得讀書的方法，讀書應該是一個人終生的活動，人人應該懂得讀書方法。

　　胡適之（註79）提倡讀書第一要精、第二要博，求精故要眼到、口到、心到和手到，求博故什麼書都讀。精深是他的專門學問，博大是他的普搜博覽，博大要幾乎無所不知，精深要幾乎惟他獨尊，無人能及。我國學生向有爲考試而讀書的缺點，以致於偏狹難精，目光如豆，急待改進。

　　根據資訊處理論（Information processing theory）和學習心理學的看法來推論，讀書宜有六到，那就是眼到、口到、心到、手到、耳到和脚到（註80），當然，爲學要如金字塔，要能廣大要能高，只是讀書，方法卻因人而異，張春興主張三段式讀書法——略讀、精讀和複習，可謂實際易行（註81），值得導師參考運用。

(二)思考的方法

愛因斯坦曾說：「想像力比知識更重要」，實際上，人類的進化、文明的躍昇、國家的強弱、民族的興衰，都與思考能力的發展息息相關，近代的工業革命、知識爆發、科技革新與全民福祉的增進，更是思考創造的結果（註82）。因此，思考方法的訓練，是導師經營班級不可忽略的內容。

思考的方法或稱思考的過程，可源之於杜威的問題解決五步驟：

1. 遭遇困難
2. 分析並確定問題之所在
3. 找出可能解決的方法
4. 獲得結果
5. 驗證結果的正確性並接受或捨棄之

思考的方法、創造的能力或稱問題解決方法的訓練，其涵義或未盡相同，卻有相通之處，基本上都在使一個人願意想、敢去想，同時想得多、想得好、想得巧，並將這種思考的習慣和日常生活相融合，將創造思考的方法應用到問題解決上。（註83）

六、價值建構

價值是一種邏輯構設，也是一種理念，影響個人行動方式的選擇和目標的決定。價值建構的目的在幫助學生建立合宜的價值體系，以為面對選擇，必須作決定時的依據。價值體系是一個人行動的最高指導原則，是生命歷程中無數選擇的衡量標準。就個人來說，小至吃稀飯不吃麵包，搭公車而不坐計程車，大至就業選擇，都是個人價值體系所發揮的功能。在生活上，每一個行動之前都是一次決定，在每一次決定之前，都隱含一次選擇，而用

以選擇的標準就是價值觀念或價值體系。價值體系正確，選擇便會正確，價值建構的重要，實不言可喻。

一般而言，價值並非與生俱來，現代學者普遍相信價值觀念是隨着個體認知能力的發展逐步形成的。教育是有目的地改變個體行為的歷程，也是建構個體價值體系的歷程，因此價值教學或價值建構，對價值系統植基的青少年學生顯得更為重要，協助學童建構積極、健康的價值體系是導師非常重要的任務。

第四節　導師的素養

素養就是修養、涵養，是一個人修身、養心、學問、德行的綜合表現，也是一個人有別於他人的特質。一個不具備導師素養的人，很難表現出導師應有的特質，做不出導師應有的合宜作為和能力。

劉真教授在「教書匠與教育家」一文中，簡單地把教師分成教書匠與教育家兩種，教書匠至少要有法定的教師資格、豐富的教材知識、純熟的教學方法和專業的服務精神，要達到這種水準，也要有相當的智慧、訓練和經驗，他勉勵教書的人應從做一個很好的教書匠為起點，繼續充實精神修養，成為受到社會普遍尊敬的教育家，這種教育家具有慈母般的愛心、園丁般的耐心、教士般的熱誠和聖徒般的懷抱，他和教書匠最大的不同是：教育家教的對象是以「人」為重心，教書匠則以教「書」為重心；教育家於言教之外更重身教，教書匠則以言教為主；教育家對教育工作內心感到非常快樂，教書匠對教育工作不一定視為樂事；教育

家發生的影響是久遠的，教書匠則是短暫的（註84）。光做個教書匠也不簡單，要做個以教人爲職志的教師或教育家，非有相當的素養是不行的。

鄭通和認爲教師應有四種修養：基本修養、品德修養、學問修養及身心修養四項（註85）。導師在基本上應該以人師自居，人師應該成爲知識和道德行爲兼備的君子，根據中庸，應該有兩項基本工作，第一是「至誠」，不欺騙自己乃至於不欺騙任何人，第二是「修仁」，亦即愛的情操（註86），這些都是導師應有的基本素養。當然，所有的素養都必須植基在健康的身心上，因此，除了健康的身心以外，本章擬分基本素養、品德素養、學術素養、專業行爲等項目來說明。（註87）

一、基本素養

基本素養至少包含下列幾項：
㈠確立三民主義的中心思想
㈡清晰的國民教育概念、功能和目標
㈢肯定教育工作的價值
㈣懷抱敬業樂業的精神
㈤具充分的人文素養，有人性化的工作態度和方法
㈥健康積極的價值體系

這些素養，形式上可以在師範院校開設的相關課程中來培養；實質上，更待教師提昇自我觀念，體會工作價值和意義以及不斷的在職進修，自我鞭策才行。朱滙森（註88）勉教師首先在思想上要平凡，平凡並不代表保守、因循或安於現狀，相反地，平凡是秉持理想，堅守情操，而不汲汲於名利的追求，　國父常

說要立志做大事，不要立志做大官，導師堅守崗位，努力不懈，是平凡也是偉大。

因此，要特別說明的是：導師應該把人文素養列為努力的目標，人文素養是一種人生價值觀，是一種生活態度，也是一種生活的指南針，用以使人分清生活的方向，知道如何生活、如何取捨、如何發揮生活的價值，有了良好的人文素養，可以使人對生活充滿信心和熱望，能關懷自然，信任他人，有了人文素養的人，具有包容的心胸、廣博的視野、縝密的思考、統整的理解，能作合理的決定和選擇，能成為一個有識見、明事理、辨是非、識大體的人（註 89）。有助於導師把握生活的方向，發揮人師、良師的功能。

二、品德修養

品德的修養對導師特別重要，　國父說：「有道德始有世界，有道德始成國家。」同樣的，「有道德始可為師」，一個無德之人，實已喪失為師的功能。品德修養可分修己、待人、善群、處事等項。

（一）修己

修己就是修德，修德即謂修道。中庸說「修道之謂教」，就是把自己所知所行教給別人，使別人也明白人的道理和天的道理（註 90），因此，修己的工夫，首在「立誠」，中庸說「不誠無物」，師之不誠，何以教人？其次是「修仁」，也就是發揮慈母般的愛心，以仁恕之心來教育學子。再次，生活要平淡，淡泊以明志，不斤斤計較於物質的享受，也不迷惑世俗的浮華，重視教學過程中所獲得的精神滿足（註 91）。當然，修己工夫不僅

在此三端，導師若能以此居心，時時自省，刻刻精進，庶幾可以無誤。

（二）待人

修己修德以待人，待人要誠心平和，總在能和顏悅色，怡然自得，心存謙虛，不逞意氣，不慌張情急（註92），對校長要竭誠合作，對同仁要和睦相處，對學生要和藹親切，發揮愛心耐心，循循善誘，不可亂加責備，妄用體罰，對社區、對家長要多聯繫協調，俗謂做事容易做人難，導師常須利用相關資源達成班級經營的目的，更必須有合宜的人際關係，待人之道自是不可忽略，當然，導師「待人」的主要對象是受教的學生，其最基本的要求，便是發揮教育愛心，有教無類，因材施教了，待「人」成功，教學便已成功一半。

（三）善群

善群即服務之德，要能發揮仁愛精神，具有合作、民主的態度，高度的責任感，華勒以為學校所產生的事實係得自個人人格的交互作用（註93），因此有善群的修為，方能發揮仁民愛物、推己及人的精神。尤其學校中的個人並非「教學機」或「學習機」，而是交融於人群關係之中的個體，人群關係及學校中的個人角色，決定教學的結果，並影響教學的品質（註94），自然也影響班級的經營成效。因此，班級經營時，導師應有善群的工夫，建立良好的師生關係，才能發揮積極的影響力，學生也才能夠在愉快的學習環境中成長。（註95）

（四）處事

處事就是處理班級或自身周遭的事物。處事要能平實，所謂平實就是在言語上信實而有節度，在行為上忠實而勤勉，時時刻

刻朝既定的目標努力，不誇張、不浮躁，脚踏實地、持久不懈的努力才行。（註96）

三、學術修養

學術修養是導師表現專業能力的依據，導師如缺乏應有的學術修養，將無法表現專業的行為，發揮教師的功能。底下分四個項目來說明：

（一）基本的學術修養

基本的學術修養泛指一般知識、普通知識、科學新知、相關知識和生活經驗、生活體認等。正是「船底寬、船不翻」，「為學要如金字塔，要能博大要能高」中寬、博的部分，此種基本知識越寬、越博，不但有助於專門知識的吸收，更可使導師教學或**輔導時左右逢源，發揮教學的效果。**

（二）專門的學術修養（Knowing the subject）

專門的學術修養指對所教學科瞭解非常深入清楚，將學科的認知內涵、情意領域、動作技能和該一學科的學習方法均能確切把握，且不斷地研究閱讀相關書刊，時時加入新的材料，不做一個知識的偏狹者、落伍者。

（三）專業的學術修養（Knowing the student）

專業的學術修養指導師對學生所有狀況的了解、把握和處理能力，簡言之，就是教師教學輔導的基本能力，這些能力修養來自於教育哲學、教育心理學、教育原理、教育測驗、統計……等等的研究。使教師能了解學生，以為施教、輔導的依據。

（四）專精的學術修養（Teaching the subject to the student）

專精的學術修養指教師把自己瞭解的專門素養，包括知識、

情意、技能、方法等內涵，選擇學生能接受的方法，傳輸給他們。專精的學術修養也就是教學方法、策略，當然，教學方法或教學策略有好多種，每一種方法都有其優點，也有其缺點，教師應因「才」——材——施教、施測，並因時、因境而做最適切、最有效的選擇。

四、專業的行為

現代的教師，由於朝向專業的期許，經師、人師早應結合成具有完整專業修養、表現專業行為的專業人：（註 97）

對學生——關愛而又能教導

對課程——了解而又能創新

對同事——和諧相處而又能堅持教育理念

對學校——積極向心而又能計劃創設教育性的文化環境

對制度——協助推動而又能參與改進

對文化——傳遞規範而又能培養學生文化創新的意願和能力

對國家——了解發展方向而又能積極參與建設

經師只是人師的基本條件，做不成經師，便難成人師。一個能表現專業行為的教師，必然是結合了諸多素養的好老師，具備了人師的條件，當然也具備了經師的條件（註 98），經師、人師是密不可分的；良好的經師是人師的必要條件，人師則必是良好的經師。因此，專業行為是導師修養的目標，是所有導師必須堅持努力以赴的部分。

第五節　導師志業的展望

　　由於時代進步，社會變遷，各行各業的分化越深，專業化的程度自非昔日所能比擬，多數父母忙於事業，家庭教育功能的式微，加重了學校教育的責任。為因應實際需要，教育型態也從基本型態推移為企業型態，教育的主力所在──學校亦以專業化、企業化的方式來培養人力。班級教學乃是企業型態教育下無可避免的教學結構，在此一結構中，導師負責班級經營，主宰班級教學，因此，導師：

（一）責任更為重大

（二）角色益形重要

（三）國家依賴日深

（四）地位無法取代

　　導師要能了解教育的特質，以仁愛為本，樂道自得，有教無類，因材施教，傳輸陶冶學生，行創造思考和識略兼重的教學，並能力求教學相長，以身作則，充實基本修養、品德修養、學術修養，表現出完整合宜的專業行為，以了解學生、指導學生進行學習，使學生在德智體群美技等領域上以及方法情意的教學上獲得成長和精進，則人人都能成為好導師！

附　註

註1：教育部訓育委員會、台灣省政府教育廳、台北市政府教育局、高雄市政府教育局編印（民75）：國民中學訓導工作手冊，第41頁。

註2：田培林（民62）：教育學新論。台北市：文景出版社，第144頁。

註3：同註2，第144頁。

註4：同註2，第144頁。

註5：同註2，第143頁。

註6：同註2，第145頁。

註7：賈馥茗（民69）：教育概論。台北市：五南圖書出版公司，第232頁。

註8：同註2，第1頁。

註9：同註2，第16頁。

註10：吳鼎（民63）：國民教育。台北市：正中書局，第1頁。

註11：同註10，第5頁。

註12：李錫津（民76）：變遷中的工職教育。工業職業教育雙月刊。第5卷，122期，第18頁。

註13：林生傳（民71）：教育社會學。高雄市：復文圖書出版社，第190頁。

註14：同註13，第188頁。

註15：陳奎憙（民69）：教育社會學。台北市：三民書局，第235頁。

註16：同註15，第235頁。

註17：同註13，第187頁。

註18：劉真（民63）：師道。台北市：台灣中華書局，第731～740頁。

註19：台灣省政府教育廳（民73）：師道尊嚴。台中，第39頁。

註20：同註18，第749頁。

註21：郭為藩（民75）：科技時代的人文教育。台北市：幼獅文化事業公司，第4～10頁。

註22：王連生（民66）：人文心理學在國小學童輔導上應用之探討。台灣省政府教育廳，第63頁。

註23：同註18，第757頁。

註24：孫邦正（民58）：教學法新論。台北市：台灣商務印書館，第4頁。

註25：同註24，第1頁。

註26：同註24，第1頁。

註27：同註18，第750～751頁。

註28：同註18，第751頁。

註29：雷國鼎、李祖壽、伍振鷟、方炳林（民61）：教育概論。台北市，第1頁。

註30：歐陽教（民65）：道德判斷與道德教學。台北市：文景出版社，第84～85頁。

註31：同註7，第24頁。

註32：李錫津（民76）：*創造思考教學研究*。台北市：台灣書店，第17～18頁。

註33：胡適（1986）：*治學的方法與材料*。台北市：遠流出版公司，第143頁。

註34：同註18，第755頁。

註35：陳漢強（民78）：*蛾子時術之*。台北市：台北市教師研習中心，第72頁。

註36：同註35，第73頁。

註37：同註18，第753頁。

註38：林清江（民64）：*教育社會學*。台北市：台灣書店，第313頁。

註39：同註2，第354頁。

註40：台灣省政府育廳、台北市政府教育局、高雄市政府教育局（民71）：*高級職業學校導師手冊*，第41頁。

註41：同註29，第11頁。

註42：宗亮東、李亞白、張植珊（民61）：*教育與職業指導*。台北市，第75頁。

註43：蔡樂生等（民67）：*教育心理學*。台北市：中國行為科學社，第365～366頁。

註44：許智偉（民71）：*美國生計教育*。台北市：幼獅文化事業公司，第6頁。

註45：同註44，第61頁。

註46：同前註，第17頁。

註47：同前註，第11～12頁。

註48：同註40，第58頁。

註49：同前註，第 58～61 頁。

註50：同前註，第 67 頁。

註51：同註 15，第 153 頁。

註52：同註 15，第 273 頁。

註53：同註 40，第 45～46 頁。

註54：同註 2，第 356 頁。

註55：同註 19，第 34 頁。

註56：同註 19，第 41 頁。

註57：同註 19，第 34、41 頁。

註58：台灣省立新竹師範專科學校附設新竹區國民教育輔導中心
　　　（民 72）：能力本位師範教育。新竹市，第 5 頁。

註59：同註 40（民 78），第 144～150 頁。

註60：黎育玲（民 74）：班級經營之理論與實際。教育資料文
　　　摘，74 年 2 月號。台北市，第 116 頁。

註61：同前註，第 116 頁。

註62：同註 40，第 46 頁。

註63：同註 38，第 338～339 頁。

註64．黃中（民 77）：中等教育。台北市：五南圖書出版公司
　　　，第 255 頁。

註65：台灣省立新竹師範專科學校附設新竹區國民教育輔導中心
　　　（民 72）：認知領域目標分類。新竹市，第 5 頁。

註66：方炳林（民 65）：普通教學法。台北市：教育文物出版
　　　社，第 36 頁。

註67：同註 2，第 355 頁。

註68：台灣省立新竹師範專科學校附設新竹區國民教育輔導中心

（民 72）：情意領域目標分類。新竹市，第 6 頁。

註69：同註 66，第 42 頁。

註70：同註 66，第 37 頁。

註71：台灣省立新竹師範專科學校附設新竹區國民教育輔導中心
　　　（民 72）：技能領域目標分類。新竹市，第 69～72 頁。

註72：同前註，第 6 頁。

註73：同前註，第 5 頁。

註74：同註 66，第 36 頁。

註75：溫世頌（民 69）：教育心理學。台北市：三民書局。同
　　　註 185。

註76：同註 29，第 18 頁。

註77：同註 43，第 22 頁。

註78：同註 33，第 144 頁。

註79：同註 33，第 167～177 頁。

註80：張春興（民 72）：怎樣突破讀書的困境。台北市：東華
　　　書局，第 51～52 頁。

註81：同前註，第 58 頁。

註82：毛連塭（民 73）：創造性教學資料彙編。台北市：台北
　　　市教師研習中心，第 1 頁。

註83：李錫津（民 77）：如何引發幼兒創造力──文收幼稚教育
　　　輔導專輯㈡。台北市政府教育局，第 134 頁。

註84：同註 19，第 11～13 頁。

註85：同註 64，第 244～254 頁。

註86：同註 7，第 126～127 頁。

註87：同註 64，第 244～246 頁。

註88：同註 19，第 4 頁。

註89：李錫津（民 78）：技職教育的人文導向。工業職業教育
雙月刊，78 年元月號。

註90：同註 7，第 127 頁。

註91：同註 19，第 6 頁。

註92：同註 19，第 7 頁。

註93：同註 38，第 312 頁。

註94：同前註。

註95：同註 59，第 44 頁。

註96：同註 19，第 7 頁。

註97：同註 19，第 46 頁。

註98：同註 19，第 46 頁。

本章摘要

　　本章申論導師的基本任務和導師應有的素養。首先說明，由於受教人數增加，引導出教育企業化的需求，班級成為企業化教育的重要教學型態。班級的存在與班級活動，特別具有意義，導師直接負責經營和教學，間接協助學校推展校務，因此，導師成為國民教育成敗極具關鍵的角色。

　　其次，為使導師易於把握經營班級之目標，我們分析了教育的「目的性」、「基礎性」、「深遠性」、「隱藏性」、「延緩性」、「不確定性」和「催化性」等特質，也申論了班級活動的「社會性」、「團體性」、「有機性」和「次級性」，基於這樣

的認知，導師應該秉持「仁愛爲本」、「樂道自得」、「有教無類」、「因材施教」、「傳輸陶冶」、「創造思考」、「識略兼重」、「教學相長」和「以身作則」的教育理念，來經營班級，指導學生，以求發揮班級經營的效能。

接著，從不同角度討論導師的任務：㈠就教育輔導而言，導師要在班級裡實施「學業輔導」、「職業輔導」和「生活輔導」；㈡就師生互動而言，導師是班級的「教學者」、「催化者」、「指導者」、「管理者」和「示範者」；㈢就導師個人修養而言，導師不但要做學生的「經師」，更要自我提昇做學生的「人師」，並以兼具經師、人師，以興國爲己任的「良師」來自我期許；㈣就行政管理而言，導師要「領導班級」、「處理級務」、「經營教務」、「經營訓育」，要提供「輔導服務」，要「推展校務」，也要參與「社區協調服務」；㈤就綜合任務而言，導師要「傳輸知識」，要「陶冶學生的情意」，實施「動作技能的訓練」，協助學生「養成良好的行爲和習慣」，進行讀書、思考等「方法訓練」，以及協助學生「建構良好的價值體系」，以因應未來生活，並完成國民小學的教育目標。

爲承擔艱鉅的任務，導師除應有「健康的身心」以外，更應具備許多素養：如國民教育的「基本素養」，修己、待人、善群、處事方面的「品德修養」，基本的、專業的、專門的、專精的「學術修養」，尤其，對學生、課程、同事、制度、文化以及國家要能表現出「專業的行爲」，如此，方能有助於班級經營管理與教學。

因此，導師的「責任十分重大」、「角色益形重要」、「國家依賴日深」，其「地位無法取代」，只要每位教育同仁都能善

加修爲，「人人都能成爲好導師」。

作業活動

一、教育型態的演變，對導師角色功能的需求，具有何種意義？

二、班級經營，就理論和實際言之，應該發揮何種功能，始克有
　　助於國民教育目標之達成？

三、現代社會變遷十分激烈，導師在角色上應作何種調適與定位
　　，始克因應並達成國民教育的使命？

四、導師應有的理念很多，請依其重要性加以排序，並說明排序
　　的理由。

五、導師應有的素養很多，請依其重要性加以排序，並說明排序
　　的理由。

六、「我國教育，太重視知識的教學，往往忽略方法的訓練，以
　　致許多學生缺乏獨立研究學習的習慣和能力。」您是否同意
　　這種說法，爲什麼？

七、試說明「好導師」、「負責任的導師」、「成功的導師」和
　　「有效能的導師」的內涵，並儘量比較其異同。

參考案例一

一道輕輕的傷痕

高紅瑛老師提供

　　石中玉老師是本校資深優良老師，早年畢業於師範學校，十年前又不落人後地考進師專暑期部進修。平日教學非常認真，每天總是全校第一個到校，督導學生作早自習，放學後常常留下來批改作業，常常成了全校最後一個走的人。她真是全心全意的投入教育工作，因此，只要是石老師帶的班級，一向都能獲得大家的好評。

　　平日裡石老師管理班級毫不馬虎，她耐心地要求班上每個學生時時刻刻循規蹈矩，彬彬有禮，校內每週的整潔、秩序比賽非拿冠軍不可，如果偶而一次被別班得走了，她會領著全班同學一而再、再而三的仔細檢討與改進。大多數學生在石老師剴切的啟迪之下，成績、品德都日漸精進。但對於好動不羈的學生可就有點吃不消了，有的向外發展，有的背著老師偷偷做壞事，張伯健就是一個典型的例子。

　　張伯健今年十一歲，聰明活潑，喜歡畫畫、音樂和打球，自

從升上這年級，進入石老師的班級以來，最令他頭痛的就是每天早晨得七點鐘到校，不能遲到，比其他班級足足早了一小時，因為石老師的座右銘是「早起的鳥兒有蟲吃」，而張伯健的名言卻是「早起的蟲兒被鳥吃」。更麻煩的是，石老師要全班同學利用這早到的一小時，好好地演練或講解大黑板的數學作業，來提昇學生的數學成績，如果遲到或沒來得及寫完早自習，下課時間就不得休息，直到把早自習補完為止。

　　還有每天日記一篇、書法兩篇，雖是石老師說能讓學生增強寫作能力和練好毛筆字，但這卻是令張伯健這種學生傷透腦筋的事。

　　眼看著月考漸漸的近了，石老師總覺得現在的小孩沒有以前用功，因此，她顯得比學生還緊張，每天除了緊緊把握住在校的每一分一秒之外，給學生的家庭作業也隨著月考而加多。而張伯健的心情也隨著家庭作業的增多而煩躁。他很想轉學離開石老師的班級，可是爸媽都說，爸媽只有他這麼一個兒子，不讀這個大家嚮往的好學校，轉走太可惜了。直到有一天，伯健哭喪著臉，背著沈重的書包踏進家門時，張媽媽見了好不心疼，迎向前去，正想捧著嬌兒伯健的臉哄上一哄，那知竟大叫一聲：「哎呀！兒子，你是跟誰打架了？右臉頰上被刮了一道傷痕？」伯健搖了搖頭說：「我不是和別人打架，是被石老師打的。」

　　第二天早上，張媽媽氣沖沖的走進校長室，質問校長：「石老師打傷了我兒子，身為校長的你，將如何處置？」校長不慌不忙的說：「石老師不可能會打傷學生，這其中必有誤會，讓我們先了解事情的真象，再給你一個答覆。」

　　經過教務主任的探詢結果，事情是這樣的：張伯健連續兩天

功課沒做完，昨天的隨堂測驗又不及格，於是石老師要他利用午睡時間，坐到石老師旁邊的特別座，一方面幫伯健作補救教學，一方面要他把沒寫完的功課補完，伯健別過臉去勉強坐下，却一肚子地不高興，石老師請他把臉轉過來，伯健硬是不肯，石老師只好用手去挪動伯健的頭，沒想到伯健用力把頭一甩，正好碰上石老師手上醮水的紅筆，筆尖劃過伯健的臉頰，於是一道傷痕就留在伯健的臉上了。平日愛護學生如同自己子女的石老師，看到幼嫩的臉上留下傷痕，心中真有些愧疚，即刻送他到保健室擦藥。愛子心切的張家父母，一看到兒子臉上的傷痕就心疼不已，不理會校長和教務主任的說明，堅持要石老師公開道歉，並且立下悔過書，聲明日後絕不再「碰傷」他兒子，石老師身經此事，心中也不禁畫下了一道傷痕，並自問道：「我錯了嗎？」

問題討論

一、導師應具備的理念很多，以目前變遷中的社會，你認為要做一個優良教師應具備那些理念？

二、從上面的小故事敍述中，石老師具備了那些正確的理念？她可能有那些錯誤的理念？她可能做錯了那些事？

三、身為班級導師的你，打算怎樣做到把握傳輸、陶冶的理念，使班級教學活動合乎自由化、民主化、人性化？

參考案例二

> ### 愛之適足以害之

高紅瑛老師提供

　　林依萍是本校一位年輕又富有愛心的老師，更可貴的，是她經營班級的方法有條不紊，領導的班級氣氛都非常融洽，學生的學習效果也比別班勝過一籌。這學期，她又接了一個新班級——三年二班。開學的第二週，她忙著認識全班四十多位學生，安排學生座位，為學生作常規指導，輔導學生訂定生活公約，選舉自治幹部……忙得不亦樂乎，她要求自己不但做一名孩子們授業、解惑的「經師」，和培養孩子健全人格的「人師」，更希望能成為以興國為己任的「良師」。因此，導師的工作雖繁雜辛苦，她卻甘之如飴。

　　開學的第二週，班上來了一位轉學生名字叫李智，後來發現他似乎是專程來考驗她的。個子瘦小，看起來木訥寡言，臉上很少出現笑容，最明顯的特徵是動作非常緩慢，好像是一個發條鬆掉了快要停的鬧鐘一樣，常常別人已經跨出三步，他才準備跨出第一步，尤其是上下樓梯動作更慢，身子搖搖晃晃，險狀百出，

從一樓到三樓教室至少得花上十分鐘，每天班上唯一的遲到者就是他了。

　　據李智的母親向林老師解釋，因為李智是家中的獨子，而且孩子的爸爸是年老得子，再加上出生時又是難產，經過醫師急救才救活的，因此，父母從李智出生後一直是非常小心翼翼的照顧他，每天不是抱著他就是摟著他，從不讓孩子有到處走動的機會。更嚴重的是，李智的父親因為愛子心切，硬要給李智喝不適合李智腸胃的進口奶粉，所以孩子從小體質很差，先天不良再加上後天失調，才造成今日李智的個子比同年齡的孩子矮了一個頭，動作又慢。李母再三向林老師保證，他的孩子絕對是正常的，是聰明的，是很可愛的，只是從小活動機會少一些，拜託林老師對李智一定得特別多加照顧，最後還暗示她，孩子的爸爸是校長以前的老長官，交情不比尋常，請林老師好自為之。

　　林老師本著對教育工作的熱忱和有教無類的信念，一方面細心的照顧李智的安全，希望能針對李智動作遲緩的原因，徹底協助李智解決動作上的困擾。另方面也常積極鼓勵小朋友要充分發揮同學愛，協助照顧李智。自從李智進入三年二班以來，每天都有同學自動照顧他上下樓梯，中午用餐時有人幫他拿便當，每天回家時鄰座同學會幫他抄聯絡簿，並且送他下樓，交給李媽媽帶回家。同學間情同手足，全班沒有一個同學歧視他，全把他當作自己家中的小弟弟一樣的照顧他。

　　但是，當林老師打開李智作業簿和考試卷時，就不覺頭痛起來。李智的字比一年級的小朋友寫的字還糟糕，就像幼稚園的小朋友塗鴉一樣，每個字都龍飛鳳舞，超出格子外面，但仔細一看，筆劃卻沒有錯，只是亂得有點離譜就是了，每次檢查他的作業

總得花上別人三、四倍的時間才能看清楚。數學科的作業更麻煩，一道應用問題如果需要寫三道式才算得出來，他的寫法是第一道在東邊，第二道在西邊，而第三道式子就不知道寫到那兒去了，林老師得費上半天時間才能批閱好他的作業。而自然科和社會科作業就更麻煩，猛一看真不知他寫的是「法文」還是「拉丁文」了。不過，唯一的好處是他的母親嚴格規定，李智的作業不管是寫到晚上十二點或半夜，一定得寫完，寫得再慢、再亂都得完成。因此，第一次月考後，李智的四張試卷，以考選擇題為主的社會科成績最好，得到七十分，那是因為他所寫的選擇題答案1、2、3還易辨認，其他科目就只有二十多分了，有些題目明知他應該會，但是動作慢寫不完，寫出來的字又東倒西歪，不十分正確，因此成績都不理想。

　　月考過後，林老師向李媽媽建議，最好帶李智到台大兒童心理中心或精神科作一番徹底檢查，李媽媽聽了很不高興。林老師得不到家長的協助，只好轉向學校的輔導室求助。輔導室主任非常熱心，先幫李智作了一些智力測驗、班達測驗，果然證明他的智商是中等的，沒問題，只是動作方面確實出了問題。李主任又自掏腰包帶他到心理醫師處診斷，費了一番周折，醫師終於檢查出李智因為腦傷致使動作感覺統合失常，應該給予個別「感覺統合訓練」，並且建議改以個別輔導的學習方式，對李智的幫助更大，如果能進入學習障礙班，那便是上上之策。當林老師表示自己很慚愧，既不懂得感覺統合訓練，也沒有指導學習障礙的經驗，因此，把這個建議向李媽媽作試探性的溝通時，李母斷然斥回，而且又把她和校長的交情非比尋常加以特別強調後，隨之又轉採動之以情的方法，一再拜託林老師多為李智設想。李母非常滿

意目前李智在三年二班受到四十多位有愛心且正常的小朋友的幫助，雖然成績不理想，但這樣的學校生活對他來講還是溫馨的、快樂的，如果換到特殊班級上課，雖然老師的照顧更周到，二位老師照顧六、七位學生，但同儕間的生活，就和現在大大的不同！李母認為李智和六、七位都需要別人幫助的孩子在一起，只有給李智負面的影響，李智不但不能進步，而且可能會更退步。在李母懇切要求不要讓李智轉進特教班的情況下，林老師竟有點渾然失措，不知該怎麼做才好？

問題討論

一、身為導師，開學之初有那些服務工作需要處理，請依次序列出。

二、以導師的工作內容詳述導師三個不同層次的任務。

三、身為班級導師的你，是讓李智留下來拖累著你（甚至包含李智及全班），抑或尊重專家的建議把李智送進特教班，得到更個別化的照顧呢？為什麼？

四、你會認為林老師的班上對李智付出的愛太快太多，反帶來了李智滯留班上的困擾嗎？為什麼？

第三章

班級行政經營

第一節　班級行政與導師權責

一、班級行政的意義　　三、班級導師的行政權責
二、班級行政的內容　　四、班級導師的例行業務

第二節　班級教務行政

一、班級教務的目標　　四、班級教務的具體作法
二、班級教務的幹部組織　五、班級教務行政學期進度
三、班級教務的經營內容

第三節　班級訓導行政

一、班級訓導的目標　　五、班級訓育經營的內容
二、學校訓導的人員組織　六、班級訓導的具體作法
三、班級導師的基本職責　七、班級訓導行政學期進度
四、班級訓導的幹部組織

第四節　班級輔導行政

一、班級輔導的目標　　四、班級輔導的具體作法
二、班級輔導的人員　　五、班級輔導行政學期進度
三、班級輔導的經營內容

第五節　班級總務行政

一、班級總務的目標　　四、班級總務的具體作法
二、班級總務的幹部人員　五、班級總務行政學期進度
三、班級總務的經營內容

第一節　班級行政與導師權責

壹、班級行政的意義

行政是指團體或機關的組織及其功能。「教育行政」是政府對於教育負起計劃、執行、考核的責任，採用最經濟的和最有效的方法，實現教育宗旨與政策，以達到建國的理想和目的（註1）。因此，「教育行政」一詞有廣義及狹義之分：狹義的教育行政，僅指政府對各項教育事業之計劃、執行、考核等活動；廣義的教育行政除上述之外，尚包括學校行政在內。

　　「學校行政」是學校依據教育原理、國家教育政策，運用科學方法，對學校內一切組織上、設施上、工作上的所有問題，作最適當的處理，藉以增進教育效率，達成學校教育目標及教育使命（註2）。國民中小學不僅是實施國民教育的場所，而且也是社區文化教育的堡壘。因此，狹義的學校行政針對兒童基本教育之計劃、執行、考核等活動而言；廣義的學校行政更包括失學民眾補習教育和社區文化教育工作等。

　　班級是學校組成的基本單位，也是學校教育活動實施的基礎。依據國民教育法及國民教育法施行細則之規定，學校教育行政除設校長一人，綜理校務，應為專任外，餘教務、訓導、總務、輔導、研究、人事、會計等單位之組織及編制，均應視學校班級數之多寡，而有不同之彈性措施。唯不論國民中學或國民小學，每班級均設置班級導師一人，綜理班級內教務、訓導、總務及輔導等工作。因此，「班級行政」可指班級學生在班級導師之指導下完成自治組織，並對於班級各項教育活動，運用計劃、執行、考核的步驟，提昇學習興趣，增進學習效果，發展兒童健全人格，完成教育目標，並促進學校發展。

貳、班級行政的內容

　　蔣故總統　經國先生曾說：「政府就好比一部機器，一部為民服務的機器，不過這部機器不同於一般機械，它是有靈魂、有組織的一個有機體，這個有機體不但能運轉正常，而且還要以最小的消耗，為民眾獲取最大的利益……」（註3），學校行政組織也是一部為服務而生的機器，校園裡必先有學生和老師，然後

學校行政組織爲服務學生和老師而生，爲使這部機器有機運轉，則必須有強而有力的發動機——校長，透過決策與領導，以發揮推動整部機器運作的功能；其次，必須藉助於轉換合宜的變力機——各支援與管理單位，如人事、主計、總務等單位，輔佐校長，承上啓下，聯繫各部門，協調溝通，以恢宏整體組織的氣氛與效率；最後運用工作機——各業務與技術執行單位，如教務、訓導、輔導等處室及各班導師，共同運作與活動，以直接推展組織的計劃，完成國民教育的任務。

學生班級自治組織，亦好比一部機器一般，一部爲班級同儕服務的機器，在學校行政組織體系中，它是最下層的執行單位，但在班級團體內，它卻有承上啓下的功能：

㈠對學校而言，班級能：

　　1.配合學校整體校務發展與行政運作

　　2.支援各處室並完成受分配或交付的任務等

㈡對班級內同儕，班級行政能：

　　1.提昇教學品質

　　2.增進師生感情

　　3.爭取班級榮譽等標的

因此，班級行政之運作，一如學校行政之內容，可類分爲教務、訓導、總務、輔導等各項活動，在班級導師之輔導下，積極推展。

叁、班級導師的行政權責

班級設「班級導師」，有其合法地位與權責（註5）。從行

政觀點來看，班級導師之於班級，就好像學校校長之於學校一般，既是一位視導者，一位仲裁者，也是一位問題解決者。導師為了激勵學生學習，他必須每日檢核學生學習狀況，協助學生解決學習上的困難，適時評鑑並鼓勵學生的學習，是為視導者。其次，當學生們對某一事件，彼此有不同的意見或衝突時，導師往往要居中協調，輔導學生尋求合理的解決方式，是為仲裁者。班級上，每天都可能有新的問題發生，這時常需要導師來直接處理，於是導師便是一位問題解決者。由此觀之，班級導師既是班級行政的負責人，也是班級經營的領導人。

　　學校既是社會的雛形，班級又為一個複雜的小社會。個人當在學校中完成社會化功能，班級教育活動原建立於師生之間面對面的關係，個人便在這種師生間的牽動關係中成長。於是班級導師在班級教育活動中，就如同企業管理人員一般，要引導班級建立明確的目標，然後訂定明確可行的計劃，有效運用班級內的資源、設備與環境佈置，舉辦活動，設計課程，實施教學等，並隨時進行檢討與考核。務使班級組織發揮計劃、執行、考核的行政效率，然後實踐班級經營的理想。

肆、班級導師的例行業務

　　學校教師雖為「教學」而聘派到校，然而事實上，無論大、中、小學教師，除了「教學」之外，仍有「與教學有關的」、「教育管理的」、「課外活動的」及「人員接觸的」等四方面工作（註6）。就教學有關工作而言，有課程教材編輯，教學活動設計，擬訂進度表，設計及批改作業，命題、監考、閱卷，補救教

學及補考，計算成績、通知成績，製作教具、教學研究，教學觀摩、溝通家長等項目。就教育管理而言，有出缺席紀錄，授課或活動紀錄，下課時間或校外教學的學生觀察，參加教職員會議，參與新生輔導，代收各種費用，檢查服裝儀容，學生活動及操行評定，學生行為獎懲，學生活動設計與指導等。就課外活動而言，學生團體分組活動或學生社團的組織、管理與指導，校外青少年有關組織的接洽協調，課外實驗研究指導或領隊，旅行、郊遊的計劃與實施，生活輔導，道路交通安全導護，校園場地開放等。就人員接觸而言，社區或家庭訪視，參與成人教育活動，協助家庭計劃工作，參與選務工作及教育計劃或評鑑之項目調查工作等。因此，校園中沒有所謂的純任教學的教師，每位教師均必須或多或少地分擔一些學校行政工作。

　　班級導師除了像一般教師擔任教學外，通常被進一步視同學校行政人員，分擔某一固定班級的綜合行政職務，其責任繁瑣而重大，尤其是國民小學低年級的級任導師，缺乏班級學生自治幹部的組織與協助，一切班級行政事務均由導師全力包辦。

第二節　班級教務行政

壹、班級教務的目標

　　學校的成立原為教學，班級乃實施教學的最基本場所，因此，班級教務行政在提供最大的努力與服務，以提昇學生的學習動

機與興趣，支援教師的教學活動，激勵學生創造發展，擴大學生學習成效。

依據國民教育法施行細則第十三條第一款之規定，學校行政中，教務處的職掌在各學科課程編排、教學實施、學籍管理、成績考查、教學設備、教具圖書資料供應與教學研究，並與輔導單位配合實施教育輔導等業務。（註7）

班級教務一方面承續並完成學校教務交付之行政工作，同時，另方面並主動對班級情境中的教室空間的設計與安排，課程教材的搜集與呈現，師生活動的組織與溝通，圖書教具的供應與分配，學習成效的評鑑與補救，學習成果的展示與發表等等，作積極的規劃設計與有效的實施執行。

貳、班級教務的幹部組織

學生班級團體中，除設有班長綜理一切班級事務外，另設有學藝股，負責主持或籌劃學生班級有關學習方面的事務。譬如：教室的佈置、作業的出納、圖書的保管、教具的借用、班級學習成果展覽、學藝競賽的代表選拔，以及學級日誌的填寫、學生成績考查的統計與登錄等等。因此，學生班級團體中的學藝股長，多以學科成績優良且書畫寫作能力傑出者來擔任。

學生班級遇有教務活動，規模擴大或項目繁多時，常需將學生成員，依桌次、座次或興趣、性向、能力分組，分別承擔部份工作，再由班級副班長擔任班級教務活動之整合工作。學生班級也有因應特殊教務活動，譬如：設置班級圖書角，或爲定期編輯與出版班刊而成立專責小組，獨立負責該項班級教務工作者。

叁、班級教務的經營內容

一、人員的進出與編組

學生學籍的管理是教務行政中十分重要的工作。靜態方面，它影響學校的班級編制、校舍配置、教室設備等；動態方面，它影響師生關係、學習型態與教學品質等，除了一年級新生涉及入學資料、學籍卡、學生名冊等表冊之填寫、保管與處理外，一般國民小學有將學生每年重新編班，或一、三、五每兩年重新編班，或一、四每三年重新編班，或六年一貫不重編班等四種。當學生有重新編班或由他校轉進本班時，學藝股長宜配合導師優先協助同學完成各種學籍資料填寫、整理的工作。

班級學生除了按照個人性別、身高，分別排列教室座次、學習組別外，學生班級有因應學科學習之需求，將學生成員依興趣、能力分組，成立分科小組、分科召集人或分科小老師，以從事支援教師完成課程教材之搜集整理或輔助同學進行學科學習的工作。

班級導師通常是班級教學中最固定隸屬於班級的老師，擔任本班教學的科目及時數也最多，最直接也每天與學生班級同進同退。其他教師均僅擔任分科教學，由於相處時間的不足，又經常更替，常被學生班級忽視，甚至被矇蔽。班級導師應主動關切學生班級對分科學習的進度與態度，至少應於期初介紹各分科教師，並指示學生提醒教師定時到班授課指導。

二、簿册的出納與管理

　　學生用教科書、簿本的分發，各科作業的繳交，各科作業的
調閱，各種工具資料的傳送，各種教具實物的傳閱，班級圖書的
閱覽等等，常常是班級全體成員同時動員和參與，因此，這種圖
書簿册的輸送方向，排列整理的位置與秩序，都宜妥善規劃與設
計，然後逐步演練，以求效率。

　　對於教學活動中個人需要經常使用的文具、簿本、書籍，可
利用個人課桌或個人櫥櫃，固定存放取用。有因教學單元需要而
借用的圖書、資料、影帶、圖片、儀器、工具等，務必事前瞭解
使用方法，事後確實原物歸還，遇有破損，務必於歸件時予以說
明或賠償，以利下一使用者之需求。

三、情境的佈置與安排

　　教室空間的佈置，要能動靜有別，色調柔和，疏密有致，切
忌琳瑯滿目，繁雜不堪。佈置內容亦以刺激思考、激發興趣、激
勵士氣或肯定成果者為佳。佈置的方法，當然以學生全體參與設
計或輪流提供資源者為上策。教室的佈置尤宜配合教學進度，定
期更新，以誘導學生主動學習為標的。

　　教學情境的佈置，除了空間的設計安排之外，時間的程序安
排，也是不可忽略的，譬如，該上課的時候上課，該下課時下課
；上午研討知識學科，下午進行技術學科。單元的進度、教材的
內容要能配合時令季節，壁報、海報的出刊懸掛要能恰合其時，
於是各種佈置所形成之氣氛，才真稱得上是教學情境的佈置。

四、成果的考核與展示

　　學生平日靜態的作業，除了繳交老師批閱外，學生班級常有運用小組長、小老師，代表老師核閱或學生彼此交換核閱的方法；其核閱的結果，有由個人自行登錄成績，並於學期終自行統計者；也有由學藝股或分科小組長，代為登錄並代為期終統計者。這些多由班級導師或相關科任老師視學生能力而輔導進行。至於動態學習成果的考查，譬如，舞蹈的動作技能，國語課文的朗誦或編劇演出，或科學實驗的過程方法，以及生活倫理的德行表現等，學生班級常運用相互觀摩、相互評鑑的方式來進行，其觀摩、評鑑的項目、內容，若能由學生共同研商確定，則更能激發學生客觀評鑑、主動學習的意願。

　　學生學習的成果，若能與生活相結合，也就是俗語所說的「學以致用」，則效果必然提高。譬如，學習上有優異成果的學生，鼓勵其擔任學習團體的召集人或小助教、小老師。學生班級亦配合適當時機，譬如課程內容配合節令季節，端午詩人節而作詩，並舉辦吟詩大會；又譬如配合慶祝兒童節或學校校慶，舉辦學習成果競賽或展覽；每學期出版班級刊物一期次。學生班級更可配合師生動態，開學時的迎新歌舞，師生壽誕的美勞生日卡片，學長畢業時的惜別與祝福頌辭等等，如能及早規劃、安排進度，那麼，由於這些綜合性發表活動的需求，不但能積極激發學生不斷吸收學習、反覆練習的動力，更能促進師生間的濃密情誼。

肆、班級教務的具體作法

一、刻製戳章，如學生、教師姓名章，教學科目、成績等級，獎
　　懲等級章等，以減少各種學籍表冊、成績表冊上的書寫負擔
　　，更可鼓勵學生充分運用於學生書籍、簿本、資料封面上，
　　既美觀又簡便。

二、印製學生作品卡，方便學生作品之說明及展覽，並維護作品
　　之完整，充分利用班內、校內乃至校外各類時機，發表或展
　　示學生學習作品與成果。

三、製作學習成績榜或班級學生榮譽樹，隨著學生的學習過程或
　　結果，及時登錄學生參與活動、作業考查、錯誤訂正、資源
　　提供、成果展示等具體表現，可收即時增強提昇榮譽及成就
　　動機之效果。

四、製作教學資料卡及教學資料袋，配合各科各單元之進行，輔
　　導兒童搜集各種圖書、資料、圖片、報章、雜誌、錄音帶，
　　彙整製作資料展示，或裝成資料袋。譬如國語科的生字卡、
　　新詞卡、課文圖片卡、課文類似文體的閱讀資料、課文朗誦
　　錄音帶、課文有關人、物、景之史蹟軼事介紹影帶，年年搜
　　集彙整儲備，不但提供教學上運用之便利，更能激勵學童適
　　時更新創作。

五、肯定學生個別差異，定期調整或重組學生座次及各類分組成
　　員，交替運用同質編組、異質編組的方法，使學童在不同的
　　人員組合團體中，能積極展露其個別不同的優點或才能，以
　　獲得某種程度的同儕團體之認同與肯定，以激勵其學習之動

機與興趣。

伍、班級教務行政學期進度

時間 內容 項目	學　期　初	學　期　中	學　期　末
註 冊 方 面	1.班級導師出席編班會議 2.核寫學生編班、註冊名單 3.填報、核對學生學籍紀錄表 4.受理學生家長申請轉學、休學並彙轉註冊組核辦 5.受理學生申請在學證明書	1.訪問未入學學齡兒童家庭（上） 2.填報失學兒童調查表（上） 3.查報在學特殊兒童（上） 4.填寫畢業生志願調查（六下） 5.轉發國中新生分發卡（六下） 6.校對畢業生名冊及畢業證書（六下） 7.隨時填記學生資料	1.核報畢業生受獎名單 2.繳回（畢業生）學籍卡 3.核發畢業證書 4.核對兒童成績手冊 5.受理學生家長申請轉學、跳級
教 學 方 面	1.收繳假期作業並選拔優良作品 2.公布學校行事曆（學月評量日期） 3.編定座位、介紹學生 4.公布班級課表、介紹各科教師 5.指導記載學報日誌 6.指導作業繳交程序及批閱方法	1.查閱學級日誌 2.收繳作業，送教學組查核 3.查閱學級日誌 4.實施學科學月定期評量 5.配合節令班級學藝活動 6.配合單元教學校外參觀訪視 7.選拔代表出席學藝競賽活動	1.收繳學級日誌' 2.編定假期作業內容 3.分發假期作業並指導作業方法 4.提列成績優良學生並頒獎鼓勵 5.舉辦成果發表或展覽

設備方面	1.分發教科書及兒童習作 2.領用學級巡迴圖書書冊 3.領用班級教學資料、工具等	1.班級圖書經營 2.配合單元教學佈置情境 3.介紹好書 4.更換巡迴圖書書冊 5.配合單元隨時製作及借用圖書、教具、器材 6.選拔小小圖書館員出席訓練	1.繳回各類圖書 2.歸還各類教科資料 3.彙整學童作品，擇優典藏 4.修補破損班級圖書 5.指定假期閱讀課外讀物

第三節　班級訓導行政

壹、班級訓導的目標

　　國民小學訓育之實施，根據教育部頒「國民教育法施行細則」第八條之規定：「應照教育部所定之教育綱要及民族精神教育、生活教育實施方案，切實執行。」「訂定每週中心德目，透過教學與活動予以施教。」（註8）

　　國民中小學訓導處之職掌依國民教育法施行細則之規定：「學生民族精神教育、道德教育、生活教育、體育衛生保健、學生團體活動、生活管理，並與輔導單位配合實施生活輔導等業務。」（註9）

　　學生班級在學校是學生自治的基本組織團體，既是教學實施的對象，更是訓育活動之實體。各班的班級團體，透過學生自治

幹部的領導，全體成員的參與及共議，針對學校訓導處各項活動計劃及中心德目，規劃與安排班級師生之活動計劃以逐週實施，務期學生能與人相處和諧團結，參與團體能在守法中求精進，人人表現出高尚志願、堅定信仰及大智、大仁、大勇之美德。

貳、學校訓導的人員組織

國民中小學訓導處設有處主任一人，並分設訓育、生活教育、體育、衛生四組（註10）。訓導工作之具體項目通常有始業指導、常規訓練、級務處理、家庭聯絡、健康指導、導護工作、安全教育、訓育環境佈置、慶典節日活動、國民生活須知、團體活動、個別輔導、團體輔導等等，各項工作之執行，當然要有科學的精神和方法、完善周密的計劃，由訓導處各組分別推動，各班導師全力配合輔導。（註11）

據國民教育法施行細則第八條第二款之規定：「學校訓育之實施，校長及全體教職員均負訓育責任，並以導師為訓育之主體，加強導師責任制度。」（註12）依此，學校訓育之實施應視為師生全體的教育活動，對於班級各科的學習，除了知識的教學之外，還包括技能習慣的訓練及理想態度的陶冶，教師要能寓訓導於教學之中，以收「教訓合一」的功效；學校校長、處主任及導師等訓導人員，均應經常參加班級會議及各種學生團體活動。

叁、班級導師的基本職責

國民中小學學生班級每班設置有導師一人。全校專任教師均

有擔任導師之義務,導師人選通常由訓導處就專任教師中提名,報請校長聘之。故班級導師具有合法之地位,確實分擔學生班級之教育活動。

導師對於全班學生之性向、興趣、特長、態度及家庭環境等應有充分之了解,對於學生之思想、行為、學業、身心攝衛及其所具潛力,均應體察個性與個別差異,根據教學及訓導等計劃,施以適當之指導,使其正常發展,養成健全人格。(註13)

各班導師除按規定出席各項會議、填寫各項報表外,應充分利用課餘及例假時間,集合班級學生舉行討論、座談、遠足等團體活動,並給予適當之指導。期末,各班導師並負責學生「德育」及「群育」兩項成績之評定,是為學生成績之重要來源。(註14)

肆、班級訓導的幹部組織

學生班級中除班長、副班長外,與訓導活動有關之自治幹部,通常有風紀股、康樂股、體育股、衛生股等,分別擔任班級紀律、康樂活動、體能活動、及衛生保健之策劃推動工作。

班　　長:擔任班級活動之統整及班級會議議決案的執行督導之責。

副班長:負責班級成員勤缺之考查及輔佐班長。

風紀股:負責班級活動之秩序,包括上下課、升降旗、午休、上下學及其他校外教學參觀之秩序。

康樂股:負責有關體能及學藝表演,或競賽活動、班級師生慶生、謝師、同樂會等。

體育股：體育活動的隊形指揮，器材之借出與歸還及體育服
　　　　裝之設計定製。

衛生股：負責班級教室及公共外掃區域之整潔工作分配、清
　　　　掃用具之分配、管理使用，協助保健室辦理學生衛
　　　　生或健康檢查、疾病預防注射與矯治工作等等。

　　班級學生配合教室整潔之經常維持，設有「值日生」一至二
人，由學生成員依序輪流擔任，隨時處理當日教室之講台、黑板
、飲水、用電、垃圾等整潔工作，以便當日各節次教學及班級活
動能順利進行。

　　班級學生上下學有依往返之方式、路途方向之不同，分別編
組路隊，也設置「路隊長」，一方面維持乘車行路之秩序，另方
面也提醒學生注意交通安全。

　　事實上，學生班級普遍均有因應本班學生需求、學校特殊環
境或活動需求，而就學生之性向、興趣、能力選拔各式不同的任
務工作人員或負責人，以分別承擔不同的工作，完成不同的任務
者。

伍、班級訓育經營的內容

一、個性與群性之兼顧與均衡

　　國民中小學學生隨著年齡的增長，逐漸要求「獨立自主」，
充分表現其獨特之個性特質，但是另方面，青少年又希望自己在
團體或同伴中獲得接納與了解，能充分與團體具有某種共同性，

隸屬於團體，而非獨樹一格的異類。因此，班級導師一方面要充分體察學生之個性及個別差異，鼓勵其潛能之充分發揮，另方面要給予學生適當的輔導，讓學生與學生、學生與團體間彼此均能相互接納與相互欣賞，使學生因應群性時不失其個性，發展個性時不抵制群性，進而能在班級活動中，個人之特質由於團體的激勵而愈發傑出，而團體活動也因為個人之普遍互動與貢獻而更圓熟成功。

二、行為習慣與團體紀律

　　學生每天自上午七時卅分到校，至下午四時卅分離校返家，超過八小時的在校學生生活，除了學科學習之外，舉凡服裝儀容的表現，應對進退的禮貌，教室內外的整潔打掃，課間盥洗飲水的動作，集會、升降旗典禮的態度，午間用餐休憩的習慣以及上下學路隊的交通秩序等等，都離開了家長的視聽與管教，轉趨於班級導師的反覆叮嚀或班級同儕的相互規範。對於個人行為習慣建立的初期，特別是年幼學童的個人良好生活習慣，常仰賴班級導師的讚許與叮嚀。隨著學校團體生活的經驗，學生們逐漸轉向同儕的關切。班級中的成員，固然期望個人的充分自由——隨時能夠任性、任情、任意，可是班級同儕卻不容許這種「個人無限自由」，因為這會妨礙他們，於是「班級生活公約」、「學校生活規範」、「國民生活須知」因應而生。團體紀律的建立及其成員彼此規範的功能發揮，是促進學生行為習慣由「他律」而「自律」的最佳途徑。

三、人才選拔與幹部培育

　　學生班級行政，自教務而總務，由訓導到輔導，項目繁多，工作繁重，旣不是班級導師一人可以完全料理妥善，更不必班級導師事事躬親，甚至越俎代庖。因此，適時輔導學生選拔人才，參與工作小組、任務小組等組織，定期進行組織集會，從事計劃、執行決議，或檢討成果，以培養學生自治的精神。使學生從組織與活動中，逐漸建立「服務代替領導」、「服從組織及領導」的理念，享受發揮團隊合作的力量可以完成個人無法完成的工作經驗。對於學生幹部或領袖，應鼓勵學生成員輪流擔任，以普遍吸收領導經驗，儲備各類領導人才，熟練民主自治的生活方式。

四、班級特色與班級榮譽

　　學生班級因爲成員人數的多少、性別的比率、學生智慧的高低，成員個別的特性、專長，特別是學生領袖的領導特質，及學生成員相互間的關係等等，都將形成不同的班級氣氛或班級特色。學生成員在班級情境中，由於社會互動的影響，也爲成員提供了各種示範、楷模的對象及認同追求的目標，當學生班級團體本身或團體內成員的行爲特質，成爲校園中學生行爲的楷模或認同對象時，那將是彼此最高的榮譽所在。班級導師一方面運用言教身教，以身示範，另方面積極運用團體動力，激發團體成員的榮譽心，提昇學生的成就感與自我實現功能。

五、急難救助與安全教育

　　人生不如意事，十有八九。學生成員平日在學校生活中，遇

有生日喜慶、成績進步等得意之事，總不忘與同儕一起分享，可是偶有學業上的困難或行為上的不適應，甚至家庭遭到變故，是否能夠及時獲得同儕師生的接納與扶助，就需要班級幹部或導師的主動關懷與安排。而另方面，由於學生每天長時間在校生活，上下樓梯、課間嬉戲、餐點飲水衛生、上下學往返交通乃至學科實驗、體育教學等，安全上稍有疏忽便易發生意外。平日裡培養相互關懷、關切、關愛的行為，同時經常反覆演練緊急災難，如地震、火警、溺水、綁架等避難或救援活動，以減低學生之恐懼與焦慮，並減少不必要的損失。

陸、班級訓導的具體作法

一、貫徹學校行政的要求

　　學校訓導處中訓育、生活輔導、體育、衛生四組的工作，概涵了學生在校生活的食、衣、住、行、育、樂各方面，從學期開始的始業指導，平日的中心德目及常規輔導，配合紀念節日的各項學藝活動，家校聯繫的親職教育，到學期結束時的模範學生、好人好事之表揚及德育、群育成績的評定等等，都以班級導師為主，有關指導老師為輔，因此，班級導師不但在訓導目標上不能有偏差，在方法過程上也不宜失之過寬或過嚴，務必與學校教育的行政要求相互配合，以收事半功倍的教育效果。

二、確實做好始業輔導

　　始業指導是針對新生入學、舊生開學之際，學校行政人員擬

訂的有系統的學生學習指導與生活指導活動，使學生在假期生活結束後，迅速適應學校生活，認識新舊任師長，整理校園及班級環境，選舉班級幹部，推展班級自強活動，檢查服裝儀容，分配整潔打掃工作，室內外團體行動紀律訓練及班級生活公約之訂定等等。好的開始是成功的一半，開學第一週的始業輔導是奠定一個班級一個學期成敗的關鍵。

三、透過價值澄清，推行團體紀律

過去中心德目的教學、生活常規的訓練，常偏重教師的道德說教，獎懲的運用、行為矯正等策略，學生多為被動的順從，口服而心不服。今天，學生班級應利用生活倫理、社會及團體輔導活動等時機，充分討論、反覆演練，比較分析各種行為表現的優劣之別、利害之分，共同建立正確清晰的班級共識、具體可行的團體紀律，然後師生共同信守，幹部嚴謹執行，每週定期檢討評鑑，持之以恆而不間斷，以養成良好的生活習慣。

四、熟識每一位班級成員的優點，肯定其行為表現

班級導師應輔導班級學生充分設計活動，盡量安排情境，不但使老師本人，尤其讓團體成員的每一位，都能彼此熟悉個別的人格與特質。譬如始業輔導、自我介紹、座位定時調整、整潔打掃工作定期交換、班級刊物輪流編輯、班級幹部輪流擔任、班會討論輪流紀錄、班級師生慶生活動輪流承辦，甚至選派代表對外參加競賽等等，使每位成員都有機會表現，更有可能獲得讚許與鼓勵。換言之，對於學生行為之輔導，以積極之接納、肯定，替代消極的懲罰與糾正；以班級成員的共同評價，替代教師一人的

單向瞭解。

五、導師以身作則，守時守紀守法

訓導工作的重心在生活教育，班級導師的言行舉止，當然成為學生的楷模，而各項訓導活動的推進都有其時效與秩序。因此，每日的作息、每週的德目更替、每項活動的宣導、報名、展開、到成果報告，都要班級導師充分配合其時間與步驟，絕不可差落一步，對於班級團體的紀律或規範，班級導師亦應嚴格遵守，不宜例外。

六、擬訂具體目標，締造班級榮譽

班級導師應輔導班級學生具有積極的學習態度、高度的生產創造力，因此，配合學校行政的需求或紀念節日的慶典活動，鼓勵學生共同擬訂具體的班級活動或表演節目，並共同設計配合活動的班旗、班歌或班服、班徽等班級標幟，提昇班級榮譽心與學生責任感，遇有合適的機會，亦邀請家長蒞臨出席，分享班級榮譽。

七、支持學生幹部、加強溝通管道

學生幹部雖然從學生團體中產生，但是幹部並不一定是班級中最優秀或最適當的人選，幹部一旦產生，就任前可給予適當的輔導或集訓，以減少不必要的錯誤與摸索，就任後應尊重幹部的職權，使其在可能範圍內充分發揮，班級導師應積極表示擁護與認可。當然另一方面，班級導師應開放溝通的管道，譬如，班會、討論、個別談話、學生週記、學校連絡簿等，以充分接納學生

的困難，及時給予必要的支持與扶助。

柒、班級訓導行政學期進度

時間 內容 項目	學　期　初	學　期　中	學　期　末
生活教育	1.編組上下學路隊 2.編定學生電話通信網 3.指導學生集合整隊、行進隊形 4.指導學生服裝儀容 5.指導事病假請假手續及緊急連絡方法 6.指導攜帶學用品及家庭聯絡簿	1.輔導學生校外教學 2.實施常規訓練、中心德目指導 3.考核上下學路隊及交通秩序 4.指導學生課間及戶外遊戲安全 5.抽查學生攜帶書籍、物品、金錢 6.處理學生糾紛及偶發事件	1.宣導假期校外生活注意事項 2.組隊慰問特殊需求的同儕 3.輔導學生選擇安全的假期生活營隊或才藝研習營隊 4.建立假期生活同學連絡網
訓育	1.指導學生召開班會 2.指導學童做班會紀錄 3.指導學生選舉班級幹部 4.輔導學生幹部進行見習或訓練 5.訂定班級生活公約 6.指定學生團體活動志願分組 7.指導學生參與校內任務編組或義工徵選	1.鼓勵並指導學生參與校內外各種競賽 2.督導班級幹部工作態度 3.指導實踐班級生活公約 4.輔導班級建立班級獎懲規範 5.配合紀念節日實施愛國思想教育 6.指導學生假日生活秩序 7.配合師生進行倫理動態交誼活動 8.召開班級家長座談	1.歡送畢業生惜別會 2.簽報班級幹部自治績效的獎懲事蹟 3.推舉學生德育、體育、美育、群育成績特優者接受表揚 4.轉頒校外各類活動績優得獎學生之獎狀、獎品 5.召開學期幹部檢討會

| 衛生 | 1.分配值日生並指導工作
2.分配並指導整潔掃除工作
3.填寫出席簿、晨檢簿
4.記錄健康檢查表
5.紀錄身高、體重記錄 | 1.辦理學生請假登記
2.統計學生出缺席紀錄
3.督促值日生完成各項服務工作
4.輔導晨間檢查，注意服裝儀容
5.指導學生接受預防接種
6.協助辦理衛生保健檢查
7.輔導學生參加校內外體能活動 | 1.全面清潔打掃教室內外
2.全面整理外掃公共區域
3.收繳清潔、打掃用具
4.輔導假期生活衛生、保健
5.提醒學生假期體能活動之持續鍛鍊
6.歸還體育器材用品 |

第四節　班級輔導行政

壹、班級輔導的目標

　　從教育的觀點而言，訓導工作著重於外表的統一和要求，希望從外在的約束中，來限制一個人的行為，使之能合乎道德而不逾距。輔導工作則希望教導一個人由內而外的自發性約束，使一個人能自治而非他治地，發展合法、合情、合理的行為。

　　我國對於輔導的思想，淵源甚古，但正式建立制度，認真推行，不過近三十年的事。民國五十七年實施九年國民教育，為因應教育的需要，在國民中學暫行課程標準中增列「指導活動」課程。民國六十四年，教育部頒訂「國民小學課程標準」，增列「國民小學輔導活動實施要領」。民國六十八年公佈「國民教育法」第十條，明訂「國民小學應設輔導室或輔導人員；……輔導室

置主任一人，由校長遴選具有專業知能之教師聘兼之。……」又依據「國民教育法施行細則」第十二條中述及「輔導室得增設資料組、輔導組，設有特殊教育班級三班以上者，得增設特殊教育組。」

　　學校輔導工作原有一套積極的輔導計劃、切實的輔導目標，輔導室的工作內容最要在充實輔導資料、建立學生資料、建立轉介系統、提供輔導服務，以積極協助兒童認識自己、適應環境，並充分發展其潛能；早期發現適應欠佳兒童，給予輔導，並預防問題的產生，以促進兒童的心理健康。

　　班級導師是與學生接觸最多的教師，他是輔導活動的中堅，也是決定兒童輔導活動成敗的關鍵。一位國小級任導師，他所分擔的輔導工作有：

㈠建立兒童基本資料
㈡參加學年輔導研討會及個案研討會
㈢實施生活輔導及學習輔導
㈣實施學年或班級的團體活動
㈤參加學年有關輔導活動單元設計
㈥家長輔導
㈦兒童個別輔導和團體輔導
㈧智力測驗及其他測驗
㈨評鑑兒童的輔導效果等（註 16）

貳、班級輔導的人員

　　學生班級組織中，似乎沒有分擔輔導工作這類的人員職稱，

可見輔導工作在校園中的確是晚近才有的事。學校裏每一個發展中的孩子，都有他的需要和困難，輔導的目的，原在幫助學生針對自己的需要和困難，能有自我調適、自我指導的能力，並能進一步適應環境，順利完成社會化歷程。所以，輔導的目的和教育的目標是完全一致的，只是在功能上，它比教務或訓導活動更強調科學的方法與潛能的發揮，和積極地引導與啓發。因此，學校輔導不是口號，它必須透過每位教師的教學或訓導，以發揮輔導的功能。於是，學生班級組織中的每一位成員也都兼任輔導的工作。例如，班級教學組織中的各分組負責人或小老師，都在班級活動中，或多或少地分擔了各類不同小組成員的諮詢和輔導的工作。

　　班級導師雖然是被要求在班級中擔任輔導工作較多的人，他要經常笑臉迎接學生，他也要經常週旋協調於校長、教職員、學生，乃至學生家長之間。他除了是一位卓越的社交人員之外，他還必須不斷地讀書進修，以獲得最新的教育方法、心理治療、課程設計、人力市場及職業資料等知能，俾便於輔導兒童積極適應這個多變的社會。

叁、班級輔導的經營內容

一、建立學生基本資料

　　學校輔導室中設有資料組與輔導組。資料組負責學生個人資料的建立、管理與應用。完整的學生資料，可提供導師及輔導人員深入而正確的訊息，是實施輔導工作的第一步。

學生資料的種類，大約可分爲下列三類：

㈠**基本資料**：如學生本人及家庭資料、體格及健康資料、學業成績資料、各種測驗資料、操行成績資料、生活輔導紀錄、升學就業資料、延續輔導資料等。

㈡**綜合資料**：是一份綜合性檔案，僅記載與學生最有關的重要資料，如家庭狀況、智力、興趣、性向、心理狀況、學業成就、操行、交友、休閒生活、特殊問題等。

㈢**參考資料**：包括學生日記、週記、家庭聯絡簿、學生通信、家長電話記事簿、學生作文等。

上述三類資料中的第一、二種資料，通常於學期初，由學生或家長先行填寫後，再由導師檢閱補充之。其中，第一種基本資料應於每學期末由導師補填記載新增的資料內容，如健康資料、學業成績、各種測驗成績等基本資料；第二種綜合資料每兩年（低、中、高年級）填寫一次，就學生家庭及學校生活狀況，依其項目內容作一檢核性之記載，提供學童輔導上之參考運用，非常簡便。

第三類參考資料，均非正式的資料，但是對學生個別之瞭解與輔導卻非常有用，它與前兩種資料之不同處，在於它不是彙整的表格式資料，而是平日生活中逐漸記載的實錄，因此，有賴班級導師有計劃的安排與引導寫作與記載，並能及時搜集彙整，才能獲得學生日常生活軼事的第一手資料，它在學生個案研討中，是不可或缺的原始資料之一。

二、協助各類測驗之實施及資料之移轉

配合學生之成長發展及輔導需求，有定期及不定期之各種測驗及調查問卷必須實施，班級導師不論擔任主試或襄試，均應遵守測驗的標準手續，依規定完成測驗，測驗前及測驗後均應給予受試學生必要的說明與瞭解。當學生因故轉學或學成畢業離校之時，班級導師應儘力彙整學生資料，並辦妥移轉的手續，以利學生資料之追踪研究及延伸使用。

三、實施班級團體輔導

在學校中運用團體輔導是既經濟又有效的培養群性和發展個性的方法。班級團體輔導和團體活動、團體諮商、團體治療不同。它是藉著團體內的互動——交互作用來幫助個人，它可以在同一時間內有效的幫助許多兒童。實施團體輔導情境，狹義地說，是定時的班級團體輔導活動時間；廣義地說，它除了每週的班會活動之外，各科教學活動、團體分組活動，乃至周末校外教學活動，均可運用團體輔導的方法，如團體座談、辯論、六六討論法、腦力激盪術、配對討論法等團體討論，價值澄清法及角色扮演等團體互動的歷程，集思廣益，發揮潛能，解決問題，來幫助教育目標的達成。

四、實施個案輔導與個別晤談

班級教學中總少不了有學習遲緩或學習障礙的學童，也常有才能特殊優異的學生，對於這些學生，班級導師或者推介給輔導室輔導老師、分科教學科任老師做個別之輔導，或者由班級導師

本人進行個別輔導工作；又學生在校園及班級團體的生活上，也常有適應欠佳、問題行為的學童，需要教師的專業知能，給予最適切之輔導。因此，個別晤談與個案輔導是班級導師必然要具備的能力，和必然要進行的活動，必要時再轉介給輔導室或校外專家。

五、親職教育輔導

家庭教育與學校教育的相互配合，是兒童教育成功的必要條件。班級導師可利用各種方法、時機，邀約或訪視學生家長，以瞭解學童之家庭教育特色及家庭生活特質；另方面，更可藉著家長蒞臨座談或懇親會、家長會等活動，邀請專家演講或鼓勵學生家長彼此間交互作用，相互交換彼此育子的經驗和教育的方法，以提昇家庭教育的功效。

肆、班級輔導的具體作法

一、資料真實但充分保密

基於輔導的目的，資料是愈詳細、愈真實愈好，但基於民主社會人性尊嚴的要求，個人的隱私不得隨意被侵犯或公開。班級導師直接負責學生基本資料之蒐集，在蒐集資料的過程中，不論是晤談、訪視、或自然觀察，在進行之前，要儘量做好計劃，然後按預定計劃項目實施，進行後對於內容之紀錄或填寫，務必客觀真實，而不宜擅加解釋或評鑑，以能獲得系統性的資料為最佳。對學生平日的學習作業、生活實錄，也宜擇要蒐集。

　　資料蒐集原本相當不易，尤其是持續性之紀錄，因此，班級學生的資料應集中保管，而且要訂定借閱或使用原則，規定那些人可以取閱那些學生資料，以免學生個人秘密的不當公開，或在未被適當解釋的情況下被誤用。

二、教師扮演催化角色

　　班級是一個心理團體，其成員間藉共同學習、共同工作，以達到心理的溝通，發展相屬的意識。然而班級中的相屬意識，絕不是一開始就有的，它的形成必有賴於班級導師適當的指導，對兒童來說，班級導師通常是班級裡的中心人物。

　　班級學童希望從班級導師得到社會性的增強，導師稍一表示欣賞的態度，學生們便會更負責更努力地表現，導師常較各科教師更瞭解每個學生不同的專長及能力。因此，只要導師稍加鼓勵，班級成員便能有更自主的創造性表現，充分發揮他們的潛在能力。一位成功的老師，為使班級有聲有色，平日裡多半能面帶笑容，常說一些幽默的笑話來潤滑班級的氣氛，更何況導師又能經常從旁輔導學生，設計各種生動活潑的學習活動，讓每一天都是一週生活中的高潮。

三、發掘並推薦愛心輔導學生，參與輔導活動

　　校園中、班級裡不乏能力出眾、愛心獨具、熱心貢獻的兒童，班級導師一方面可以在班級內或姊妹班之間建立小老師、輔導學長的制度，更可以推薦適當人選，送輔導室培育訓練，推展愛心輔導活動，使小小輔導學長也能從輔導學弟妹之間，激勵個人潛能之發展。

四、確立輔導的優先次序

　　班級導師擔任的輔導工作，原是以班級全體成員為對象，然而實際上，卻常因應班級客觀情境之大小，學生適應情節之輕重，學生個人需求之急緩，及導師輔導知能之優劣，而有因時、因地、因人而置宜的優先輔導或轉介的順序，以收事半功倍之效。

五、積極吸收輔導知能

　　主動參與個案研討，輔導座談，成長團體及專題演講等活動，積極吸收輔導知能，以增進個人從事輔導活動之經驗。

六、促進各處室之間、各科教師之間的協調配合

　　學校裡雖然依照規定設有輔導室，甚至有具備專業知能的專業輔導教師，然而因為輔導活動本身就是一種教育活動，所以，校園裡每位教師都有輔導的責任。如何讓各科的教學活動充分展開，啟發學生智慧，發揮學生潛能，這需要針對班級學生之共同或個別之特質，來做規劃和設計，而運用學年學科會議，班級導師與各科分科教師及各處室單位的充分溝通討論，可以帶來大家對各該班更深入的瞭解和全面的輔導功能。

伍、班級輔導行政學期進度

項目　內容　　時間	學　期　初	學　期　中	學　期　末

學生資料方面	1.一年級新生基本資料及綜合資料之填寫 2.三、五年級綜合資料之續填 3.新生團體智力測驗 4.協助學生參與各類實驗研究之受試、受測活動	1.依進度實施各類測驗調查，二年級——人格測驗，三年級——社交關係測量，四年級——人格測驗、適應欠佳檢核。五年級——認識自己測驗，六年級——焦慮測驗	1.各類測驗調查結果記入學生基本資料卡 2.各科學期成績、健康紀錄之登錄 3.送綜合資料給輔導室檢核 4.推介特殊才能學生 5.學生基本資料之移轉
輔導方面	1.推介學習低成就學生 2.選拔愛心輔導學長 3.新生入學輔導 4.新生特殊兒童普查	1.進行班級團體輔導 2.推介適應欠佳個案 3.舉辦親職教育座談 4.高年級學生生理保健座談 5.應屆畢業生升學座談 6.分析及應用結果輔導學生 7.出席學年學科會議、學生輔導會議	1.整理各類輔導紀錄資料 2.班級團體輔導終結活動 3.假期生活之設計輔導 4.輔導活動成果評鑑 5.個案輔導報告擬寫

第五節　班級總務行政

壹、班級總務的目標

　　學校總務工作，在積極配合學校教務、訓導與輔導活動之發展，提供最有力、最充沛之物質、支援與服務，由消極地靜態維護校園環境安全，進而積極地充實並美化校園建築與設備，以促進校務順利運作，達成學校教育目標。

依據國民教育法施行細則，總務處除總務主任外，下設文書、事務及出納三組（註17）。其中，文書組多偏重學校行政工作本身章則、函件之收發、公告，學校大事及會議紀錄等處理。出納組負責教職員薪酬之進出及廠商買賣之金錢收支往來。這兩組中除了出納組負責學生學雜費的統一徵收事項外，其餘與學生班級相關不多。擔任學校事務管理的事務組，在計劃佈置校舍場地及美化環境，計劃及監督校舍建築、整修、管理與維護，各項設備與教學用品購辦、保管及分發，學校財產的管理及學校工友之任用、工作分配與考核等，各項均與學生班級有密切之關係。

班級總務工作，承上應與學校總務工作密切配合，對下應尋求班級活動最理想的場地與財務、資源的支援，以促進班級活動之進行，並提供學生校園生活環境的最佳品質，以發展學生優良的氣質。

貳、班級總務的幹部人員

學生班級組織中，普遍設有總務股，組織健全者還常增設服務組或文書組。

㈠文書組：顧名思義，在處理班級活動的各類章則、函告及會議紀錄等，工作較為單純。

㈡服務組：為班級同儕提供校園生活或班級活動上的事務性服務工作。譬如，書信傳遞、器物運送、飲水供應、代辦儲金、場地佈置、貴賓邀請與接待、活動秩序之維持服務等。

㈢總務股：綜理班級經費之收支，器物之採購、出納、保管與維護，學校公物毀損情報之提呈，使用場地之洽借，工友或

有關人力資源之申請或調度，教具之製作與分配使用等等。

擔任總務股股長的學生，幾乎是一位對校園人事與財務、場所與設備無所不知、無所不曉的人。班級總務股長必須經常面露笑容，不論對師長、工友或同儕友伴，均能禮遇有加；遇事能分辨急緩，從容不迫，熱忱服務，任勞任怨；一位處事有方又善於協調的社會型人格特質，非他莫屬。

叁、班級總務的經營內容

一、觀念的溝通與規範的建立

班級總務運作最多的是場地的運用佈置，器物的使用操作及經費的收繳出納等。怎樣以最少的投資或最少的耗損，以能獲得最大的效益，這絕不是只靠少數的總務工作師生便可竟其功的，而必須學生班級成員全體的共識與配合。因此，所謂的「愛惜公物」、「節約水電」以及「遵守器物使用操作規則」等，都要能不斷地提示、宣導，還必須班級導師、班級總務等有心人士以身作則，具體引導與示範。換言之，一方面將班級各項財物一一由個人認領保管，以加強其責任心與惜物感，另方面將各種器物的使用操作原則予以圖示公告，並反覆示範演練，直至熟練習慣為止。

二、經費的多元籌措與計劃運用

國民中小學的班級學生都是未成年人，不具金錢收入的能力

，因此學生班級可以說完全沒有經費來源。一般班級導師對班級活動及財物之營繕，均只仰賴學校給予的經費支應或器物分發，這樣一來便無所謂總務經營策略了。

依據學生班級團體的組織章程，凡團體成員均有繳交會員會費之義務。班級總務可於班級成員大會中，通過合理的收費標準，鼓勵並培養團體成員為團體提供資源的觀念，並且引導學生班級就有限之班級經費，做最有計劃、最具效益之運用設計。熟悉經費的概念、預算與執行程序，應是班級總務行政最基本的目標。事實上，經費之籌措，除了學校經費的支應補助、班級成員的繳納義務之外，積極利用廢棄物質資源之循環回收，譬如廢紙、廢鐵的回收再製，持之以恆的普遍搜集，也有許多積少成多的實例。

三、公物的榮譽出納與責任維護

學校公物，包括有生命的樹木花草、養殖動物，以及無生命的學生生活設備──桌椅、飲水器、蒸飯箱、盥洗臺，和班級教學設備──黑板、電視機、錄音錄影機、電腦、圖書、體能運動器材等。學生班級於每學期初，應由總務股一一向總務處辦理領用手續，並逐一登錄、製卡，以供學生甚至老師個別或小組充分使用操作。常見部份學校或班級，將部份公物鎖閉、禁用，實在不是校園中應有的現象。然而物物要人看管，處處需人看守，也不勝人力之負荷。因此，一方面積極提供最好品質的環境設備，以激發學生愛而惜之的高尚情操；另方面，則應積極開放使用操作，並推廣開架式、榮譽自助式之經營策略。對於在使用或操作公物時，能主動登記、歸還、賠損的學生，應給予積極獎勵；對

於違反規範、偷竊、盜用、破壞、損毀公物的學生，務必嚴格檢舉，並取消其再使用的權益，以示警戒並要求改進。

四、人員的邀請、接待與感謝

學生班級活動類別眾多，平日裡的班級教學，總務股或服務股要為授課老師提供或安排適時的茶水服務、教具支援，熱忱地接待教師的進出；遇到班級教室的燈火、水龍頭、蒸飯箱、電視、玻璃、桌椅、門窗破損時，需要約請專業工友或技術人員到班更換、修繕或補充；總務股或服務股幹部要能不勝其煩地事前禮貌地稱呼與邀請；對工作人員到班修繕服務時，應一旁隨侍接待協助；事後尤其要能致謝感恩；這是生活教育之實踐，更是待人處事之正道。

肆、班級總務的具體作法

一、安全第一

班級場地之運用佈置、器物之操作使用、器材之運送出納，務必以安全為第一要件。例如，班級場地佈置，不論牆面之張貼或立體之懸掛，均不得破壞牆壁；自然科學實驗，廢棄物丟棄放流前，應作防治污染之妥善處理；學生活動體能分組之器械操練，尤應隨時密切注意器物之穩定性與操作功能；班級或校園動、植物之飼養，也應以安全為第一，以免帶來疾病或禍害。

二、未雨綢繆

俗語說：「工欲善其事，必先利其器。」班級總務對於班級經費之徵收，預定支用科目類別、單價、數量，班級活動的人員、性質、場地類別、佈置方式，器材的來源、量數，供應的方式、時間等等，總務人員應予主動關切與籌備，以免臨時運作不成，影響活動之推進，對學校公物、班級公物，使用前宜多加說明示範，在第一次發現輕微毀損時，便應及時搶修維護，及早恢復原狀，以延長器物之使用壽命。

三、製卡與圖說

各式器物種類繁多，數量不一，不可能僅由一兩位總務人員負責完全的管理、維護，因此有賴科學化的方法，也就是將每物每器都登錄於財產簿，再製作財產卡，由使用人負責保管，而使用者在每次操作使用時，均做使用登記。同時，器物之操作部位應張貼標示卡，如電腦用品上的 on 或 off，開或關，向上 ⇧ 或向下 ⇩，及使用步驟圖說，如電腦、電視的開機步驟，又如顯微鏡上，目鏡與物鏡的調整方法等。使用圖說，可以讓每位操作使用者有步驟、方法可循，可減少操作上無謂的錯誤及損耗，更可以節省使用者的時間，提高工作的效率、品質；使用人登錄簿可以提供總務人員瞭解各器物的使用頻率，以及折舊或自然耗損的情形，更可於必要時追查器物損壞的原因或使用中造成破壞損傷的人。

四、建立完整的活動紀錄及資料

　　班級文書幹部，應將班級活動中的各種章則、函告、會議記錄等，隨時登錄、裝訂整理，活動中並利用錄音、攝影，甚至錄影，將實況錄製留存，既可提供活動後檢討改進的參考，更可以提供期終成果展示或製作畢業紀念冊之主要資料。

伍、班級總務行政學期進度

時間 內容 項目	學　期　初	學　期　中	學　期　末
出納	1.繳交學生註冊款額	1.繳交器物損毀賠償金	
文書	1.訂閱學生日報、國語日報等 2.預約兒童圖書 3.製作各類紀錄簿	1.寄發校外場地器材借用公函 2.寄發校外賓客邀請函、感謝函	1.整理活動資料剪輯 2.製訂各類集會紀錄
事 務	1.領用班級教學用品 2.領用班級生活必需品 3.電器用品安全檢查 4.檢查視聽訊息系統 5.清洗飲水器具 6.印製財產卡、器物操作標示卡 7.訂製器物使用登記簿 8.徵收班級會費 9.擬訂班級經費預算	1.教室佈置用品採購 2.班級文具消耗品補充 3.提報教室設備修繕單 4.佈置活動場地 5.代收服裝費、便當費 6.辦理義賣、仁愛捐款 7.採購慰問品、獎品、禮品 8.訂製班級刊物、旗幟等 9.廢棄資源拍賣、折現	1.清點桌椅器材等設備 2.歸還向各處室借用之公物 3.公佈班費收支結算 4.典藏貴重器材、圖書、資料 5.保管班級公物 6.徹底檢修並扣緊門、窗、鎖扣

附　註

註 1：朱匯森（民 57）：教育行政新論。台北市：台灣書店。

註 2：修慧蘭等著（民 77）：學校行政。高雄市：復文圖書出版。

註 3：梁茂森等著（民 77）：學校行政。高雄市：復文圖書出版。

註 4：同註 3，第 141 頁。

註 5：教育部頒（民 62）：國民小學行政組織準則。

註 6：教育部教育委員會等（民 75）：國民小學訓導手冊。

註 7：教育部（民 78）：國民教育法施行細則。

註 8：同註 7。

註 9：同註 7。

註11：同註 5，第 8 頁。

註12：同註 7。

註13：同註 6。

註14：劉緬懷（民 72）：學校群育課程實施現況。台北市：書銘出版事業有限公司。

註15：同註 7。

註16：台北市國民小學輔導叢書編審委員會（75 年）：國民小學班級經營的理論與實際。台北市政府教育局。

註17：同註 7。

本章摘要

　　學校行政組織是一部爲服務而生的機器。校園必先有學生和老師，然後學校行政組織爲服務學生和老師而生。爲使這部機器有機運轉，則必須有強而有力的校長，透過決策與領導，以發揮推動整部機器運作的功能；其次是各支援與管理單位，如人事、主計、總務等單位，輔佐校長，承上啓下，聯繫各部門，協調溝通，以恢宏整體組織的氣氛和效率；最後是各業務與技術執行單位，如教務、訓導、輔導等處及各班導師，共同運作與活動，以直接推展組織的計劃，完成國民教育的任務。

　　學生班級導師及班級幹部組成班級行政體系，它是學校行政組織體系中最下層的執行單位，但在班級團體內卻有承上啓下的功能，一方面配合學校整體校務發展與行政運作，支援各處室，並完成受分配或交付的任務；另方面也可以積極規劃班級團體內的教務、訓導、輔導與總務等各項活動或工作，在班級導師之輔導下，積極推展，以提昇班級學生教學品質，增進教學效果，發展個人潛能，促進師生情感，爭取班級榮譽等。本章分別就班級教務、訓導、輔導、總務等行政目標，幹部組織、經營內容、具體作法，特別是班級行政之各項工作進度，以學期爲單位，列表舉例以供實務者之參考遵循。

作業活動

一、開學第一週班級導師在始業活動應處理的行政工作有那些？
　　試列舉之。

二、班級簿冊及成績之出納與登錄，如何在科學化行政中更具激
　　勵教學士氣之效果？

三、班級訓導工作中最需克服的困難是那些？有效的策略又是什
　　麼？

四、班級組織中未見學生輔導幹部之職稱，應有那些調整方法？

五、學生基本資料之搜集與建立中，最需努力及注意的事項是那
　　些？試列舉之。

參考案例一

能説〝不〞嗎？

顏　英老師提供

　　學校的學生編班，向來是保持一貫優良傳統，採取公開、公平的常態分配方式編班，不論任何人的子女都一視同仁，不接受任何人說情，因此從來沒有人開過例，縱或出現有需求意見的老師或家長，也不敢犯忌成為始作俑者。但自從新校長上任後，卻打破此例，每應教職員工及家長會代表要求，得以選班、挑老師，理由是：「同事嘛，理應互相幫忙；而家長委員代表平日對學校貢獻良多，若是有此要求，也沒有不給方便的道理。」

　　話是不錯，但對受託的老師而言，則須承受不同的心理負擔，「拜託了，張老師，請您多費心照顧了！」，偶而還得裝作不在乎地應對周圍傳來的冷嘲熱諷，「張老師，您教學真有一套，難怪那麼多人想進您班就讀，下回觀摩教學您就別推辭了！」張老師平日對工作的兢兢業業，只為教育是良心事業，從未奢求成為人中蛟龍，而今在學校開放的政策下，張老師能對請託的人說「不」嗎？

問題討論

一、對於「開放選班、挑老師」贊成或反對者，他們可能各有什麼樣的理由？

二、你個人是贊成或反對？在受託與請託者不同的聲音中，你會如何抉擇？為什麼？

三、經由選班或挑老師而安置的學童，可能遭遇什麼困擾？作為班級導師的你將怎麼輔導？

參考案例二

能者一定得多勞嗎？

顏　英老師提供

「老師，今天訓導處老師要我參加美勞比賽賽前集訓，下午的課先向您請個假。」「老師，明天早上我將代表學校參加校外作文比賽，下午回來還得參加書法比賽，聯絡薄麻煩王明玉代抄。」「老師，明天放學後我得留下來排練表演節目，電視公司要來錄影！」

小郁是個多才多藝的優秀生，美勞、書法、作文、演講樣樣拿手，只要學校一有活動，總少不了她；她是訓導處的常客，也是十足的一個大忙人，加上她的好勝心、責任感，益加使她受到學校的重用。

昨天，小郁的母親打電話給張老師，抱怨了許久：「張老師，近來小郁的脾氣古怪許多，一連串的比賽、活動，還有班上的課業，加上她那全心投入、敷衍不得的個性，使她變得越來越心浮氣躁，我們母女倆也因此產生了許多摩擦，是不是可以不要讓她參加太多活動，以免讓她成為班上的特殊份子？我只希望她做

個平平凡凡的孩子，快樂合群的與同學相處就好，不希望她太求表現。」

　　放下電話，張老師心中久久不能平復，小郁的確是個不可多得的人才，曾為班上帶來不少榮譽，但漸漸成為學校代表之後，卻使她對班級事務的參與顯得分身乏術，而且也比不上對學校活動那般熱絡。當然，學生時代的各項學習機會與體驗，張老師一直是鼓勵學生把握的，但是若因此而造成其他方面的影響，也不是張老師所樂見的。問題是校際活動的人選安排又常是非她莫屬，這對小郁來說，到底是幸或是不幸呢？

問題討論

一、學生的興趣或潛能，是表現出來的多，還是未表現的更多？那種學生較多？

二、對於少數精英學生，是慶幸得天下英才而教之，抑或因此而折損了他？

三、人才的選拔或培育，是以提昇學校榮譽為重，抑或以每個成員的機會均等為要？

參考案例三

師者難爲

顏　英老師提供

　　張老師班上的燈管又壞了，直冒異味又滴油，不得不關上該排燈管開關，適逢陳蓉靜的母親來校看到了，隨即在下午叫了工人到校重新整個換裝，當然，這一切都是陳太太自掏腰包的。張老師平日即常教導學生要常懷感恩的心，正好利用這次機會教育，向學生說明了一切。

　　沒想到江小珍的母親知道了，身為班上家長委員代表的江太太認為燈管換裝受益的是全班小朋友，不應由陳太太獨自負擔，於是印發了徵求平均分攤的調查表給班上的每位學生家長，然而就在當晚，張老師接獲了一位家長的來電：「張老師，學校公物損壞理應由學校裝修，我做家長的為什麼要分攤費用？陳太太也沒必要自掏腰包，難不成她想博取老師好感，使孩子多受照顧？」放下電話，張老師真是哭笑不得，左右為難，想不到家長的好意，要接受也不對，不接受也不對，如何是好呢？

問題討論

一、班級經營是否需要經費、財源？如果需要，該如何籌措？

二、班級經費運用在那些方面？由誰來管理及徵信？

三、除了金錢之外，班級經營中需要籌措的資源可能還有那些？
該如何籌措及運用？

四、在千奇百怪、意見紛陳的家長中，身為該班導師的你，將如
何調適班上家長之人力、資源及意見，來協助你經營班級？

第四章

班級教學經營

第一節　班級教學經營的意義與重要性

　　一、班級教學經營的意義
　　二、班級教學經營的重要性

第二節　班級教學經營的內容

　　一、認識學生
　　二、決定教學（學習）目標
　　三、教材的準備
　　四、選擇教學方法
　　五、輔導學習
　　六、教學評量
　　七、檢討改進

第三節　班級教學經營的技術

　　一、教學活動設計
　　二、學習動機的啓發
　　三、作業指導的技術
　　四、教學評量的實施
　　五、媒體的應用

第四節　班級教學經營策略

　　一、掌握教學時間的效用
　　二、掌握教學空間的功能
　　三、掌握教學成員間的關係

第一節　班級教學經營的意義與重要性

壹、班級教學經營的意義

　　班級經營擁有廣而繁雜的內容,譬如,要顧慮班級良好人際關係的營造──建立良好的班級倫理;要處理班級教學和行政業務──使學生獲得最佳學習;要充實設備及設計教學情境──提高教學效率;要交織班級人、事、物三方面的和諧氣氛。而其最終極目的是要使學生能控制與調整自己的學習行為,也就是說不論情境如何,都有適當的行為自我管理,使教學得有績效,教學

目標得以圓滿達成。

　　教學的進行，在於完成教學目標。而教學目標的達成，有賴教師教的行為與學生學的行為適當的配合，而主導者乃是教師。教師如何使學生在教室裡的學習時間中，專注於教師的教學，致志於自己的學習，並依據教師的指導於課後能繼續學習，以完成教師所吩咐的作業，同時檢討教與學雙方之得失，更求精進而實施評量，此乃本章所擬探討的重點──班級教學經營。

　　班級教學型態，是我國學校教育的重要方式。班級是學校組織的基本單位，它是指在一個教室內，施教者所同時教授的一群學生而言（註1）。所謂教學，是施教者依據教學目標及原理原則，選擇適當的教材與方法，運用各種教學技巧，刺激、指導和鼓勵，以增進受教者學到有認知意義及有價值目的的活動（註2）。綜合言之，班級教學的意義，即是施教者（教師）於一教室內，依據目標、原理原則，以適當的方法與技巧，教授學生學習最有意義的教材及最有價值的活動，以達成教育目的。一般言之，這種學習活動具有下列功能：（註3）

　㈠可對同程度的學生施以同一教學，在比較各個學生的進步上極為便利。

　㈡教師對全班兒童施行教學，較個別教學省勞力與時間。

　㈢學生因有同級生彼此之競爭，容易激起奮勵之心。

　㈣學生為批評他人或避免他人批評，會對課業加以精細的注意，對行為也有自我約束的效能。

　㈤教師對少數兒童固屬易於統治，然對於多數兒童則易於激起熱心。

在文化刺激來源貧乏，人類思想單純，需求簡單及教師具高權威特質的傳統社會裡，為師者之傳道、授業、解惑的功能，確實促使學校教育發揮頗大的功效。然而隨著時代的進步，社會環境的變遷，尤其資訊科技的突飛猛進，傳播工具的大眾化，電腦的開發和使用，使得人類知識暴增，知識量已超過人腦的負荷量，學生只消費知識已不能適應時代的需要。指導學生如何生產知識，以應變於現在與未來的社會，是目前執掌班級教學的教師，在教學經營過程中必須慎重探究的問題。

近代許多社會學家及教育學家，從社會體系的觀點探究班級教學的功能，茲採最具代表性的美國當代著名社會學家帕森氏（T. Parsons）及我國教育學者林清江、陳奎憙等的論點綜合而言，班級教學的功能有下列三項：（註4）

（一）社會化的功能

指班級活動如何發揮功能，以培養個人的社會信念與知識能力，以便適當扮演個人未來的成人角色。即以學校的特殊性質，協助學生發展社會所認可的人格特徵。

（二）選擇的功能

指如何根據社會的結構與需要，將每個人按其性向與能力，分配到社會上適當的位置，以達人盡其才、才盡其用的目的。亦即根據學校的成就，將其導入並分化於成人的社會中。

（三）照顧（或保護）的功能

強調教師在教學以外，應兼顧有關學生的福利與照顧學生身心健全發展。即打破傳統性班級教學偏向教師指導與控制的知識傳授活動，應提供「服務」方面的功能。

　　上述者可謂班級教學的積極性功能，可見教師除教學本身外，更應顧及兒童與社會之需要。傳統的教師爲中心，教科書爲主體，知識傳授爲唯一目的的教學，不顧及學生的能力、興趣及性向，忽視學生品格的陶冶、思想的啓發，以及價值判斷能力的培養。學生處於被動的學習，教師教什麼就學什麼，教多少就學多少，聽老師講，看老師做，抄老師所寫，固定的活動地點及上課方式，以不變應萬變的僵化形式，着實會鈍化學生的認知知覺，而成爲文化的植物人，又將如何生存於往後更具變化的社會？因此，爲師者努力於革新教學方法實刻不容緩。

　　邁入廿一世紀的大時代，世界各國教育改革的聲浪，波濤洶湧，在班級教學制度無法廢除的情況下，爲期教學的經濟有效，就應如工商經營之講求低成本與高效率般，從事班級教學的有效經營。其意義在於隨著時代的進步，教學配合學生身心發展的需要，根據學生的興趣、能力及性向，提供資源豐富的學習情境、輕鬆愉快的學習方式，以生動活潑而有趣的教學方法與技術，以教學之動態因素（教師、學生）合理支配靜態因素（目標、教材、方法、情境），有效的完成教與學的工作，以培養德、智、體、群、美五育均衡發展的健全國民，以達到服務社會、創造社會、造福人群的教育理想目標。

貳、班級教學經營的重要性

　　班級教學經營的意義，在於教師摒棄傳統的教師中心、教材本位，無法引起學生共鳴之片面的低效率教學。要代之以兼顧教

與學雙方互動，激發學生自動自發，設計教與學的適當情境，配合學生的興趣、能力，針對學生的需要及性向的理想教學活動歷程。如何進行有效的教學歷程，有賴於理想的教學經營。以下提出班級教學經營的重要性數則，以引發教師的注意而改善自己的教學。

一、控制教學的動態因素

所謂教學的動態因素，包括老師和學生。講求班級教學經營，在教師方面，要求有良好的修養、高尚的人格和充實的學識，而且要不斷的進修以改進教學技術。在行為上以身作則，並為學生敦品勵學的楷模，得學生的信賴和敬仰。對學生方面，必須付出愛心和耐心，認識學生的個別差異，了解學生的優、缺點，視學生為成長中的人，因勢利導，在其可塑性最大的發展時期，施以人性化的教育方式，以促進學生獲致健全人格發展為鵠的。

二、掌握教學的靜態因素

所謂教學的靜態因素，包括目標、課程、方法與環境。講求班級教學經營，教師必須把握住教材的性質，研究其內容，挑出重點，予以適當的編排。依據教學目標，設計充實而生動的教學活動，布置能激發學習的情境，選擇適當的方法，配合學生的需要，呼應創造思考教學的推展，以師生互動的教學過程及活潑盎然的教室氣氛，快樂的學習。再以多樣式的評鑑方法檢討教與學的效果，以了解教師教學的績效及學生學習的成就。若發現學生對於某些教學目標的達成有困難或不夠理想時，應重新估量動、靜因素的配合。如果人數眾多則實施補救教學，如果人少，則於

課外時間實施追踪輔導，以妥善掌握學習的靜態因素，以利學生的學習。

三、適當的扮演教師角色

在班級教學經營活動中，根據雷道（F. Redl）和華頓保（W. wattenberg）的說法，一個教師兼有下列十種不同的角色：一、社會的代表，二、知識的泉源，三、裁判員或法官，四、輔導者，五、學生行為優劣的偵察者，六、認同的對象，七、父母的替身，八、團體的領導者，九、朋友，十、感情發洩的對象。（註5）隨著學生的個別特性，對教師形象的訴求亦有所差別，因此，教師面對學生應做適當的角色扮演。一般言之，多數的學生不喜歡權威型或放任型的教師，希望二者之折衷角色──民主型的教師。即是以催化性的角色，鼓勵學生自動自發的學習，勇於發問，樂於表現，能愼思明辨，做價值判斷。所以，理想的教師角色是要為經師，更要為人師。

第二節　班級教學經營的內容

教學是班級活動的核心，是一種複雜的、動態的教導過程。構成這種活動的因素，可分為動態因素和靜態因素。動態因素通常指教師和學生，至於靜態因素則包括目標、課程、方法和環境。各因素間的關係，如圖4-1所示（註6）。黑粗線上下兩端分別為目標和學生，學生位於下端，表示尚未成熟，需要教學來充實和發展，以提高到上端教學目標的理想位置。目標和學生是教

學因素關係中主要的兩極。為完成這兩極的活動，而有教師、課程、方法和環境等因素。環境是教學活動進行的空間，課程是教學活動的內容，由教師運用適當的方法，透過課程的學習，以完成此一教學活動。這六項因素之間都有線條互相連接，表示任何一項因素之間都具有密切的關係。教學必須六因素兼具且相互協調，充分發揮作用，才能有良好的教學。

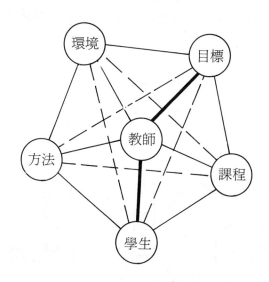

圖 4-1　　教學因素關係圖

由此觀之，教學活動主體是教師，對象是學生。教師如何配合學生的需要，在教學活動中掌握靜態因素——目標、課程、方法和環境，也就是如何遵循教學模式或流程，實施教學，以收事半功倍之效，此即為教學經營的目的。而達到經營目的的方式，需以有目標、有計畫、有程序的科學化步驟（圖 4-2）（註 7）

，融入於教學模式中並靈活運用。然由於着眼點的不同，教學的流程和模式，有許多不同的看法，例如有一般教學模式、個別化教學模式、交互作用的模式和螺旋型模式。茲於此以葛來斯（Robert, Glaser）和克伯勒（Kibler, Roberl）等人所提出之一般教學模式（The General Model of Instruction）（圖4-3）（註8），或稱基本教學模式（The Basic Teaching Model）（圖4-4）（註9），配合科學系統化步驟，綜合歸納以分析教學經營的內容。

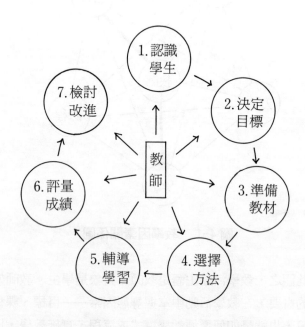

圖 4-2　教學法的科學步驟

　　就圖 4-2、圖 4-3、圖 4-4 的內容項目，或有名殊而實義同。各圖中所列各部分，都循箭頭方向前進。教學模式中，評鑑之後有回饋路線，與科學化步驟之檢討改進相吻合。依此綜合模式經營教學，適用於各級教育（小學、中學……）、各類教材（人文、自然、藝能……）及時間長短不一的教學單元（一節、一週、一個月、一學期……）。其作用在於提供教學設計者與教師完整的教學架構，及供作教學過程回饋和修正的依據。所以班級教學經營的內容包括：㈠認識學生，㈡決定目標，㈢準備教材，㈣選擇方法，㈤輔導學習，㈥評量成績，㈦檢討改進。茲分項說明如後，以爲參考。

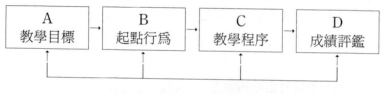

圖 4-3　葛氏的一般教學模式

圖 4-4　克氏一般教學模式

壹、認識學生

學生是教學的對象，是學習活動的主體。杜威（John Dewey）曾說：「沒有買主就沒有銷售，除非有人學習，不然就沒有教學。」（註10）意謂沒有學習者就沒有學習，當然就不用教學了。談班級教學經營，希望有良好的教學與有效的學習。教師的第一個工作是認識教學的對象——學生。

人是一個有機體，他有心智的活動，而使其身心狀況發生變化。變化的原因有外在環境因素的影響，有內在身心因素的干預。這種外在或內在的因素非恆常性，因此變化不定，不易捉摸，所以，教師進行教學活動之首要者在掌握學生的動向。學生因身心方面均處於未成熟的狀態，尚在不斷的成長與發展，有許多生理和心理方面的需求，例如求知的欲望、安全的保障、興趣的追求……等。雖具有粗略的能力和經驗條件，然因尚在生長發展，具有個別的和有待開發的潛能。正像一塊塊的黏土，有很大的可塑性及可教育性，是教育開始的起點和依據。這是一般兒童的共同特性與現象，也是教師對學生應有的共識。然而這樣泛性的兒童了解，對教師的教學經營助益仍嫌不足。由於社會的遽變，由傳統走向現代化的過程，在教學上仍留有尚未完全突破的傳統社會學理論，以為教師必須秉具優越的文化經驗影響學生。從涂爾幹（E. Durkheim, 1853-1917）「教育學與社會學」一書中的論述指出：「教育的本質是一種權威方面的事，論及教師為社會道德權威的代表人，凌駕於個人之上。如同牧師是神旨的解釋者，教師則為其國家與時代偉大道德觀念的解釋者。……教師有如催

眠者，學生則處於被動的接受催眠一般，內心空白如紙，一切觀念根據催眠者暗示而形成，教師對學生的影響力量是絕對的（註11）。在教室社會體系中，教師代表領導者，具有五種領導權力，其一獎勵的權力；其二強制的權力；其三專家的權力；其四參照的權力；其五法定的權力（註12），用以領導及教育學生。」

教師因具有優越的文化經驗、道德權威及領導權力，使教學陷於以教師為中心，學生單向的順從於權威與領導權力之下，形成傳統的教學特色，如：

㈠以教師為中心，教師教什麼，學生就學什麼；教師教多少，學生就學多少，不必顧慮學生的學習條件。

㈡以教科書為主體，教學就是教書，教師教的不是學生，而是書，奉教科書為聖經。

㈢以知識傳授為唯一目的，教學只是知識的灌輸，學習只做知識的記憶，對於學生的品格陶冶、思想啟發，以及如何搜集資料，如何價值判斷及行為實踐等都忽略。

㈣以講解和說明為策略，教師講、學生聽，教師做、學生看，教師寫、學生抄，學生只是被動的接受，沒有發問和質疑的機會。

㈤教學時間、地點、上課方式和教學活動的安排一成不變，陷於僵化，沒有生動的學習（註13）。

從教學經營的觀點言之，傳統式的教學是教師本位、成人至上，施以壓抑、灌輸、權威的教學。學生如機器般，接受教師的

操縱控制，被強迫性的學習。所以，教師不必認識學生，也不必顧及學生的個別差異，學生該學什麼、怎麼學、何時學、學得如何，都由教師決定。這種方式以教師為主，學生為從，教師主宰整個教學活動，學生則成為一群依賴的個體。

　　近代由於進步主義思想及人文主義心理學的抬頭，使教學方式有了轉機。認為教學不只限於教師的活動，學生亦應並列於主角的地位，教與學雙方的重要性應不分軒輊。尤其在現代遽變的工商社會，兒童所處的文化環境與教師早期的文化環境完全不同，教師和學生的需欲衝突擴大，師生價值觀和行為方式差距拉遠，學生要求擺脫依賴，企求獨立，改變了對教師角色的認同，因此教師必需更替新的社會角色，摒棄權威，讓教學是師生情感交流，多向溝通，師生共同參與並交互影響。學生不是觀眾，而是要分擔教學的工作和責任，教師要促勵學生獨立自動的學習。教學的成果是包含教師的教學與學生的學習成績，甚至學比教更重要。鑑於教學主從關係的轉變，教學經營特別需要認識個別學生，因為：

　　㈠了解學生身心發展的需要和能力經驗的條件，以為教學起點的掌握和依據。

　　㈡了解學生的性向與興趣，以擬定教學目標，選擇教材，設計教學活動，作最合適的因材施教，發揮潛能。

　　㈢了解學生的特性，如活潑好動、好奇好問、純真無邪，必須適性的管、教與輔導，使成才成器。

　　㈣了解學生的家庭背景，給予適度的關懷與幫助，以滋潤其心靈。

　　㈤了解學生性別的差異及個體間的個別差異，以提供最能讓學

生接受的教材與教學方法。

認識了解學生是教育的出發點，培育我們所期望的人格是教育的最終目標。了解學生會促使教學不斷的改進，奠定指導學生的方向。通常教師所具備的見識愈豐富，就愈能了解學生。而且了解學生不應只是瞭解學生的表面行為，更須探討學生內在的心理，所以，認識學生應注意下列事項：（註14）

㈠不能只注意兒童的表面行為

教師最要緊的是要瞭解學生的內在心理，不要將行為看成單純的現象，必須考慮到事情的前因後果。

㈡不能只注意功課成績的表現

教師在觀察學生時，不能帶有評價性，也就是說只重行為結果。因為教師一味注重學生的成績，容易導致憑成績好壞判斷學生行為，而應對學生的行為全盤了解。

㈢自然地、任意地觀察與固定目標的觀察兩者兼重

教師若只從某方面來觀察學生，無法完全認識學生。所謂自然的形態是指學生日常生活情況。固定目標觀察形態，則是指有計畫的認識學生。

㈣儘量避免過分關心團體生活中的某些特殊學生

在一個教室裡，一般教師較容易注意到某些特殊學生。例如成績特優或特劣、領袖人物、問題、頑劣學生，而且不期然的對這類學生較多的瞭解，使得教師對學生產生差別待遇。身為教師，不可只憑表面上的個人印象，去認識學生，而應注意學生本身的內在差異。站在學生的立場，提醒學生自覺與關心自己的成長與進步。

㈤不要過份依賴調查表

調查問卷的目的在於發覺問題所在，並根據調查所得資料解釋及處理學生的問題。但應注意調查所具的可信度、應用限度及妥當性，避免過份信賴而受其左右。

㈥儘量減少從資料上斷章取義而造成偏差

教師不能從某些特別的行爲來涵蓋學生的所有行爲，同樣地，只從一兩件資料判斷學生是一件危險的事。

㈦不可犯主觀的錯誤

教師通常會用觀察法、直接指導法或調查法以認識學生，但却容易對與自己性格相近的學生表示好感，當然也就容易對與自己個性相反或有特異性格的學生起反感。因此教師要特別留意，避免用先入爲主的印象來了解學生，而犯了主觀性的錯誤。

㈧認識學生要有計畫與連續性

有計畫的認識學生，要有步驟、重點式及連續性的觀察及重複的記錄。因學生行爲隨着其成長過程不斷地改變，所以，教師欲了解學生須做有計畫的、連續性的觀察。

認識學生的方法，可藉家庭訪問幫助教師從其生活環境及訪問中了解。或在教室裡迎接上學的學生，從道「早安」聲中，可得知學生今天的態度。多接觸學生，和學生談話，在輕鬆的心情下更容易了解學生。課間休息時間，從學生的動靜及遊戲情況，可幫助老師認識學生。其他如午餐時間、討論活動、學生喜好、交友關係等，都可以了解學生。總之，對學生認識越多，越能幫助教學活動的進行，所以它是教學經營的首要工作。

貳、決定教學（學習）目標

　　教學活動的進行，對教學對象——學生，有深入的認識之後，教學經營的第二個工作是決定教學目標。

　　目標是教學活動的鵠的和方向，任何學科的教學，都需要有明確的目標，師生的教與學的方向才能趨於一致，密切合作，共同實現教學理想。

　　目標對教師而言，是教學時所要達成的預期理想；對學生而言，是教師指導學生達成其所預期的學習效果。易言之，教學目標也就是學習目標。教師可比做靶手，學生比做子彈，教學目標有如射出的子彈在靶子上的着彈點——是引導教學活動向前發展的靶的。

　　一般言之，目標依其性質之不同，可劃分為下列四種不同類別：

　　㈠遠的目標與近的目標：遠目標為不能立刻達成者；近目標是可立刻達成者。

　　㈡抽象目標和具體目標：抽象目標比較籠統、概括，無法以具體行為表達；具體目標則可用具體行為表達以求完成。

　　㈢間接目標與直接目標：間接目標是不能透過具體的行為表達而完成；直接目標是由間接目標分析而得，所以，直接目標的完成也就是間接目標的完成。

　　㈣單元目標與行為目標：單元目標為一般性目標，它規定行為變化的範圍和方向，較不具體也不明確；行為目標是具體的，是教學目標敍寫的一種方式，它具體的顯示教師所預期的

教學效果，是以兒童學習爲主體的能力本位教學目標。也可以說，單元目標是指較遠的、抽象的和間接的目標；行爲目標則指近的、具體的和直接的目標。

目前我國各級教育，各科教學之教材，均由若干單元構成，而且一個單元一個單元進行教學。在此所指教學目標，卽是單元目標和行爲目標。教師教學要能選擇、分類、分析及敍寫目標，以把握教學目標的功能，據以選擇和組織教材，設計教學活動，採用適當的方法，安排教材內容，實施教學，再根據目標以評鑑和探討教學效果。

依據布魯姆（Benjamim S. Bloom）、克拉斯和爾（David R. Krathwohl）和綏勒（Saylor）等人所建立的目標分類體系，將教學目標分爲認知、技能和情意三大領域，並畫分爲若干層次（見表4-1）。教師經營教學，爲增進教學效果，應按學科性質和學生程度，配合同時學習原則，選擇及決定明確目標，審愼分析目標，且能兼融三大目標領域的平衡性，然後依既定目標確實遵行，自然能擴大教學效果。

表 4-1　布魯姆（Bloom）目標分類

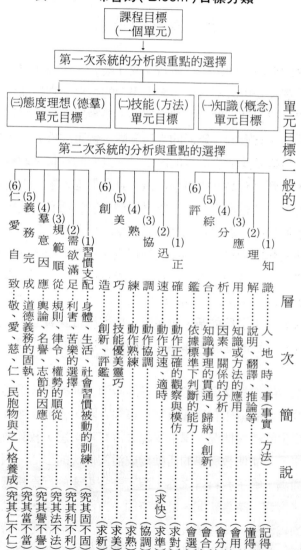

課程目標（一個單元）

↓

第一次系統的分析與重點的選擇

↓

| (三)態度理想(德羣)單元目標 | (二)技能(方法)單元目標 | (一)知識(概念)單元目標 | 單元目標（一般的） |

第二次系統的分析與重點的選擇

(一)知識(概念)
- (1)知識……人、地、時、事(事實、方法)……(記得)
- (2)理解……說明、翻譯、推論等……(懂得)
- (3)應用……知識或方法的應用……(會用)
- (4)分析……因素、關係的分析……(會分)
- (5)綜合……知識事理的貫通、歸納、創新……(會合)
- (6)評鑑……依據標準下判斷的能力……(會選)

(二)技能(方法)
- (1)正確……動作正確的觀察與模仿……(求對)
- (2)迅速……動作迅速、適時……(求準)
- (3)協調……動作協調……(求快)(協調)
- (4)熟練……技能熟練……(求熟)
- (5)美……技能優美靈巧……(求美)
- (6)創造……創新、評鑑……(求新)

(三)態度理想(德羣)
- (1)習慣支配……身體、生活、社會習慣被動的訓練……(究其固不固)
- (2)需欲滿足……利害、苦樂的選擇……(究其利不利)
- (3)規範順從……規則、律令、權勢的順從……(究其法不法)
- (4)羣意因應……輿論、名譽、志節的因應……(究其譽不譽)
- (5)義務完成……道德義務的固執……(究其當不當)
- (6)仁愛自致……敬、愛、慈、仁、民胞物與之人格養成……(究其仁不仁)

層次簡說

叁、教材的準備

　　教材的準備，即是進行所謂「教什麼」、「學什麼」的前衛課題，精選及安排教師教學與學生學習的材料。它是課程的具體化，是學生學習做人做事的基本資料，是教學活動的實質內容。舉凡靜態的、有形的、無形的生活經驗，皆可成為教材。它乃是實現學習目標及達成生活目的的工具。良好的教材是教導學生的滋養物，它應具有高度的可學價值，且是促進人類向上的價值材料，因此，凡被列為教材，都應是人類經驗和活動的精華。

　　為了便於學生的學習及教師的教學，把各種學習材料，依照人類生活的類別和學生身心發展的程度，分成許多不同性質的科目。譬如國語、數學、自然、社會、體育……等，而且編有統一的教科書（國立編譯館主編）做為教學的依據。它以課程標準為導向，有教學指引為依循，並在學校裡列於日課表上，安排固定的時間，有一定的進度，顯然是學校教學活動的正式課程及有形的學習材料。

　　如果教師把教材侷限於教科書的範圍，則教育效果必然不良。因為教科書的編印有種種限制，篇幅有限，就不能顧及不同地區不同學生的特殊情況。學生學起來沒有親切感，教師教起來也索然乏味，不能使教與學的活動變成活潑愉快的生活。因此，若要教學圓滿，除了教科書之外，還有許多重要的行為榜樣、技能、經驗、書報、時事新聞、社會資源、方法、氣氛，乃至於情感、意志的陶冶材料，皆須及時引用為教材，方能滿足異時異地的教學需要。所以，理想的教學經營，要提供良好的教材，使學習

事半功倍，必須對施教的材料進行準備的工作。

就教學經營來談教材準備，包含廣義與狹義兩方面的意義：

一、廣義教材準備

廣義的教材準備指教材的選擇。被列爲課程內容的都是人類的經驗和生活的內涵。但是人類的生活和經驗，經過數千年的累積和發展，異常浩瀚，無法一一納爲課程的素材。尤以現代社會不斷的變遷，教材內容要求認知、技能、情意三大領域均衡發展，唯有審愼的選擇教材。教材除教科書之內容外，應另選有益的配合教材，其來源可從下列幾方面着手：

(一)**教師本身是活教材**：在學生心目中，教師的一言一行都是學生模仿的對象，教師所具備的學識、能力、思想、品格與態度，都足以影響學生。

(二)**學生的優良表現及經驗**：因學生間相互影響特別快，教師教學應多利用學生的優良表現或獨特的可貴經驗及創造性。它富親切性與啓發性，是學習的良好材料。

(三)**鄉土教材**：凡鄉土的善良風俗及社區活動，都能夠變成生動的教材。兒童對自己的家鄉了解愈多，愈能關心及生喜愛之情。

(四)**歷史文化資源**：文化是人類寶貴的遺產，祖先賴以生存的智慧。引導兒童在文化的樂園裡，發現祖先的智慧，從文化的巡禮中，讓兒童決定自己應該做的事。尤其現代社會經濟的發展，更應以歷史文化爲內涵。

(五)**自然環境的教材**：大自然是一本最開放的書。有用之不盡、取之不完的教材，是最有變化的生動教材。學生走出教室，

接觸自然環境，欣賞大自然，探索自然的奧秘。自然法則神
妙無比，自然的力量巨大無敵，自然生態變化萬千，最容易
滿足兒童好奇心。其景色、畫面，無論動靜，都新鮮有趣，
引人入勝。又今日及未來世界所將面臨的環境污染、能源缺
乏、生態保護等之問題也都是應取的教材。學生走出教室，
海闊天空，將可培養寬大胸襟，做自然的主人。

㈥科學的知能：選擇科學知識的精華，提供學生科學的概念、
科學方法與科學態度並重的學習，使成為現代社會所需要的
有頭腦、有思考、能面對問題、解決問題的具有科學素養的
人，而非只是吸收、貯存知識而拙於運用知識的機械人。

㈦職業知識：學生雖就業尚早，然而他畢竟是會長大，走向職
業以自食其力。所以，選擇職業方面的教材，可以引導學生
及早認識及準備未來之就業。

㈧視聽教材：配合學生的需要、興趣與各科教材的內容，選擇
有關的視聽教材，如愛的故事、錦繡山河、昆蟲的成長……
等，有利於學生的學習效果。（註 15）

　　廣義教材準備，期望教師配合各科既定教材的特性或主題，
走出教室，從不同的教材來源中，擷取現實生活環境中最精華者
，以擴大學生的知識領域。而在選擇的規準上強調真實性、道德
價值，重實用，配合兒童發展的程度，導向德、智、體、群、美
、情、意、用等不同價值的平衡發展，尤其當前價值觀念混亂的
時代，價值重心與教材平衡之要求更為重要與迫切。

二、狹義的教材準備

狹義的教材準備，指教材的處理及教學資源的準備（註 16
）。教師在教學之前，必須先熟悉教材，對教材有了統整的了解
，並做研判與分析，才能擬定施教的策略。

所謂教材的處理，是教師對學校中各科目的教材，於上課前
分析研判其性質，是屬理論性或技能訓練或情意陶冶者。了解教
材性質，方能決定教學方式及採用合適的方法。譬如理論性教材
，一般含有大量的事實、概念、原理原則和論點，可以充實學生
的知識和經驗，且可啟發思想，因此，學習這類教材需記憶、理
解、分析及評鑑的能力。若為技能訓練之教材，學生要具備模仿
、操作及創作的能力，教師正確的示範，學生模仿並反覆練習，
直到熟練甚而達「巧」、「妙」的階段，終極目的是能夠創造。
若為情意陶冶的教材，最適宜培養學生評價、組織價值和形成品
格的功能，學生需以辨別、判斷及選擇的能力，經學習之後形成
個人的價值觀、社會觀、人生觀及宇宙觀。教師在教學之前，教
材預作處理，必可提高教學效果。

所謂教學資源的準備，廣意者指社會資源應用的選擇，狹義
者指教學用品與教具。在教學上無論是社會資源或一般教學用品
及教具，都是幫助教學的最佳輔助品。所以班級教學經營，在教
學前視教材的實際需要，選擇適當的資源。

一般而言，社會資源指凡是社會中可利用於教學的一切人力
、物力、機構及活動等。這是最具體、最真實的材料，可使學生
獲得實在的經驗。根據涂巴士（Isbelo Twpas）的看法，認為社
會資源包括天然資源、組織資源、技術資源及活動資源（註 17

）。教學用品及教具，則指教學時必須使用的東西。通常根據教學活動設計，事前做周詳的考慮而準備。使用種類的多寡，視教材性質而定。譬如自然教學的實驗，要使用許多的器材，社會教學通常有掛圖或模型。

凡事豫則立，不豫則廢，做好教材準備，應用資源及教具，可幫助教學，使學生對教材容易了解，加深印象，獲得正確知識，激發興趣，充實經驗，啓發思想，因此是教學經營不容忽視的工作。

肆、選擇教學方法

萬事皆備，若欠東風，雖未必功敗垂成，但也大打折扣。儘管對兒童十分了解，對教材相當熟悉，教具準備萬全，然作爲指導學生和教材的溝通媒介——教學方法用得不理想的話，則教學無法生動，學生上課興趣索然，教學目標當然無法達成，因爲教學方法是完成教育目標的手段。

教學方法的良窳，完全控制在教師一人手中。沐浴在良好的教學方法中，師生二者的活動形同享受。但如施以惡劣的方法，則教者如同嚼蠟，學者如坐針氈。因此，教學成功或失敗，和教學方法選擇的適當與否，有極密切關係。教學方法的選擇，取決於兩個先決條件：第一要視教材的性質而定；第二要以教學目標爲依據。這應該是擔任教學工作的教師們應有的共識。

選用教學方法，依教材性質而定，若教材偏於理論性者，多數教學方法都可採用；若偏於技能性的，則以採用練習、設計及發表或欣賞爲主；教材若偏於情意性的，其主要教學方法則是社

會化教學法及欣賞教學法等。（註18）

　　選用教學方法，從教學目標的觀點言之，倘若教學目標在於增進學生知識、啓發學生思想者，就應當採用啓發教學法、問題教學法、單元教學法、創造教學法和發現教學法等。倘若教學目標在於補救班級教學的偏失、適應學生的個別差異者，則應當採用自學輔導法、偏序教學法、協同教學法和精熟學習法。倘若教學目標在於陶冶學生情操、培育高尚的品德和理想態度者，就應當採用社會化教學法、欣賞教學法。倘若教學目標在於養成學生習慣、訓練技能和增進某種能力者，就應當採用練習教學法、設計教學法和發表學法。（註19）

　　教學活動的進行，是一種連續的活動過程，因此，教學在考慮選擇方法之餘，也應顧及活動進行方式的配合，如講述型、討論型、角色扮演、價值澄清等。任何一種學習活動，都具有多樣態的內容（同時學習原則），所以教學方法的選用，應綜合而靈活應用，則教學成效的提高必無疑。

伍、輔導學習

　　輔導學習就是進入教學經營的核心工作。Madeline Hunter 對教學所下定義是：「一種審愼的決定和行動的歷程，使得學習成功的可能和確定性，較無教學時爲高。」這和前面所提認識兒童、決定目標、準備教材、選擇方法等，都是靜態的教學前奏曲。輔導學習即如雙手按鍵盤，將樂曲演奏出來的那種動態活動，也就是教教材讓學生學習的行動歷程。而在這個歷程中要完成下列的工作：

一、教學目標的實踐

　　教育目標藉由各級學校目標來完成，學校目標依靠各科課程目標來實現，課程目標則靠單元目標，單元目標以具體行為目標促成，行為目標的實踐要教學目標來催化。各種教學目標的內容，都應包括認知、技能、情意三方面。但其性質不同，有理論性、技能性及情意性之道德、理想與態度的培養。教學進行就是根據教材所事先設定的目標，一一指導實踐，所以，教學是要完成並實踐目標。

二、檢視與調整教材

　　檢視與調整教材的目的在評估教材，也就是教師對自己所選擇與準備的教材及所用的教學活動方式，學生是否能在融洽和諧、相互尊重的氣氛下快樂的學習。從教學進行中的形成性評量，依學生的反應，隨時修正教材內容、調整進度。所以，教學的經營應隨時評估教材之難易度及適切度，使老師們所希望學生在他們的教室裡有充分的學習成就，得到更為滿意的程度。

三、教學策略的檢核

　　教學策略指的是教學方法與教學技能兩方面運用的情況。教學方法的選擇，雖然配合各科教材內容的性質而有變異，但不同性質的教材必須有不同的教學技巧。亦即教師的教學行為，它影響學生在教室中的學習成效。因此，根據學生的反應行為，運用增強學習動機，增進良好行為，增加學後保留以及加速學習等變項。教學輔助工具的恰當與否，要能自覺的感到是否已充分掌握

學習原則，而有成功的教學。

　　檢核教學策略，即在於檢核教師的教學是否依據教學的原理，運用適當的方法、手段，藉準備、溝通、概括、評量等歷程，以指導學生自動學習，以獲得知識、技能、情操和理想的活動。所以，教學應隨教育理念和科技的進步而不斷的調整革新。教學經營要以心理化、社會化、科學化、藝術化的趨勢，並強調多元化的教學技術以輔助配合之。

陸、教學評量

　　評量（Evaluation）是近年來被普遍用於教學上的一個名詞。一般易與過去習用的考試、測驗等混為一談，且認為是相通的。事實上不然，兩者在範圍、性質與功能上都有顯明的差別。考試含有強制和壓迫力的消極性作用，而評量除了考試或測驗的意義之外，更有合作與改進的積極性作用。在此探討班級教學經營的教學評量工作，是針對各學科之教學效率的評量而言。

　　教學活動包括教師的教和學生的學，學生達到學習目標的程度，反應的正確度高或低，是驗證教師教得如何的標誌，所以教學評量的工作，依評量對象分，包含教師的教導評量和學生的學習評量；依評量時機則有預備性評量、形成性評量和總結性評量；依評量的方式有正式與非正式評量。茲於後文分別說明之：

一、依評量的對象分

(一)教導評量

　　此為評量教師的教導效果和教學的檢討。教師於教學過程中

具有參與及觀察兩種作用。在參與者的作用上，要實現教學計畫，規畫教學程序，改進教學方法，運用各種材料，參與課堂上師生的社會交往，並在此過程中發揮教師的特殊作用。在觀察者的作用上，客觀分析學生情況，把學生在教學過程中對教學方法和教學材料的反應詳實記錄，給個別學生所取得的進步作某種結論，所以，教師之參與者和觀察者的角色作用恰當與否，需要評量，以爲改進參考。

　㈡學習評量

　　對於學生的學習評量，向來都由教師負責。包括考查、記分和報告。教師就評量所得結果作爲教學改進的依據。其實學生也應該了解自己的學習，做自我評量。例如自己核對練習，編序教材的自我學習，電腦自我教學及自我評量報告等方式，以使學生知道自己的學習成就，對自己產生合理的期望和抱負，養成學習由自己負責的正確態度。所以藉著評量可促進學生自我學習的能力。

　　就以上之敍述，教學評量對師生而言，具有下列功能：
　㈠瞭解學生潛能與學習成就，以判斷努力的程度。
　㈡瞭解學生的學習困難，作爲補救及個別輔導的依據。
　㈢估量教師教學的效率，作爲教師改進教材教法的參考。
　㈣獲悉學生學習進步的情形，以引發學生學習的動機。
　㈤可幫助學生明瞭如何改變或發展自己的行爲。
　㈥可獲得學生成長和成就的正確資料，使師生得以了解教學情況。
　㈦對於學習情況優異的學生，可提供更深廣的充實學習。

(八)評量結果可提供資料作為學校行政決定的依據。

(九)教學評量可獲得家長和社會人士的關心與協助。

二、依評量的時機分

(一)預備性評量

指學前評估，即是在教學前所實施的評量。目的在了解學生身心發展的成熟程度、舊學習的基礎和生活的經驗背景，也就是新學習的基本能力和起點行為。所有準備要教的、應該教的東西及所選擇的資源，和當時狀況分析所發現的價值與目標，都應依據學生的學習條件加以評量。

(二)形成性評量

即指教學中的評量。教師可隨時觀察和記錄學生的學習態度、學習習慣、學習方法、學習動機與興趣等方面的行為表現，或於一個單元教學結束時，實施評量，以了解學生在學習過程中行為變化的情形，發現學習困難之處，分析其原因，教師從所得的回饋資料及時調整教材進度，改進教學方法，師生都能作更適切和有利的反應。因此，形成性評量具有對教學品質管制或診斷的功能。

(三)總結性評量

指教學後的評量，是針對學習結果的總檢查。其目的在衡鑑學習成就，是否達到預期的終點行為。

我國的學校教育，傳統的考試理念，以總結性教學評量最受重視，甚而有一考定終生之勢。其內容又多重知識、技能、德育、智育的考查。造成國民只有知識道德，沒有行為實踐的道德知

識。近年來，教育目標雖強調培養德、智、體、群、美五育均衡發展的國民，然因升學壓力以及長久以來的傳統習慣與保守觀念，仍殘留於學校裡，教學的評量尚無法完全脫離傳統的考試法。雖然評量方式很多，而呆板滯固的主知評量仍被獨鍾。然而爲使教學經營更爲有效，把握評量時機是非常重要的。

三、依評量的方式分

(一)正式評量

指全班學生一律在同種條件下，以同樣的評量工具實施評量。通常會使用標準化客觀測驗、自編紙筆測驗或統一規定的情境測驗等。教師根據學生的反應結果加以評分，比較容易造成緊張氣氛，易失準確度。

(二)非正式評量

指當正常的教學尚在進行過程中，教師隨時隨地觀察學生的反應而言。例如，實驗進行時觀察學生的儀器操作動作反應；課中觀察學生的學習態度反應等。比較能確實了解學生的學習情況，因無壓力，故較具眞實性。

總之，教學評量是從考評學習者習得的結果，如探知起點行爲者，對於協助教學者訂定教學目標是絕對重要的。根據學生的經驗能力適切訂定目標，不致偏高而造成學習困難，或偏低而減低學生的學習興趣。依據學習者的起點行爲，可幫助教師選用適當的方法，例如智力高、有自信的學生，可用啓發性教學；年級低、學習能力較差、缺乏信心的學生，就比較適用編序教學法了。若在教學進行中，學生正在學習而尚未定型，實施形成性評量

，可了解學習的進展情況，了解學習困難所在，而採取補救教學，如對全班學生再教學，或對少數學生予以個別輔導。若為總結性評量，可為教學者教學得失的回饋，對學習者則有增強的作用，更可增進教師對於學生下次學習起點行為的認識。因此適切適時的評量，在教學經營上是絕對必要的。

柒、檢討改進

教學對象包括教師與學生，即是有思想的人，各有其特性及偏好，對學習亦然。因此，任何一種教材及一種方法，對學生的影響均有個別差異，所以教師根據評量的結果，以檢討修正自己的教學措施，使學生學得更好。沒有檢討就不會改進，所以，每位老師在教學之後均應檢討與改進。

第三節　班級教學經營的技術

教學經營的技術是指教學過程中實際運用的技術，它有別於方法。技術是具體的、獨特的，而方法則是一般性的、普通的。若以步驟和程序劃分，方法是有程序和過程的，而完成每一過程中的活動和技巧便是技術。一般而言，方法可以從理論上習得，技術則必須從經驗中熟練。例如寫板書的方法及過程，可以從書本文字資料中閱讀學習，但字體結構端正美觀，就必須靠實際練習，方能書寫流暢。所以，儘管方法和技術常有混淆之情，甚或相互通用，畢竟其間仍有分別。在範圍和意義上，方法較技術略

為寬廣。正因為如此，教學效果因有賴於教學方法，而教學方法則有賴於教學技術以推進，所以，教學效果和教學技術的優劣有密切的關係，常有方法正確，但效果却不好，究其原因便是技術拙劣所致。

從教學活動尚未開始以前到教學完成，進入另一個活動之間，要使用許多不同的技術。就廣義的角度觀之，舉凡了解學生、教學計畫、人際溝通、學習動機引起、講述與發問、板書板畫、作業指導、教室常規、媒體應用、教學方法的活用、評量的實施等，都是直接或間接影響教學效果的具體技術。本節擬就教學活動設計、學習動機的啓發、作業指導、媒體的應用、評量的實施等項，作分析與說明。

壹、教學活動設計

教學是一項繁雜的專門性工作，要想教學能成功，若只是受過專業訓練，有教學理論基礎，尚無法應付。它必須在單元教學之前充分的準備，才能獲得良好的效果。教學所謂的準備工作，最重要的就是教學活動的設計（Lesson Plan），或稱之為教案。其用意在把教師和學生在教學時間所從事的活動、所用的方法、輔助的資源及希望達成的目標，詳細的計畫，俾便據以教學。

教學方法隨社會的變遷而不斷的革新，當然，教學的技術亦隨之精進。回顧我國教學活動設計的演變，探討今日教學活動設計的需求。首先論述教學活動設計的發展，再深入研究系統化教學設計。

一、教學活動設計的發展

我國教學活動設計的演變與發展，可分下列四個時期：（註20）

㈠教學過程時期

台灣光復初期，國民小學的教學，因日據的影響，未有統一模式的教學活動設計，倒是師範學校對師範生的訓練，著重「編教案」。把「編教案」視為師範專業訓練的重要工作。此時期的教學活動設計是教師在教學之前，按照各學科不同的教學過程，用問答的方法，老師問、學生答，以一問一答的對話方式敘寫而成。尤其師範生，都在教案上寫了許多要說的話，但是到了上課，幾分鐘就把話說完了，所以一般教案都得編詳案備用。依據學科，國語、數學、自然……等，各自獨有的教學過程，且每一過程先後順序不能搞錯。以國語科為例，其過程為(1)引起動機，(2)決定目的，(3)概覽課文，(4)報告大意，(5)生字新詞，(6)讀法演習，(7)課文講解，(8)內容深究，(9)整理，(10)應用。決定目的不能在引起動機之前，生字新詞不能在概覽課文之前。各科的教學都以教師為中心的講述注入，或偶有啟發法。教學既已編成，即墨守不變，不易隨教室動態而有所應變，只是把握教學過程一步步完成。

㈡單元教學活動時期

民國四十年代初期，由於「視聽教育」的引進，促使我國的教學方法由問答方式，進而使用媒體輔助教學。民國五十年起，推行以視聽教育為主的教學革新，改「教案」為「單元教學活動設計」。分教學過程為㈠準備活動（課程準備、動機目的），㈡

發展活動（教學設計及媒體資料），㈢綜合活動（整理、應用）。由於教學設計的改革，也導引教學方法的改進，以視聽教材佐以純口說的講述法。

㈢行為目標教學設計時期

前期曾努力於教學活動設計及教學法的改革（媒體配合），期望能怎樣設計，就能怎樣教。然而老師們講述的習慣牢不可破。雖然情況（教學設計方式）變動，但老師却以不變應萬變，仍多沿用注入法。乃有五十三年的以「動態敍述」方式，將教學的實際動靜以活動型態描述，希望國小教師的教學活動設計能真正動起來。六十三年以後，國內有多位回國學者，如方炳林、崔劍奇等，將風行美國之「行為目標」敍寫活動設計的模式引進國內，之後「行為目標教學活動設計」在國內被全面應用，至今仍沿用不輟。這種以行為目標為依歸的教學設計，有目標、策略、評量三重意義，確實使教學形態生動許多，然而社會不斷變遷，教學也要求革新，教學活動設計當然也有改變的趨勢，因此，活動設計步向第四個階段了。

㈣系統化教學設計時期

此期開始於七十六年十二月，由中國視聽教育學會承辦的一項系統化教學設計研討發表會後開始，正期待各位從事國教的同仁詳加研究，廣為應用。為使有效教學及有效學習，對於教學前的準備——教學設計，應同時考慮更多的要素，使得教學在設計時就很周全，然後進行教學時則更順利，使學生的學習目標達到最滿意的程度。為發揮教學功效，系統化教學設計的全面推廣與實施是必要的。

　　教學爲適應與充分發展受教育者的資賦才性，提昇教育的素質，對教學方法、策略與技巧的應用，在教育革新的聲浪衝擊下，必須完全摒棄傳統以教師爲中心，以知識傳授爲主體的教學方式。現時代的班級教學經營，應以發展人性化、生涯化、多元化、資訊化的創新教學設計，強調科際整合，擴充教學目標（包含知識、技能、情意），以符合社會文化的需求，培養適應快速變動社會之應變能力。教師應擅於系統化教學設計的技術，教導學生成爲會釣魚的人，而非只是吃魚的消費者。下面介紹系統化教學設計模式，以爲革新教學技術的參考。

二、認識系統化教學設計

(一)教學設計的要素（Key Elements）（註 21）

　　1.教學計畫是爲什麼樣的人設計的──學習者的特性。

　　2.希望學習者能學到什麼──目標。

　　3.教學的內容或技能，最好用什麼方法來做──教學法和學習活動。

　　4.用什麼方法和標準來衡量學習者是否眞的學會了─評鑑方法。

　　學習者、目標、方法和評鑑四個教學設計的要素，彼此間具有密切的關係（見圖 4-5），是組成系統化教學設計的基本架構，也構成了教學設計的主要過程，再考慮其他相關的因素與此四要素結合，可成爲一個完整的教學設計模式──系統化教學設計模式。

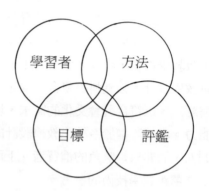

圖 4-5　教學設計要素

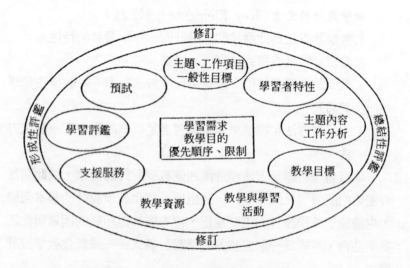

圖 4-6　系統化教學設計模式

（二）系統化教學設計模式的認識

　　系統化教學設計模式是一個完整的教學設計，其特色：（註22）

　　1.包含十個要素（見圖4-6）

　　　(1)要求、目的、順序、限制

　　　(2)主題名稱

　　　(3)學習者特性

　　　(4)主題內容

　　　(5)教學目標

　　　(6)方法與活動

　　　(7)教學資源

　　　(8)支援服務

　　　(9)學習評量

　　　(10)預試

　　2.模式圖以橢圓圖形表示十要素，說明在設計之初沒有固定順序，即沒有一個起點，只要按著合乎邏輯的順序，可以從任何一個要素開始考慮。

　　3.各要素間沒有線條或箭頭連接，意謂這個模式進行過程的彈性化，沒有硬性的先後順序或進行方向，因在不同情境或條件，所考慮的要素有別。

　　4.用橢圓形表現十個要素彼此間的依賴和相關。前面一個因素的決定，影響下一個步驟的進行。例如教學主題內容的增減和順序，與教學目標的訂定關係密切。教學方法和教學活動的安排，又因教學內容的增減而有所變動，其間頗具彈性，教學設計者可依自己的實際情況和需要取捨，直

到設計任務達成。

5.用要素代表模式中十個部份，不同於其他設計中常用的步驟（steps）、階段（stages）、層次（levels）或順序（sequential itemes）等保守且完全採直線式的觀念。

6.圓圈外圍有兩個「修訂」，代表在設計的過程中，對任何部分的處理方式有問題時，隨時可以修正調整。若需評量，可在試用階段用形成性評量，或於課程結束後實施總結性評量。從不斷的修正改進教學過程中的任何問題，才能保證教學目標的達成，而收教學的良好效果。

三、系統化教學設計的基本觀念

㈠教學設計過程需注意系統化的步驟，在策畫過程中的每一個細節，都應當用精細和明確的態度來處理。

設計系統化是指運用合乎邏輯的順序和方法來訂定、發展，和評鑑整套策略——十個設計要素，以達到特定的教學目的。並在策略過程中，每個步驟的處理和運用都應當用心，每個細節都應詳實且能明確執行。如設定學習目標，應以明確的行為動詞和內容，明確的配合學習活動，學生才能實際的參與，才能成為學習成果的評鑑標準。

㈡教學設計過程用在一門課的教學發展這個層次是最適切，且最能產生功能的。

通常教師在設計教學時，是從發掘學生的需要開始，到確定教學課程的主題和內容，然後進行該課程有關的教學活動。所以教學的發展方向，於教學設計過程中來決定。

㈢教學設計的策畫案，是供教師運用的。

　　前面提到系統化教學設計的特徵，考慮十要素的先後順序，並非固定而是彈性的，所以，計畫案中的資料與學習的內容和活動有關，但和實際教學活動順序不完全相關。譬如預試，在教學設計過程中，是等別的項目設計完成後才設計的，被列為最後，而真正的教學情境中，預試卻是第一個實施步驟。所以，教學設計的策畫案是供教師用的。

　　㈣教學設計過程，最主要的目的是幫助學習者學習。

　　傳統的教學策畫，是以「教學」為最重要的中心活動。而教學設計的目的，則是以「學習」為設計活動的中心。教學目標的達成，是學習者是否學習到東西，而非教師是否教完教材。所以，教學設計的職責是設計學習活動的情況，讓學習者主動參與。

　　㈤教學設計過程，個別化教學比團體教學更能發揮效果。

　　教學的對象是學習者，也就是學生，而學習者包括各種不同的人，人與人之間有許多不同點。在教學設計過程已考慮學習者的特性、能力及經驗等個別差異。為適應個別差異，在教學設計與安排上，要考慮個別的需要。所以，系統化教學設計注重個別化的需要，因此教學效果會比較好。

　　㈥在教學設計過程中，應盡可能使所有的學習者，都能達到滿意的學習效果。

　　系統化教學設計有修訂的機會，因此，若學習者無法達到目標預定的成果，則可從教材方面的修訂着手改進，直到學習者有滿意的學習效果為止。

　　㈦沒有任何一種教學設計方法是最完美的。

　　系統化教學設計，是革新教學的一種新趨勢，但是目前教學設計的科技，尚未達到完全科學化和精確程度，教學目標仍然要

由許多不同的方法來達成。所以，任何一位教師都可運用自己獨特和無窮的創造力來設計教學活動，而由學習者的學習效果和滿意程度證明設計的成敗。（註23）

四、掌握設計原則

為使教學設計能發揮良好的效果，應把握下列原則，並遵循善用之。（註24）

㈠根據教學目標：依據教學目標而從事單元編製，方能使活動和內容切合實際，合乎理想。

㈡適合社會需要：單元的選擇和內容活動的設計，適合社會發展的需要，才能具體實用和有效。

㈢以學生為中心：學生的能力、興趣、經驗等均須加以考量，而非以成人教師或權威為中心。

㈣比較學習內容的價值：生也有涯而知也無涯，因此，學習宜就價值高下比較而善擇慎選之。

㈤選擇多樣的學習方式：學習方式宜依材料內容、性質，靈活運用，以避免呆板僵滯。

㈥提供變通的學習活動：學習活動的類別應有變化，方能激發學習的興趣與熱忱。

㈦利用各種教學資源：教學資源的範圍宜廣泛，選擇彈性多元，方能充實教學的內容。

㈧採用多種的呈現方式：教學內容的呈現，不宜一成不變，以避免單調乏味，影響學生學習的意願。

班級教學經營無異是要提高教學效率，如果將教學與電視節

目相比較，教師的才能必須很足夠，才堪勝任編劇、導演及演員等三重角色，可說是幕前、幕後工作一手包辦。也有人將教師比作一位廚師般善於調理。

教學活動設計就如節目上演前的幕後編劇及廚師的調理工作。老師拿到教科書，就如同編劇拿到原著，要改寫為適合上課的劇本，不但不違背教科書（原著）的精神，而且要將教科書內容詮釋得更為透徹。且為使教科書內容更令學生接受，也更容易吸收，要補充一些相關的、有趣的材料，這都需要有設計的技巧。

教師有如廚師，將教材適當的調理，配合學生，依其體質及喜好，調理出最適合學生的精神食糧，使學生想吃、喜歡吃，吃了以後能夠消化吸收，才能使心靈不斷成長茁壯。這就是教學活動設計的功夫，如此所達到的教學目標將倍於原教科書。故因應時代的進步及培養於多元化社會生活的應變能力，系統化教學設計模式的熟悉與運用，有助於教學的創新及提高學習效率。也就是說教師要扮演一個好編劇、好廚師是很重要的。

貳、學習動機的啟發

假如活動設計像編劇和廚師調理食物的工作，則啟發學生學習動機，就有如導演兼演員的自導自演，以及如廚師擺出色香味俱全的食物，必須迎合觀眾及食客的喜好，才能被接受，要不然雖飢渴亦不想學。從心理學觀點看動機，是有機體內在的一種生理或心理的情境，即需欲或驅力。學習不只是知識的被動接受者，在課堂上，學生選擇他想去參與的活動，即動機的內發活動。好戲與美食在前，學生無動於衷，說明了教師教學活動設計與安

排，不能引發學生學習的動機，即外鑠動機驅力不足。此際若強使學生就範，或以威脅、羞辱、處罰來激發學習動機，將引起學生緊張與焦慮，無法獲得滿意的學習。可見動機在誘導個體活動，學習是一種活動，故需動機來支持。而動機無論是內發或外鑠，都要有引發的誘因、啓發的條件及啓發的方法，當一位教師在經營教學時，若欲獲得良好的效果，則善於啓發學生學習動機是必要的技術，以下就從誘因、條件及方法的熟練上着手。

一、認識動機的誘因

包括成就感、獲悉結果、興趣、關切程度、從外誘到內發等項，於後文分別說明之。

(一)成就感（Success）

布魯姆（Bloom）謂：「在學科上是否有成功的經驗，最後將成爲決定學生對此科目的感受，以及希望深入研究的一個主要力量。」（註 25）說明學習有成就，則學習動機越強烈。教師必需爲學生預估學習材料的眞正難度，而且做得越好，越可能幫助學生感覺成功的滋味。爲了達到激勵的效果，學習者需要有成就感。高成功率存在於有效率的教室中，所以教師給予學生清晰、精確的指導，能夠增加學生成功的機會。例如在黑板指示，切記，一次遵循三、四條。在學生獨立練習之前，給予正確的示範，並用口頭陳述及清楚表達學生應做的事、工作的地點及應耗費的時間。因爲學生需要知道自己的成功，以感覺到成就感。所以，教師有責任設計配合學生的能力、喜好型態、提供變通的教材、需要的時間與幫助，決定教學方法，則可增加學生學習的成功經驗，獲得成就感而學會所教的東西。因此成功的教學，當使學

生成就最多，挫折並不利於學生學習動機的啓發，失敗非爲成功之母。

(二)獲悉結果

任何一種學習，學生都欲獲悉結果。所以教學時，教師適時檢查學生作業，學生可立即明確的知道自己的答案是否正確，自己記分，以檢討自己學習的結果，這是善用「獲知結果」以引發學習動機的具體行動。學生知道自己的答案是正確的，這種經驗的增強歸諸於成就感。對錯誤答案的回饋，具有改正的機能，而集中注意力學習。班級教學人數衆多，教師很難處理不滿意的學生反應，但是又必須解決，所以，告訴學生：「你錯了！」比忽視這個錯誤更積極，提供正確答案又比只說「你錯了」爲理想。不過一味的給予正確答案，會產生不良後果，使學生變懶、粗心及分心，也不用思考，只等待別人提供答案，訂正就了事，反而抹煞了學習的動機。提供立即而明確的獲悉結果，例如批閱作文，不能只在作文簿上批個分數，應加評語鼓勵或說明。又如在教室角落設置「答案角」，學生有機會訂正自己的答案，檢查自己的錯誤與困難所在，如此學習將更紮實且自動。所以說，學習能立即而明確的獲悉結果，可驗證對學習目標的完成程度，教師亦可於此際檢核自己的教學效果。（註 26）

(三)興趣

興趣是集中意識於某種對象，而具有感情色彩的心理狀態。也就是說，人類爲實現一種目的或從事一種活動，那種心理朝向目的感情狀態，便是興趣（註 27）。這種感情狀態有愉快的，

有痛苦的。愉快者來自學習的成功，也就是說興趣的感覺，是由於接觸到人、事或參與活動而產生的感情經驗。有了興趣的感情經驗，更吸引人去接觸、去參與，且能精神專注，甚而廢寢忘食。所以，興趣是學習的有利因素。

教學要利用興趣引起學生的學習動機，教師應使教材對學生具有意義，並且提供生動、新奇的學習經驗，變化學習情境，享受成功的滿足，可以使學習興趣更為濃厚。學生希望有和其能力相配合的學習情境，需要學業水準與抱負水準相平衡的學習活動，如此可享受因自己的努力而獲得的快樂，學習將更起勁。所以，興趣是學習動機強而有力的誘因。

㈣關切程度

關切程度，就是擔憂失去需要或想要的事物的情形。它好比身體不舒服時所需要的藥方一樣。不吃藥（不關切）病情不會好轉，濫服成藥（關切過度）反使病情惡化（中毒）。只有在最恰當的藥劑下，對病情才有幫助。教室裡的學生，其學習需要教師的關切。關切程度不足，沒有學習動機；關切程度適中，學生集中注意力學習；關切程度過份，反影響學生成為被動的學習。所以，被關切對學生來說，是一種鼓舞。何時對學生提昇關切程度，何時降低關切，都有其適當的時機。例如，學生正想到操場打球，老師的關切，譬如馬上做好這些題目，給你批改計分，反使學生不知所措。同樣的關切程度，不一定適合於每個學生，有的認為過份，有認為不足，有的則認為適中。所以，對學生關切的程度，需針對學生的個別特質，方能啟發學習動機。

(五)從外誘到內發

　　當我們做某事的動機，只為喜愛這樣做而做，稱之為「內發性動機」。當我們的動機是因為可得到報酬而做某事，則稱之為「外誘性動機」（如考試一百分，可得媽媽給的獎品，而努力讀書）。設若學生的學習都是內發的動機（自動自發），那是最理想的了。然而事實並非如此，學生的學習除好奇、求知欲、成就感之外，幾乎所有學習動機都要求諸於賞罰之外誘性動機。

　　外誘性動機對學習效率的影響，郝洛克（E.B.Hurlock）曾以獎勵和譴責兩種誘因，對一羣能力相等的兒童，分為四組進行五天的算術測驗實驗。（註28）

　　A 組：獎勵

　　B 組：譴責

　　C 組：旁聽 A 組之獎勵與 B 組之譴責

　　D 組：控制組，與以上三組隔離，本身未受獎懲，也看不到
　　　　　其他三組

實驗結果各組進步情形得到以下的結論：

　　1.獎勵組成績進步顯著，且成直線上升。

　　2.譴責組成績最初有進步，以後逐漸下降。

　　3.旁聽組初因看到 A、B 兩組受到獎懲而成績較佳，但沒
　　　有得到老師直接獎懲，故成績每況愈下。

　　4.控制組則未見其進步。

　　由以上實驗可知學生的學習動機，尤其年齡越小，越受外鑠因素的影響。因此，使用積極之外在力量遠勝於消極者，獎懲的技巧對啓發學習動機，得慎重之。

二、激發學習動機的條件

　　動機是個人內在的一種願望，這種願望與個人的行動關係密切。願望高，力量強，持久性長而學習熱烈。教師於教學前應慎重設計學習活動，要具有吸引力，才能激起學習的熱情。欲使教學確能產生預期的效果，必須對學習動機引發的條件，有清晰的認識，且適當處理之。以下提出激發學習動機的條件數點說明之：（註29）

　　㈠利用兒童現有動機

　　「啊！那是什麼？」「嗯，讓我想一想，摸一摸！」這就是兒童本身所具有的強烈求知慾望，因此，教學時善用兒童現有的動機，如興趣、態度和觀念、驅力、冒險的慾望及行為，有助於學習動機的啓發。

　　㈡使學生覺得學習有價值

　　任何一種教材，不是具有近的價值，即具有遠的價值；或不是具有內在價值，即具有外在價值。因此，使學生在學習教材之前，即知道教材的價值和重要性，會產生強烈的學習興趣。

　　㈢設計適當的學習目標

　　在學生學習的過程中，有短程的目標，也有遠程目標。有價值的教學，是教師在每一單元教學中，都設計出具體的目標，以為指導學生學習的方向。而所設訂的目標必須適合學生的能力，即難易適中。艾肯遜（Atkinson,1965）發現，唯有在工作適切或中等難度時，人類追求成就的動機才會最高昂。所以，設定適當的目標，符合學習者的能力，才能理想的啓發學習動機。

　　㈣教材宜與學生的經驗背景相結合

有經驗的教學者都會發現，當話題涉及到學生經驗中有的或與生活關聯的事物，則學生興趣特別濃厚，學習也特別帶勁。因此，若教材能配合學生已有的學習經驗，或與生活發生關係，則能增進學生學習的動機。俗語有謂對牛彈琴，有聽沒懂，不知其中趣味，就是明顯的例子。故學生的經驗背景與學習動機關係密切。

(五)創造良好的氣氛

上課如沐春風，教室有如春天，即說明教室氣氛溫馨和諧，學生的學習興趣也會是強烈的。若把教學比作買賣，則教師為售貨員，學生為顧客。未曾聽說被售貨員侮辱的顧客，而想買該店的東西。也就是說兒童能夠被誘導而學習，絕少因蒙羞而發奮學習。所以，教室中的氣氛和諧，教師循循善誘，本身常面帶微笑、快樂、幽默，則學生心情自然輕鬆愉快，沒有壓力，不失其天真與活潑，教室自然可成為一個可愛的樂園，促使學生學習不輟，效果更理想。

(六)教學方式活潑而多樣化

任何一種教學，只用一種方式，久而生厭，影響學習的效率，當然減低學習的興趣。因此，要教學生動活潑，學習動機亢奮不減，則適當靈活地多樣化運用各種方法（如講述、啟發、欣賞、社會化、發現、單元……）及視聽媒體的配合使用，是絕對需要的。

(七)善用增強技術

學習是一種行為的表現，教學者都期望學生有好的學習行為（如專心學習、努力用功……）。根據行為論者之主張，獎勵與懲罰是人類行為學習的兩大要件。增強的理論推介許多行為改變

的技術，教師可於引起學習動機時審愼選擇應用。譬如脫下已被定位於學習不良的兒童標幟，設計具體化的行爲目標，改懲罰爲獎勵，棄冷漠爲關懷，則學生有高昂的學習動機。

㈧提供學生良好的楷模

有其父母必有其子女，有其師必有其徒，這是學習楷模的影響。因此，標榜社會模範角色，供學生模仿，將可引發其效倣的動機，尤其是生活週遭的眞人眞事，更具親切性。

㈨安排與設計適當的學習環境

這是境教的功能，包括靜態環境與動態環境。所謂適當的學習環境，即在靜態環境中配合教材需要，布置能激發學生學習興趣的資源空間，及在教室中製造師生與同儕間能互動的理想心理空間，以引發其好奇心，安全、舒適地保持其強烈的學習動機。

三、啓發學習動機的方法

爲發揮教學的預期效果，如何引發學生學習的動機，在教學前配合前述之條件，善加設計。而一般於教學活動開始之際爲引燃學習之火苗，可借用下列方法：（註 30 ）

㈠用複習舊課的方法

教師在介紹新教材之前，能以舊有經驗與新課的觀念，以口頭問答、報告、問題討論或舉行小測驗等方式，集中學生的注意力，自然的將學生引到新教材的學習上。

㈡用考查預習作業的方法

教學過程中每在總活動的末尾，會用幾分鐘的時間，向學生指定預習新教材的作業和學習方法。於下次新教材介紹前，先行考查預習作業的情況，一方面可了解學生勤惰，另方面則在引起

學習的動機。經常被使用的方式如發問、測驗、報告或問題討論及質疑等。

(三)用講故事的方法

學生愛聽故事，是眾所皆知的，因此，用說故事的方式來引起學生的學習興趣，是很有效的方式。說故事者不一定是老師，也可由學生說，若有不完全則可請同學或老師補充。切記故事內容要和教材有關，並且要簡短有趣，才能生動的引起學習動機，冗長者反而易使學生疲累而抓不著頭緒，而且也易使學生厭倦而散漫分心，所以故事選擇極為重要。

(四)用偶發事件的方法

新教材的內容，若與當日偶發事件有關，則是最好的引起動機的資源。譬如地方新聞、社會新聞、國內外大事、新的創造發明……等。此非刻意安排，因此必須把握住時機，善於應用。

(五)用觀察的方法

通常提出讓兒童觀察的事物，必須是與新教材有關的實物、標本、模型、掛圖、圖表、自然現象、幻燈片及影片等，先介紹觀察重點及方法。觀察後由學生報告其觀察所得結果，或教師發問有關的問題，以引起學習的動機。

綜觀以上之敘述，教師應有的警覺，即動機的引起要自然、生動，能集中學生注意力及強烈的好奇心與興趣，而其內容務必與單元教材密切相關，並與教學目標相互配合，以不超過三至四分鐘最為理想，避免冗長而失去動機的積極意義。

叁、作業指導的技術

　　任何一種學習（無論認知、技能、情意），都期望學習者達到精熟程度。為使學習精熟，則除了課堂上教師的教學與學生的學習之外，還有賴於作業的配合，以加深對學習內容的印象及熟練程度。所以，在教學經營活動中，作業指導是很重要的工作。可是教師對於作業的設計和指導的費心及努力程度，並不如其他教學活動；學生對於教師所指定的作業，亦傾向於勉強接受的態度。以致造成家庭、學生、教師三方面，對學生的作業進行或處理（家庭督促、學生做、教師評量）都感到困擾。個中原因推測之，或為大家對作業缺乏正確的認識，或作業只是學生的例行工作，呆板不夠生動、刺激，缺乏挑戰性，自然做作業的興趣低落，效果難達理想。因此，要想教學經營成功，必須重視作業的指導。茲於此特別討論作業的基本概念、作業的設計指導和評閱的技術，以為教學者之參考。

一、作業的基本概念

　　作業是教學活動的重要部分，它有助於學生的學習及教師教學效果的提高，教師應對它有所認識，方能妥善指導與處理，關於作業的基本概念，擬從意義、特性、種類及功用等方面，於後文逐項的進行探討：

　　㈠作業的意義

　　所謂作業，是指學生在學校或家中所作的各種課業（註31），也就是教師要學生學習的工作。教師為了達到教學目的，無

論在課前、課後或課內、課外，所要學生從事的工作和課業，都是作業（註 32），並非只是做課文後面所附的練習題或演算習題。雖然在國民小學課程標準（六十四年公布）有作業時間分配，除各科教學時間內實施外，中高年級每週分排一二○分鐘，由教師指導兒童自習，完成課內作業。作業方式除書寫、閱讀、練習、計算等工作外，尚有製作、繪圖、設計、調查、飼養、栽培等活動。教師可依學科性質及學生程度而設計，作業的分量配合學生的自習時間，作業的難易力求適合學生的能力，在課內或另行規定的作業指導時間內，指導學生完成作業。這種所指的作業指導有嫌狹隘。為滿足學生的求知慾及對教材的精熟，應採前述廣義甚至富創造性的作業意義予以指導為理想。

㈡作業的特性

　　作業為能切實達成教學目標，突破傳統作業的窠臼，並且要免除學生機械式抄寫的乏味，作業應該具有下列幾項特性：（註 33）

1. **課程性**：作業是教師要學生針對教材所進行的學習工作，所以是課程的一部分，經由作業，才能完成課程的使命。
2. **完整性**：作業包括各種學習，與原來的課程密切配合，可彌補各學科之不足。它可有外表的肢體反應，亦有內在心靈的活動。從作業中可學到知識、能力、態度、理想與欣賞等完整的學習。
3. **貫徹性**：作業從學習開始前的預習起，連貫到學習中、學習後的各項繼續活動，所以說作業應為學習始終的貫徹。
4. **挑戰性**：作業所提供的線索，由已知到未知，由單樣演變

　　為多樣，對學生學習的興趣與能力，具有挑戰性和激勵性，學生因好奇而樂於從事，則學習活動變得更生動有趣。

5.活動性：作業的整個過程，都是學生自己實際的參與，促進學生學習的責任和興趣。

6.啟發性：學生在進行作業時，需要思考、想像，且要主動搜集資料及探討，可啟發學生的智慧、能力及興趣，故謂它具有啟發性。

7.適應性：作業的方式可個別或團體。若是創造思考的作業，其答案頗為分歧，且視個人或團體成員的程度，而有不同的表現，所以能適應個別差異，也可發展群性。

8.評量性：學生完成的作業，務必評量，以期了解學生學習的效果，所以，對學生的作業要批個成績或等第，是一種形成性的評量，了解學習的理想與否。

9.診斷性：從作業的評量性所得結果，可診斷學生學習的困難，以作為補救教學的依據。

㈢作業的種類

　　作業既是教師對學生指定的工作，從作業的意義和特性，可知作業項目繁多。例如從事預習（新教材）、複習（舊教材）或練習（剛學的教材）等活動，可以參觀、訪問、實驗、觀察、製作、閱讀……等方式進行。為便於了解，試作以下的分類：（註34）

　　1.依作業的性質分：

　　　⑴一般作業：指教師配合教材，於課堂上或實驗室中所指定的作業屬之。

⑵特殊作業：教師為達成某一特殊學習的目的，而為學生
設計的工作。如採集、調查、訪問、參觀、閱讀……等
活動，及活動之後所撰寫的報告屬之。

2.依作業的時間分：

⑴平時作業：配合科目進度，教師指定具參考性之書籍，
於平時參考閱讀，並撰寫報告，限期繳閱。或以專題性
質，由學生個別或分組認定一主題，蒐集資料，撰寫研
究報告，作為平時考查的依據。

⑵課中作業：指學生作業時間即上課時間，如數學科的試
算題目，自然科學的實驗、觀察，美勞科的繪圖或製作
及工具操作，都應指導學生於課內完成。

⑶課後作業：係指教師為了培養學生自學的能力及彌補正
課時間的不足，於一節課或一個單元結束後所指定的工
作，工作地點一般以家庭為主，工作內容可包括：

①複習：教師指導學生對於所教過的教材，提示重點重
新複習，以加深印象。其範圍可擴及前面所學的，並
注意科際知識的整合或類化。學校中的段考或學期末
的考試前，這種複習活動尤為熱烈。不過教師在下節
課開始之前，需作複習考查，以口頭回答或小測驗，
以激勵學習並了解學生之勤惰與精熟度。

②預習：在一個單元教學全部結束後，教師指示學生預
習下一個新單元，並指定適當的分量、明確的範圍及
方法，以利學生預習之進行。

③練習：無論認知、技能或情意態度之學習，均應有練
習的機會方能熟練。例如文科之閱讀、數理之解題、

文字之書寫、語言之表達、意見之溝通……等,均應
有練習的機會,可以多樣化的方式練習,增加學習興
趣。

其他如訪問、搜集資料等之活動性作業,亦多於課後進
行,於下次上課時提出報告或討論。

3.依作業的地點分:

⑴校內:係指學生在課內或校內完成教師所指定的作業。

⑵校外:可分家庭作業及特殊地點作業。

　①家庭作業:教師所指定之課後作業如複習、預習和練
　習等工作,學生均應在家庭完成者稱之為家庭作業。

　②特殊地點作業:此所指之特殊地點為學校與家庭之外
　的作業地點。例如社會科的祠廟探討、耆老訪問,自
　然科動、植物標本的採集、參觀動物園,美勞科的藝
　術欣賞、書展,體育科之游泳練習……等,都是在教
　室外的特殊地方進行和完成的作業,稱之為特殊地點
　作業。

4.依教具的種類分: (註35)

⑴抄寫作業:如筆記、抄書、寫生字生詞、記錄、課文後
的習題。

⑵閱讀作業:預習、複習、閱覽、背誦。

⑶練習作業:語文習作、數學演算、體育操練、音樂彈奏
練唱。

⑷製作的作業:圖表繪製、工藝製作、家事製作、模型製
作、教具製作。

⑸設計作業:圖表設計、工藝設計、美術圖等設計、調查

訪問問卷設計、演劇角色扮演設計。

(6)活動作業：討論、調查、參觀、表演、蒐集、報告、觀察。

(7)研究作業：科展、劇展、教具展，爲師生共同研究與創作。

(四)作業的功用

　　從以上之敍述，就作業的意義、特性及作業的樣式，更可肯定作業的價值及作業對學生學習上所具的功能，以下提出數點說明作業的功用：

　　1.增進學生自學的能力

　　一般而言，教師所指定要學生完成的作業，必定提示學生作作業的要領，不論在校內或校外，均需由學生自己完成。或以小組方式進行，如考察、採集、訪問、書寫、閱讀，學生都要自己構思、計畫，然後實地工作，爲達其效果，旁人無法越組代庖，教師只須從旁指導，工作的完成都要由學生自己來，因此而增進自學能力。

　　2.提供熟悉教材的機會

　　作業種類中談及複習，可溫故知新，加深印象及加強記憶，由於對教材的深入分析，對內容有一番新的體認和理解。若說預習，則能把握新教材的重點，並和舊經驗連貫，而使新教材建立在舊經驗的基礎上，類化新經驗或知識，甚可使知識更系統化。加上有練習的機會，使所要學習的東西更爲熟練，因此，作業有提供熟悉教材的機會。

　　3.了解學生學習的精熟程度

　　教師在檢視學生所完成作業中，可了解學生學習的程度，並可發現學生在學習上所遭遇的困難，是多數抑或少部分。教師則可進一步設法協助克服學習上的困難，使他們學得理想，以達到精熟。'

　　4.認識學生的個別差異

　　學生個性之不同有如顏面，就是同卵雙胞胎，仍然會有差異。當然，班級中數十個學生，個別差異性當更明顯，譬如一般能力、特殊能力、性向、興趣……等，教師可以在各種變化的作業方式中發現學生這些差異，因勢利導，給予鼓勵，導引其向正確的適性發展，減少學習過程中徘徊而浪費時間與精力。

　　5.充實教學內容

　　教科書中的教材內容，畢竟是有限的，從作業活動中，可學到書本以外的、豐碩的生活經驗，而且改進了教學方法和方式。例如補救講述注入的不足和答問間的消極被動，作業可使學生從思考、判斷、設計、理解、探索中獲得經歷、體驗、實施和熟練、應用，使教學內容、方法、歷程與成果因此而充實。

　　6.激發學生學習興趣

　　學生的興趣會因其好奇而顯廣泛，然教室中依據教科書為教材來源的教學，其內容不足且單調。若以變化又生動的作業配合教材的需要及學生的能力，滿足學生的好奇心，便可提昇學習的興趣。

二、作業指導技術

　　要使作業能協助教師的教學及激發學生的學習，指導作業應講求技術，配合教材性質、學生能力、興趣及需要。以下歸納數

點作業指導的技術，以為教學者參考。

(一)依據作業設計原則精心設計

在每一單元活動設計時，即應顧及教學活動的連貫與完整，從課前的學習工作開始，到課後學習完成的許多學習活動，都是作業的設計。如果沒有作業設計，整個單元教學，將會失去重心而形成內容貧乏。作業設計得生動有變化，則教學設計自然精緻，教學活動亦生動而易於成功。作業設計因學科、單元教學性質、學生以及情境的不同，有的偏於閱讀習作的作業，有的則以參觀討論等活動為宜，但重要的是教師的精心構思和靈活運用。在進行作業時應遵行設計原則，即要符合作業的特性，要能達成教學目標，要顧及學生的時間，能適應學生的差異，要富變化及生動性，是師生共同設計的。由教師把握作業的價值、分量和內容，學生則提出自己的興趣及需要，如此方能成為一理想作業。

(二)把握作業設計的過程

即首應分析教材，以了解教材的目標、重點、內容及難易程度；次為搜集資料，以便選取應用。作業項目的擬定，應從教材的分析所得資訊以擬定適合學生程度的作業項目。當作業進行時，也應隨之評估其效果，是否可達成目標。

(三)明示作業範圍及方法

對學生而言，有具體的作業範圍及作業方法，並提示參考資料及可應用的工具書，則學生進行作業順利而有成就感，進而完成學習目標。

三、作業評閱技術

學生作作業，是學習活動的重要項目，其意義與價值已如前

述，然學生所完成的作業，教師應給予評閱，或共同檢討改進，以了解學生的學習，改正學生學習上的錯誤，改進教師的教學，診斷學生學習的困難，督促學生努力，養成良好習慣及培養鑑賞能力。有鑑於此，作業評閱亦應講求技術，優良的作業評閱技術對學生學習具有正面的、積極的影響，反之將減低學生作作業的努力及學習的興趣，因而務必具原則的慎重行之，如：

　㈠按時評閱：目的在使學生重視作業，及努力作業的態度。

　㈡切實評閱：使學生眞正了解自己的作業的優缺點，而有鼓勵及警惕性。家長亦可知悉教師的負責與熱忱，切忌只是打「✓」或批「閱」字。

　㈢簡明公正：評閱作業要公正無私，確實根據作業給以簡明扼要的及積極性的評語，使學生易於了解，並得到鼓勵而更努力。

　㈣慎選評閱的方法：宜就科目的性質及作業的內容、形式、年齡的大小，分別採用適當的評閱方法，以發揮評閱的效能，也收學習的效果。

　㈤評閱作業要註明成績或等第：使學生了解自己努力的程度及所獲的回饋，以爲下次努力的刺激。

肆、教學評量的實施

　　學校的一切教學活動以增進學習效果，達成教學目標爲依歸。而教學目標是否達成，則有賴教學評量提供正確的訊息。根據葛雷斯（Glass, 1962）的基本教學模式（見圖4-7），明確的指出數學評量是整個教學過程中的持續行爲，而非教學結束後的終

極產物（註36）。也就是說其實施時間，可以是教學開始前、教學進行中或教學結束後。教學評量的目的即因實施時間先後而有所不同。

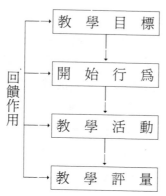

圖4-7　教學評量在教學模式中的地位

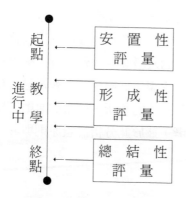

圖4-8　教學評量與教學歷程的關係

　　從圖 4-8 可見，教學開始前對學生之起點行爲進行的評量，稱「安置性評量」或前測，目的在於確定學生的先修知識或預備度，以爲教學設計的參考。在教學過程中，對學習行爲進行觀察、紀錄或舉行小測驗者，是爲「形成性評量」，目的在於瞭解學生的學習情形或精熟程度，以爲實施補救教學的依據。在教學結束後，對學習結束進行定期的測驗，是爲「總結性評量」，目的在於考查教師的教學成果和學生學習成就，評估教學目標達成的程度，以爲評定學生成績等級的依據。

　　如何實施教學評量，在大班級教學的現況下，學生的多質性及教師工作的繁重壓力（事務性、生活管教），在教學過程中要操很多心，實難有充分的時間和注意力放在評量過程中，因此，儘管學者專家一再呼籲，教學評量仍舊普遍是產物導向，而非過程導向。評量的焦點仍集中在記憶零碎知識，簡單的應用層次，至於分析、綜合、評鑑能力則無暇顧及，而教學的改變也只有在如何使學生記得多、背得熟，學生無法突破課程的發展，把評量的結果視爲教師效能指標，及學生的學習成就指標，教師與學生都斤斤計較於評量結果所顯示的分數，失去教的意義和學的樂趣。因此，要有理想的班級教學經營，肯定教學的效果，對於教學各階段的評量不容忽視。爲培養德、智、體、羣、美五育均衡發展的學生素質，教學法的革新、評量的原則與技術的改進，是今日教師所應掌握者，茲於此分析評量原則與評量實施技術，以爲施教參考。

一、評量原則

　　㈠評量要配合教學目標，兼顧主學習、副學習與輔導學習，並

重認知、技能與情意等方面的目標，無論其難易或內容廣狹，評量時要顧及每一個目標。以目標導引評量的方向，隨時或定期予以評量，了解學習進步情形，以求達成理想。

㈡評量是教學過程的一部分，但要涵蓋在全部的教學歷程中。因此教學前、教學中和教學後的評量均具有重要性。如對每一個單元的學習，系統的加以評量，詳實的紀錄，將對教學提供豐富的回饋與修正的機會，使教學活動更具效果。

㈢評量要採多種方法，為配合各科教學目標的多元性及符合周遍與公平精神，評量方法應多變化。如教師自編測驗、觀察、軼事記錄、晤談、問卷、作業、日記或學生自我評量、同儕評量、師生會談等方式，均應隨機取用。若為測量態度、技能或作決定等目標，則描述性的資料比量的評量更具意義。

㈣評量應在各種場合中進行，而且不只限於紙筆測驗。其實兒童認知、技能、情意方面的成見，表現在各種情境裡。因此，要隨時隨地利用各種情境實施評量，如在遊戲場評量社會人際，在角色扮演中評量做決定的能力，在生疏的情境中評量應用的能力。

㈤讓兒童參與評量的過程，兒童自己也是評量的一分子，即自我評量者。為使其具生涯學習的能力，因此，要有機會在學習過程中實際參與評量自己的進步情形。例如填寫檢核表，紀錄自己的進步情況，評估全班的活動，參與小團體中之同儕討論的活動都是必要的。不能只是賴別人看他學習，兒童應自己認識、調整自己的學習。

㈥評量重點在促進個人成長，一般對兒童的評量結果常被用在

與他人的比較，而易造成優者自優，劣者自劣，影響個人人格的健全發展。為促進個人的最高發展，評量的焦點應集中於個人的進步上。所以，評量時應考慮將個人的優缺點、興趣和學習步調等。

㈦評量結果加以應用，以促進兒童的學習。傳統教學重視總結性評量，決定學生學習等第，忽視形成性評量，以致評量結果對日常教學沒有積極的影響。兒童若在支持的、不威脅的氣氛上得知評量的結果是進步或未臻理想，則其學習動機被增強。父母和學校若能互通兒童的學習情形，可以共同協助兒童學習與成長。累積評量資料，可幫助新老師加速了解兒童，而安排適宜的教學活動，所以，評量結果要活用，並非堆積閒置了事。

二、評量的實施

本章重點在探討教學經營，因此，討論評量的實施着重在檢討改進教學與協助兒童的學習方面。評量必須把握五項基本原理：1.決策原理，2.回饋原理，3.完整原理，4.合作原理，5.研究發展原理；以配合完整理想的七項評量特性：1.個別性，2.符合性，3.連續性，4.正確性，5.民主性，6.科學性，7.描述性（註37）。在繁複的評量歷程中，為達客觀合理，教師若能透過慧心和巧思，設計靈活有趣、公平公正而能因時因地制宜的多樣性評量工具，避免學生為考試而生，為分數而活的焦慮和緊張，才能發掘真象，掌握實情，發揮評量的具體功效。茲於此探討班級教學經營，如何實施形成性評量及總結性評量。

㈠形成性評量的實施

1.目的：正確而訊速的提供學生有關其學習進展的回饋，作爲補救學習困難之用。所得成績除作爲等級評量之用外，還可以檢視學生的學習進展並指引後續的學習。

2.實施技術：

⑴分析單元目標爲具體行爲的分類細目，以爲觀察和編製小測驗的依據，試分析數學單元——面積的計算爲例：

△單元目標：了解計算正方形及長方形面積的公式意義

△分類細目：

○知識方面：記住求正方形及長方形面積的公式——寫出

○技能方面：會應用正方形及長方形面積的公式——計算

○情意方面：認眞學習的態度——觀察

教師於教學後，再依據分類細目應用測驗方式了解，或應用觀察方法評量學習情形。

⑵編製形成性測驗試題：

①良好的形成性測驗的特徵：（註38）

ㄅ.試題明白易懂：爲提供全體學生學習進步的訊息，使學生知道問題是什麼。了解測驗中所用的字詞，於施測過程中獲得回饋的益處。

ㄆ.有明確易懂的作答說明：內容可包括如何作答、計分方式、限答時間及測驗的目的。

ㄇ.施測時只需少量的課堂時間：最好利用半堂課時間測驗，另半堂課可讓學生交互核對答案，學生可立即得到回饋。因此，試題類型儘量利用客觀性者，如選擇題、配合題，而不用申論題。

ㄈ. 要有螺旋式的試題：此類試題是以先前單元的教材為依據，目的在增強和保留先前的學習，另方面則促進概念及原則的遷移。

ㄅ. 試題須密切配合細目內容編製，使學習目標和教學過程一致，藉以檢視學生學習的進步情形。

②形成性評量試題的類型：（註39）

形成性測驗的試題有各種不同的類型，每一種類型的適用性須視所要測驗的內容和行為而定。後文介紹常用於形成性測驗之類型及編製時之注意事項。

ㄅ. 是非題：由簡單的敘述句構成，要求學生判斷一個陳述句是對還是錯。其填答、計分簡單，用途有限，只能測驗低層次的認知技巧，有頗大的猜測率（約55%）。

※注意事項：

△試題只包含單一的重要概念，敘述精確，避免模稜兩可。

△避免用否定陳述。

△避免雙重判斷，是非難辨的陳述。

△避免使用「特加限定詞」，如「通常」、「很少」、「總是」，會引導概念了解不充分的學生作「對」的選擇。

△避免讓正確答案排成固定式樣。例如「是、非、是、非……」

ㄆ. 配合題：由一列前提題幹和一列相應的答案組成的。題幹和答案需「對號入座」，但應具變化的

形式，即一個答案可能使用一次或多次，或者根本不用者。其填答、計分容易，適用於具體的情況，如名詞或事實。

※注意事項：

△題幹和選項應屬同質性教材。

△題幹簡短，選項亦應簡要。

△選項數目應該比題幹數目多些或少些。

△作答說明應指出配合填答的基礎，及每個選答項可選答的次數。

△對每一題幹來說，每一選項都似乎是可用的。

ㄇ. 填充題：試題主幹是不完整的敘述句，由學生填答適當的字、數字或符號。此類試題填答容易，可測量較高層次的認知技能。記分較困難，因有不只一個答案或有同義字出現。

※注意事項：

△每個問題應該只有單一而簡潔的答案。

△要學生填寫的答案應該是題目的主要部分。

△各試題填寫的答案應置於題目尾端。

△題目不應留過多填空空白。

ㄈ. 選擇題：由呈現問題情境的題幹和數個選答組成。題幹為一完整敘述句，選答項包括一個正確答案和數個似是而非的誘答選項，此類試題可同時測試數個概念，因作答時要同時判斷正確的及不正確的選項，可測驗出較高層次的認知技能（遷移、應用），計分容易，為標準化測驗所多採用

的試題型式。

※注意事項：

　　△題幹應有系統地陳述單一而明確的問題。

　　△題幹應是一個完整的敘述句。

　　△題幹應用「肯定敘述」的方式，若以否定敘述時，則畫線以凸顯否定的字眼。

　　△答項的方法和形式應和題幹一致。

　　△用詞避免產生暗示作用。

　　△不正確的選項應該似是而非，而且有誘答的作用。

　　△少用「以上皆對」、「以上皆非」作選答項。

　　△正確答案安排，應採隨機的方式。

　　△每一試題都應獨立，不讓學生可從其他題目的題幹中找到正確的答案。

ㄅ. 簡答題：類似填充題，是由否定式語句陳述，可測知較高層次的認知技能，可使學生回想正確的答案。

※注意事項：

　　△題目敘述明確，回答簡要。

　　△題目要能喚起學生回想知識或計算題。

　　△答題不佔用很多時間。

ㄆ. 申論題：要求學生針對問題書寫自己的看法的題型。最好以自由表達的申論，可以誘發創造思考及統整表達的能力。不過作答費時、主觀，能測量到的知識範圍有限。評分標準不易客觀，容易

受學生表達能力的影響。

※注意事項：

　△應設有具體標準，使評分客觀。

　△應有充分思考的空間，表達各方意見。

　△標明作答時限，應有足夠時間作答。

(3)觀察與記錄：學生的學習，認知部分可以答問間及小測
　驗或作業的型態予以評量，並以多次的評量不斷的考核
　學習，因而需有記錄以作為總結性評量成績的部分。其
　他如情意的評量，則強調平時的觀察並確實記錄，茲於
　此介紹下列形成性評量記錄參考用表（註40），見表
　4-2、4-3、4-4、4-5。

①紀錄磁鐵板，掛於普通教室或專科教室黑板右側牆上
　，依照學生座號或分組號碼，使用磁鐵塊或彩色粉筆
　做記號。

表 4-2　普通教室用評量紀錄表

1	2	3	4	5	6	7	8	9	10	11	12	13	14	15	16	17	18	19	20	21	22	23	24	25
26	27	28	29	30	31	32	33	34	35	36	37	38	39	40	41	42	43	44	45	46	47	48	49	50

表 4 - 3　專科教室用評量紀錄表

二	1	2	3	4	5	6	7		一	1	2	3	4	5	6	7

四	1	2	3	4	5	6	7		三	1	2	3	4	5	6	7

六	1	2	3	4	5	6	7		五	1	2	3	4	5	6	7

使用說明：教室活動中，教師進行形成性評量時，予以個別或集體紀錄。中、高年級可由學生自己操作，可加分可扣分，也可將分數直接記上，用來觀察全班學習情形。教師注意目標的分布情形，以提醒教師的疏忽，並依據紀錄表適時給予同學們鼓勵和讚美，更可依記錄情形發現學生學習過程中的缺失，研究原因，及時補救。

②學科學習形成性評量表，每一學生每學科一張。

表 4 - 4　平時成績考查紀錄表（　　　　）科

（　　）年（　　）班　座號（　　　）姓名（　　　　　　　）

第	一	次	第	二	次	第	三	次
1		21	1		21	1		21

2		22		2		22		
3		23		3		23		
4		24		4		24		
5		25		5		25		
6		26		6		26		
7		27		7		27		
8		28		8		28		
9		29		9		29		
10		30		10		30		
11		31		11		31		
12		32		12		32		
13		33		13		33		
14		34		14		34		
15		35		15		35		
16		36		16		36		
17		37		17		37		
18		38		18		38		
19		39		19		39		
20		40		20		40		
合　計			合　計			合　計		
百分制分　數			百分制分　數			百分制分　數		
教　師簽　章			教　師簽　章			教　師簽　章		

使用說明：每一學生每一科目一張紀錄表，按各學科別集成一本，由任課教師保存，並於需要時由教師或學生紀錄（學生紀錄時於紀錄後收回·低年級由老師代勞）。

　　登記分數係依照教室內的形成性評量紀錄表上轉化而得分數，如數學課某生得三個磁鐵，即在個人的成績紀錄表上第一次第一格裡記上，下次上課則第二格，如有兩節連上，則以一次計算。於第一次總結性評量之前，將各次的形成性評量成績之和填到合計欄，再轉化成百分等級數，以配合總結性評量所得的百分等級數，相互併入，求得平均數爲最終目的。分數高時可直接當成百分等級。也可由任課教師定出基本分的方式，如定爲六十分，若以一得分爲九分，則一百分減六十分得四十分，四十分除以九得四·四倍，再加上基本分，該生可得九九·六分，或給予一百分，依此類推。

　　③五育成績考查紀錄表：配合期末的成績登記。

表 4－5　五育成績考查紀錄表

（　　）年（　　）班　座號（　　）姓名（　　　　　　）

科目＼項目	次別	第一次		第二次		第三次		平均
		平時	總結	平時	總結	平時	總結	
德	生活倫理							
	操行							

智	國　　　語							
	數　　　學							
	社　　　會							
	自　　　然							
體	體育或唱遊							
	健　康　教　育							
群	團　體　活　動							
美	音　　　樂							
	美　　　勞							
	其　　　他							
級　任　簽　章								

使用說明：按學科及次別將表4－4之形成性評量成績的分數記到本
表，將各學科各次總結性評量分數記到各科總結欄中。期末將各科共
六項的分數平均記到平均欄中，最後將平均得分記錄到學籍簿，即完
成作業。

④科別記錄表例：自然科學平時評量紀錄表。

表4－6　　　　　　　國民小學自然科學平時評量記錄表

單元名稱：兩種氣體　　　　　　　　___年___班___組

評量區分＼評量項目＼學生姓名							

教師評量	1.能製造並收集「氧」和「二氧化碳」							
	2.能指出「氧」及「二氧化碳」的特性							
	3.能下「氧」「二氧化碳」的操作型定義							
	4.能積極回答老師所提出的問題							
	5.能提出或繼續探討相關問題							
	等第／得分							
學生記載	1.能幫忙準備實驗用品							
	2.能參與分組實驗和討論							
	3.能遵守秩序							
	4.能收拾實驗用品							

說明：1.登載時以〇、∅、△、⚠、×分別代表優、良、中、可、劣登記。

　　　2.給分由教師依各項平均等第自訂標準。

3.教師評量部分依學生表現擇項記載，但應在一定次數之上。

　　形成性評量的實施，需要隨時隨機觀察記錄，並加單元學習後的小測驗，無數次的總和構成一個階段的成績。因繁瑣且次數多，也就是被忽略的最大因素，不如總結性紙筆測驗之乾淨俐落。在延長十二年國教的教育改革趨勢下，若能加強形成性評量，則有客觀、公正、公平的成績可爲依據。爲了教學的圓滿，教師們應訓練自己的形成性評量技術，客觀、公正、爲人們所信服的評量資料，摒棄特權、人情、利誘，建立評量的公信力。

　(二)總結性評量的實施
　　1.目的：是一種廣泛性的評量，在課程告一段落或學期結束時，用以評量學習結果所達到的程度。並給學生評定成績，報告學校行政人員及家長，或爲學生作證明及評定教學方案的有效程度。
　　2.實施技術：
　　　總結性評量試題類型如形成性評量，一般包括是非、選擇、填充、簡答、申論題等。唯總結性評量所測驗的學習內容較多，而且在數個單元告一段落後，測驗較廣泛的目標，測驗時間較長，通常爲一整節課，由於內容、目標多而廣，因此容易產生弊端，如：（註41）
　　　①教材內容過多，且各單元分量輕重不一，形成題目編製時，削足適履，或內容支離，或前後重複，不能測驗整體觀念。
　　　②強求評分標準的一致，計較分數高低，難用開放的、激

發思考的題目。即使問答題，亦以固定答案爲限，不能讓學生發表意見。

③測驗內容易偏向少數單元，不能平均分配於教材各部份，未能與教學目標相呼應。

總結性評量與教學相隔時間較長，非如形成性評量之隨時，因此，在內容繁多的情況下，不容易觀顧四面，而產生弊病，爲求符合課程內涵及科目性質，實施總結性評量應把握下列原則：

ㄅ. 選擇測驗的適當時機，避免學習的過份累積，可於學期中實施若干次（二～三次）。

ㄆ. 測驗題目應當涵蓋各目標領域，以激勵學習的平衡發展。

ㄇ. 測驗題目應着眼於概念的統整與教材內容的複習。

ㄈ. 測驗題目多樣化，活用教材，選用適合的題目型式，透過測驗，使學習更生動、更活潑，不局限於是非、選擇、問答、填充的型式。

ㄉ. 留給學童思考及發表的空間，即以開放性、創造思考的題目，讓兒童自由回答，以公說公有理，婆說婆有理的方式，培養發表能力。

ㄊ. 試題應有其效度與信度，肯用功、活讀書、善分析的兒童能得高分，用功僅止於記憶者次高分，不肯用功又不思考者得低分，即難度適中。

ㄋ. 試題編製應集思廣益，不再循舊規，僅由一人秘密出題，應公開討論以定取捨，才不致產生偏頗。

題例：社會科（註 42）

　想一想，三民主義在臺灣實施的成就，分別在屬於民族主義者填上「1」，屬於民權主義者填上「2」，屬於民生主義者填上「3」，與各主義都有關者填上「4」。每格二分。

	社會民主開放，人人有公平競爭的機會。		重視國民受教育的權利，延長國民教育年限。
	由民生必需品工業而石化工業，重工業發展，充裕人民生活。		照顧少數民族，推行各項山胞福利，教育政策。
	選舉產生民意代表，人人可依法參選及投票。		達到均富目標，臺灣經驗備受國際重視。
	四十年勵精圖治，獲致中國人有史以來最安定富庶的生活。		尊重個人自由，強調法律之前人人平等。
	實行三七五減租，耕者有其田，公地放領，促使農村復興。		增強國力，壯大國防，足以消滅邪惡的共產主義。

伍、媒體的應用

　成功的教學與學習活動，都需要利用適當的媒體予以輔助達成。因教學上應用媒體，可使學習者得到正確的觀念與印象，可以節省教師繁瑣的說明，它提供最真實的教材，可引起學習的動機，增加學習的興趣，可生動教學方法，可變化教材，有活動的教學環境，增進學習效果，更可培養學習者的能力，使教育與社會生活及大自然不致脫節。

　　人類統御著宇宙中的時、空、物、事，爲宇宙的主宰。時空無界限，物事無窮盡。在生活中，可取之爲教學資源的範圍極爲廣泛，耳目所觸，身手所及，思想所至者均爲教學資源，在於施教者取精用宏。然因教學對象、選材、時間、地點之差異，使用教學資源亦有別，每位教師都應重視，在教學活動中充分配合應用，以發揮其最大的效用，使教學獲至良好效果。後文即分析媒體應用的價值、選擇、準備、應用原則、應用技術等項。

一、媒體應用的價值

　　㈠提高學生學習的興趣。

　　㈡誘導學生作自動自發的學習。

　　㈢幫助學生容易了解教材的內容。

　　㈣加深學生學習的印象，增強記憶。

　　㈤補充學生具體的經驗，幫助獲得正確的觀念。

　　㈥促使學生發掘問題，研究問題，並獲得解決問題的能力。

　　㈦節省教學時間。

　　爲達媒體之促進教學，教師應善於選擇、準備及運用媒體的能力，茲於下面就媒體選擇、媒體準備及媒體運用分項說明之：

二、媒體的選擇

　　根據學習目標或主題內容的需求，以教學資源的特性，作爲媒體選擇依據，則應考慮下列問題：（註 43）

　　㈠教材使用的時機：有些適合團體教學（投影片、錄影帶……），有的較適合自調式學習，有的則配合團體或個別使用的

時機設計。

㈡配合教學內容選擇作圖形式的處理、攝影或兩者兼顧，以澄清及簡化複雜概念。

㈢動態畫面或靜態畫面的考慮：動態者為「瞬間性」，學習者要即時掌握其訊息傳達的意念。靜態者則為「持續性」，容許學習者以較長的間研究訊息，選擇時應特別注意，如影帶和幻燈片。

㈣視教材選擇錄音資料配合，以引導注意力，解說細節，提出問題，提供答案。

三、媒體的準備

㈠查看學校設備中心已有的媒體，物盡其用。

㈡向有關學校、機構借用、拷貝或購置，以彌補現有的不足，如向國立教育資料館、師大視聽教育館洽借。

㈢向民間傳播公司購置：如光啟社、中視、台視、華視等三家電視台之文教節目或公共電視節目，均可洽請轉錄購得，國外亦有公司，如英國ＢＢＣ、日本ＮＨＫ、美國狄斯奈教育媒體公司等，均有出售服務。

㈣轉錄或剪輯現有教學節目。

㈤自行製作：此種較能確實配合教師的教學需要，可獨做、師生合作、跨校合作，或由教育當局規畫，委託機構設置。

四、媒體運用原則

㈠能達成教學目標者

每一種教學，都有其預期目標，教學時為能達成目標，選擇

適當的媒體以為輔助。例如談及我們的食物，可取用生鮮食品或加工食品，也可一併進行比較，而得深刻印象。

　　㈡配合學生學習能力、興趣及需要者

　　有的教學資源，雖然效果很好，但若超出學生學習能力，以致在教學活動中不能發揮效用，這種資源就未便予以利用。例如，邀請研究專精的學者對兒童演講，儘管內容新穎，但兒童能力未及，也非其所需要，必然興趣索然。

　　㈢能幫助學生思考或啟發其思想者

　　教學的目的就是要啟發兒童思想，改變其行為，因此教學資源的選擇，應以具有啟發性者為佳。例如鄉土教材，可走訪當地居民或年長者，此時必定要思考一些問題，以為應對，所以就激發了學生的思考能力及思想活動。

　　㈣適合學生操作能力者

　　有些教學資源雖佳，但超出兒童操作能力，亦不能選取。

　　㈤比較各種教學資源，取其最有效者

　　同樣可供完成某一教學目標的教學資源，其效果有高下之別，在教學時，當然選取其效果大者，如靜觀水果圖片不如取水果實物。

　　㈥配合學校本身的設備條件

　　選取教學資源，也要配合學校本身的物質設備條件，如錄影帶、卡通片，雖符合做為教學內容的輔助資源，但學校缺乏適當的電源或放影機的設備，就難以利用。

　　㈦選擇具有真實感者

　　兒童的生活經驗欠豐，理解力亦較薄弱，一般教學資源的選用應以較具有真實感者為要。如標本不如實物，模型不如標本，

照片不如模型，圖片不如照片。如有特殊設計運用，則另當別論。例如欲明瞭大高雄港的全貌，經半天或一天經歷遊程，不如觀察一座港區模型之一目瞭然。

　　㈧配合適當的方法

　　每一種資源其使用方法有別，必須在時間、經費、人力都經濟而能達教學效果的原則下選擇。

五、教學媒體應用技術

　　班級教學因科目內容的不同，媒體的應用必有其差異性。譬如社會學習從觀察、表演、展覽……等活動及自然的實驗、觀測、解剖都需借助媒體，為使其能順利幫助教學，必須：

　　㈠教學前先行檢查、預看。

　　㈡預先演練一遍，以確定媒體能配合教學單元所需。

　　㈢檢查放映場所的設備，以配合順利使用。

　　㈣先行布置教室，或先行放映一段與主題有關之音樂或圖片，以引起動機。

　　㈤可讓學生協助裝置。

　　㈥媒體放映過程可停片刻以為共同討論。

　　㈦不移動媒體及注意放置位置，以便大家都看得見。

　　㈧綜合應用視、聽或多媒體的技術，或配合電腦之程式控制靜態、動態畫面之交叉運用，使學習者更具臨場感。

　　㈨注意養成學生仔細觀察的習慣。

　　㈩運用媒體要適當指導觀察重點，並於用後討論及檢討。（註44）

第四節　班級教學經營策略

　　教與學是班級經營的主要活動，要使其有理想效果，即學習目標的達成，在於妥善掌握影響班級教學的動、靜態因素，而其主舵者爲教師。因此，談班級教學經營的策略，即指教師如何控制動態因素——教學者與學習者，於教學過程中適當調整靜態因素——環境、目標、教材和方法，使學生有強烈的學習動機、有濃厚的學習興趣及快樂的學習氣氛，以獲得滿意的學習效果，茲於後文以數種角度探討班級教學經營的策略。

壹、掌握教學時間的效用

　　要使教學成爲可能，時間是很重要的條件，人人擁有公平的秒、分、時與日。目前我國的學校教育型態，國民小學的任何一個班級，每一節課都同樣是四十分鐘，而多數時間從事正式的課程學習，不論學生的興趣及特性如何，一律由教師策畫，進行團體的教學，只有少數的時間爲了學生的需要及興趣，作爲課外活動。一般較重視課程教學時間，而課外活動時間往往只是點綴。教室裡成爲教與學的可能時間，依據 Michael　Lillibridge 與 Gary Klukken 所提供於「教效訓練」班者，有三種可資利用的不同時間：㈠擴散時間（Diffused　Time）；㈡個人時間（lndividual Time）；㈢最佳時間（optimum Time）（註 45）。試應用於我們的教室，茲說明於後：

一、擴散時間的問題

兒童是好動的，何況四、五十人擠在狹小的教室空間裡，要每個學生自始至終都無聲無息、靜止不動是不可能。教師和學生都會各自用五官去接收來自環境的各種刺激，而且不斷的調節與處理。這些外來刺激有屬氣味者——來自人體或物品的味道；有屬視象者——窗外通過的人、教室的陳設布置、師生的動作；有屬聲響者——桌椅挪動、教師的語言、學生的竊語、物品碰撞、掉落或生理的哈欠、噴嚏、嘆氣等；有屬觸感者——坐硬板凳、書籍簿本及學用品的使用、緊繃的肌肉……等。學生隨着本身的成長，知道對外來刺激加以篩選去注意它或予以忽視。但無論注意或忽視都得消耗精力。所謂集中注意，就是運用精力去抑制對一切外來刺激的知覺。這種抑制力，即使正常的成年人，每次也難能保持超過二十分鐘，兒童的注意力的限距當更短暫。因此，當學生抑制知覺的精力，即注意力，到達極限時，會有急躁與緊張的情緒，因而引起騷動與不安，排斥外來刺激，擺脫「擴散時間」。這時警告老師應修正目標，變換教學方法或暫停，以緩衝減少感覺輸入量。

二、個人時間的需求

學生接受學習的壓力太過度，或為了應付無數刺激而抑制知覺所耗的精力超過限量時，便欲求逃避這種環境，而進入另一個需要較少精力、較少應付、較少牽涉的環境，暫避刺激而孤獨片刻。如果「個人時間」的需求受挫，便易暴躁、憤怒、神經質、動輒光火而不易與人相處，或者以其他手段獲得「個人時間」，

譬如在座位上做白日夢、幻想等，情形嚴重者則擾亂秩序，而被遣出教室，或送輔導室。當個體疲累時，需要個人獨處的時間靜息，以恢復精力。由於每個人個性不同，對「個人時間」的需求亦有所不同，不過大多僅需數分鐘的短暫時間，脫離學習環境，便得以鬆釋「擴散時間」的張力。例如教師暫停授課，讓小朋友休憩片刻，或給予學生數分鐘自由時間，以調整學習的心境。因此教師的教學，對於時間應用並非每個分秒都要操在自己手裡，不妨依據需要提供適當的獨處時間，有助於教學的推進。

三、最佳時間的應用

指小團體時間，即個人與個人交接時刻，因為人人都有內在交通的強烈需要。一般以二至三人為一組是理想的組合，這說明人們最需要、最具意義的人物是教師。在教學進行中，如果學生與教師接觸的需要得不到滿足，便要製造一種情勢，使「一對一」的關係得以出現。譬如許多學生的不良行為，即在於想要與教師接觸的「偽裝的意圖」，此點教師應有認識。至於學生彼此間也需要「一對一」的關係。因此，如果教室環境不容許此項需要得到「合法的」滿足，將導致學生尋求「不合法的」手段以圖滿足。對教學而言，教學若能適時改變方法，提供學生最佳時間，師生間可建立良好關係。事實上，大班級教室四、五十個學生，教師實無法在一天中和每個學生「一對一」的接觸。幸而也只有少數需要，同時，所需接觸時間長短並不相同，而且大多數學生只要知道自己將有機會與教師「一對一」相處，都能等待滿足需要的時間的到來。

就以上的分析，教室內時間的有效利用，重要的是教師不能獨自把持學生的所有學習時間。教師需掌握教學的各種影響因素，更要於活動進行時，隨時考慮學生的需要，利用環境的調整以滿足學生「最佳時間」的需要。也藉此以改善學生適應「擴散時間」的機能，必要時給予短暫的「個人時間」需要，則教室在時間的運用上靈活而有彈性，學習效果當然易達理想。

貳、掌握教學空間的功能

我們的教學向來都侷限於班級教室或部分的專科教室，師生只能憑著有限的資料與經驗，進行教與學的活動。在民智未開之際，學校教育為學生獲得知識的最有利途徑。然而邁向二十一世紀，時代畢竟不同，有知識大爆炸之稱的現時代，兒童認知的刺激已成為多元化，非僅學校裡的教師能為。人造衛星的發射及大眾傳播媒體的發達，社會圖書文化的普遍，學生知識訊息的獲得廣而快捷，來自四面八方，說明學生的學習環境大大的開放。不過，社會無論如何的進步，科技多麼的發達，學生接受學校教育依序學習，乃是不變的原則。因應社會的遞變，班級教學經營講求教學空間環境的調整運用，是為教學效率的有利途徑。茲於此以 Dr. Thomas Gordor 所著「教師效能訓練」中所提創造改變環境（空間利用）的思考途徑作為參考：（註46）

一、富化教學空間

教師進行教學活動，無不期望學生精神抖擻、用心學習，然而難免且頻率頗高的發現學生有厭煩與倦怠之狀，而影響學習效

果。此時教師應做的考慮是學生是否因長期處於不變的環境，覺得沈悶與乏味之故。富化教學空間，使學生有多種多樣的刺激、新奇感與選擇性，減少倦怠及厭煩而振奮學習精神。可增加學生感覺輸入量的構想節要如後：

(一)改變燈光色彩，給予視覺上的新鮮感。

(二)播放音樂，給予心靈的輕快感。

(三)使用視聽器材，增益知覺的效能。

(四)鮮明的色彩裝飾，除新鮮的視覺感外，更能活潑心靈。

(五)展示各種陳列品，藉以充實生活經驗。

(六)角色扮演，學生實體演示，使學習具體化並與實際經驗密切連繫。

(七)設置傀儡舞台，學生可藉耍傀儡戲增加學習生活情趣。

(八)增添新圖書，時有新知介紹，以增廣見識。

(九)設立學習中心，如益智角、創作角，以生動其學習。

(十)邀約外賓演講，使角色新鮮，滿足學生好奇。

二、貧化教學空間

這與前項正是反其道，太過豐富的學習環境，提供過多的刺激，反使學生眼花撩亂，太豐盛的食物兒童却沒有胃口。因此，暫時的除去一些教室裡的物件，貧化教學環境，學生反而覺得驚奇而引起注意，可參考的構想如：

(一)減弱教學光線，讓視覺有驚異感而提高注意力。

(二)收藏一些當前用不到的教室布置器材以引驚訝。

(三)限制使用教室裡的某些物品，如圖書……等，以覺奇怪，而欲閱讀。

㈣少置一至二張椅子（暫置於教師身旁），使愛移動位置的學生提高警覺，注意聽課。

㈤師生脫鞋進教室，有助於注意力的集中。

三、限制活動空間

學生接受學習指導，常受學校本身條件的影響，通常都要求學生在一定的時間、固定的場所，進行規定的事。例如在教室上課四十分鐘，注意力極限不超過二十分鐘的學生，在固守規則的團體中，欲求解脫而有妨碍教學的行動，因此也影響其他學生的學習。若以限制活動空間，或可有助於教學的進行，而有理想的效果。下面之構想試參考之：

㈠**指定活動的專用區域**：如闢專科教室，或在教室中劃分不同的活動範圍，如閱讀在教室後門對邊，娛樂區（以靜態者）在中間，益智區在前門入口等，避免彼此干擾。我們的教室裡學生人數過多或較困難，不過用心設定，使學生有選擇的機會，應可促發其學習。

㈡**設備制定使用限制與方法**：教室中陳列的用品，若爲學生過份的自由使用，將養成學生隨便的習慣，且形成凌亂的局面，若有所約束則可使學生得到正面的學習，空間也得以適當的利用。

四、擴大空間的利用

學習的不盡理想，會因爲厭膩教室的限制與單調時間過長所致。亦即教室不能讓學生如沐春風或春雨，改變的方式可：

㈠**校外教學**：行萬里路勝讀萬卷書，配合教材內容，利用教室

以外的大自然，不但生動了教學方法，也改變了活動空間，廣增學習內容，提昇學習興趣，多有利於教學。

(二)利用校區內外的其他場地：教學並非一定侷限於教室，只要對教材與教法最有利之場地，均應考慮應用。如圖書館、保健室、活動室、大操場、走廊、草地、公園、機構……等。

(三)合併教室：偶而兩個班級學生合併教室（中間隔板可移動者），雖人數增加，但是彼此有新鮮感，無論對老師或對學生都有助益。不過，空間需要比原教室大，避免擁擠，以提高學習效率。

(四)變化座位：教室裡學生位置排排坐的排列方式，已成為大家對教室的刻板印象，使得學習沒有生動感。若教師能考慮座位的變化，如小組教學，且可時常更換小組學生，這樣可使學生間的交流擴大。最好的教學是個個學生都成為好朋友，同切磋與研究，所謂集思廣益，小學生也是如此。

(五)利用助手或小老師：教師一人面對學習條件不一的學生，很難時刻注意到每位學生。避免更嚴重的個別差距，利用小助手，教師便可有較多時間以不同方式指導不同的學生，以達學習的精熟度。

五、簡化環境

在教學上布置並充實教室環境是必要的，但是過份的複雜，反而造成學生的不適應，或眼花撩亂，或心猿意馬，分心而不能集中注意力學習，尤其教室的設計多為成人而設想。沙泰（Virginia Satir）曾謂：若請大人試著跪下來，以兒童的視界體會學習環境，更能感受學生需要的情境，而做適度的調整，如：

㈠設備及放置材料的高度，應顧及適合學生的高度，使其取用與收拾方便。

㈡資料應張貼於學生易見之處，便於學生閱讀。

㈢公約或規則簡明扼要，易收實踐之效。

㈣所有布置或陳設的物品都應是學生最確切需要的，若有不用者應予收藏。

㈤在布置的各種物品貼上顏色標籤，以便識別，並引起視覺的明顯度。

六、環境的制度化

目前我國教室環境是團體學習的場所，凡團體必須講制度與規則，才不致混亂。尤其小學生處於他律步向自律的階段，特別需要養成其良好的習慣，訂定某些制度，例如借閱圖書、使用公物規則以及對某些問題（遲到、整潔責任區、值日生……）的解決計劃都要事先設定，最後即可建立成制度，對空間的利用頗有助益。

叁、掌握教學成員間的關係

教學是教者與學習者同時進行的兩種行為現象，而其重要者是教師角色扮演對學生學習的影響。一般言之，每位教師進入教室的目的，都希望學生好好的學習，教師只要「教」不必「管」。事實不盡然，在教室裡通常出現兩種不同態度的教師角色，其一為耗費許多時間在管學生的學習動機，且以教師為中心，教科書為主體，知識傳授為唯一目的，講解為唯一策略，而倚重未必

能生效的懲罰方法（恐嚇、羞辱、責罵、體罰），利用教師「權力」鎮壓的手段，趨使學生學習，即使能改變學生一時的學習態度，然學生却長久的抗拒與反叛。其二為教師對學生自由放任，以學生為中心，隨學生意興，毫不予以壓力，只在滿足學生要求，無形中等於允許學生使用「權力」，置教師於窘境。這種寬猛兩極的情勢，不管是放任或嚴格，以學生為中心或以教師為中心，師生都必須付出代價，都不是理想的師生關係，而且影響學生的學習及教師的教學效率。講求教學經營，得研究師生關係與教學，即如何建立良好的師生關係，及師生都有良好的角色扮演。

一、傳統教師角色——理想教師的條件

傳統世俗普遍要求好老師，對「理想教師」的定義，認為應具備下列條件：（註 47）

㈠沈著不激動，經常保持穩定的心情，永遠不失冷靜，不流露強烈的情緒。

㈡不偏倚也無成見，對於學生，不分男女，不論智愚，不問種族，都一視同仁。

㈢能夠也應該對學生掩飾自己真實的感情，不露真面目。

㈣對所有學生接納的程度都一樣，心目中絕無「寵兒」。

㈤提供一種學習環境——引發興趣，令人振奮，既自由又能始終保持安靜與秩序的環境。

㈥最重要的是好老師始終如一，他們不游移、不偏愛、不忘記、不搞錯什麼。

㈦知道所有問題的答案，他們的智慧遠超過所有學生。

㈧相互支持，不管在個人感情、評價、信念各方面，他們都能

對學生表現「統一陣線」。

　　就以上所述的教師實非比尋常，既要豐富的知識、高超的理解力，更要有完美的人格，毫不犯錯，超脫人性的缺點。然而科技發展，人類獲得知識的來源，已非學校的專利。保持嚴肅之教師尊嚴的好老師定義，隨著時代的改變、社會的變遷而做新的詮釋，改嚴肅為較富人情味、較實際、較可行之師生關係。教師不是什麼都知道，教師是學生學習的催化角色，鼓勵學生，啟發學生，及促進學生能力的成長。是以教師本身要具有民主化的性格，不依賴權威，要提供學生良好、安全的環境，以愛心與耐心，引發學生好問、自動化的學習。所以，教師是「教人」比「教書」重要，通才甚於專才。要以發現或建構的知識理念，強調人類能自感覺、推理、經驗的過程中發現真理。知識應經由科學的方法、批判思考、反省等過程所建構。故它不是普遍的真理，而是暫時性的、隨時改變的，會因特定的情境而不同，需要具彈性的課程。因為「如何知道」比「知道什麼」更重要，建構知識的能力比知識本身重要。如此，課程的概念也更為擴大，教學時除了形式的教科書課程內容之外，教師的態度及行為尤其重要。所以，只有在良好的師生關係下，學生才能主動學習。教師角色不必轉換，也不必像個嚴格的教練官，偽裝自己，而可以教師原來面目——人情味、親密性面對學生。

二、良好師生關係與教學

　　良好的師生關係，有利於班級教學的經營，其特色具有下列數項：

㈠坦白或明朗：彼此誠實無欺。

㈡關心：彼此都知道自己受對方所重視。

㈢獨立性：學生不倚賴教師。

㈣個性體：教師允許學生發展其獨特個性與創造力，而非要求
　一致。

㈤彼此適應對方的要求：不以一方的需要之滿足而以另一方需
　要的犧牲爲代價。

　　以上之特性強調師生情感的交互作用，教師一面發揮資源中
心的功能，一方面要給學生溫暖和情緒的寄託。教師提供有想像
力的教材，並創造能助長學習之挑戰性的情境。人性化的教師經
由師生的相互信賴激勵學生，以認同其本身的興趣和信念。講求
新的教學方法，在一系列的教學過程中，以良好的師生關係使兒
童獲得求知能力，發展認知作用，增進批判能力，成爲有彈性、
有適應性、有教養的個人，以適應變化莫測、變動不居的現代社
會。

附　註

註1：教育大辭典（民63）。台北市：商務印書館，第1526頁
　　。

註2：黃光雄（民78）：教學原理。台北市：師大書苑，第9
　　～10頁。

註3：同註1。頁1527。

註4：林清江（民70）：*教育社會學*。台北市：台灣書店，第287頁。

陳荃熹（民71）：*教育社會學*。台北市：三民書局，第245～251頁。

註5：高廣孚（民77）：*教學原理*。台北市：五南圖書出版社，第62～63頁。

註6：方炳林（民68）：*教學原理*。台北市：教育文物出版，第11頁。

註7：徐南號（民74）：*教學原理*。台北市：宏大印刷廠，第3頁。

註8：同註5，第164頁。

註9：同註5，第165頁。

註10：章志光等譯（民77）：*教育心理學*，台北市：文筆書局，第7頁。

註11：同註4，第313～314頁。

註12：同註4，第288頁。

註13：歐用生（民78）：教學方法的新趨勢，*教與愛*。

註14：歐陽鍾仁編譯（民75）：*教師瞭解學童能力的方法*。台北市：幼獅文化事業公司（75），第14～18頁。

註15：徐南號（民63）：*小學教材編選法*。台北市：正中書局，第16～19頁。

註16：同註5，第387～394頁。

註17：同註5，第394～395頁。

註18：同註5，第258頁。

註19：同註5，第258頁。

註20：陳梅生（民76）：系統化教學設計與國民小學教學改進。師範學院教師系統化教學設計研討會。

註21：中國視聽教育學會（民77）：系統化教學設計。台北市：師大書苑，第8頁。

註22：同註21，第9～10頁。

註23：同註21，第12～15頁。

註24：郭爲藩、高強華（民77）：教育學新論。台北市：正中書局，第230～231頁。

註25：顏慶祥、湯維玲譯（民78）：有效的教學──教師的好幫手。台北市：五南圖書出版社，第151～155頁。

註26：同註25，第156～157頁。

註27：同註17，第335頁。

註28：同註17，第54～55頁。

註29：同註6，第447頁及同註2，第295頁。

註30：同註6，第449～451頁。

註31：陳龍安（民78）：創造思考教學理論與實際。台北市：心理出版社，第227頁。

註32：同註5，第279頁。

註33：同註5，第279～280頁及同註31，第228頁。

註34：同註5，第280～283及同註6，第520～522頁。

註35：同註5，第282～283頁。

註36：王力行（民78）：國民中小學教學評量之現況分析及努力方向，台灣教育，466期。

註37：同註24，第219頁。

註38：毛連塭、陳麗華（民76）：精熟學習法。台北市：心理

出版社，第 56 頁。

註39：同註 38，第 45～52 頁。

邱淵等譯（民 78）：教學評量。台北市：五南圖書出版社，第 305～351 頁。

註40：同註 36。

李聰超（民 76）：國小自然科學教材園區的設置與形成性評量方法芻議，研習資訊，49 期。

註41：李聰超（民 79）：談社會科紙筆測驗試題的理想形式，國教月刊。

註42：同註 41。

註43：同註 21，第 119 頁。

註44：同註 6，第 578～579 頁。

黃光雄（民 77）：教學原理。台北市：師大書苑，第 354～355 頁。

註45：歐申譯（民 71）：教師效能訓練。教育資料文摘社，第 122 頁。

註46：同註 45，第 116～122 頁。

註47：同註 45，第 14 頁。

本章摘要

　　班級教學經營有如工商經營，講求低成本高效率一般。隨著時代的進步，配合學生身心發展的需要，根據學生的興趣、能力及性向，提供資源豐富的學習環境、輕鬆愉快的學習方式、生動

活潑的教學方法與技術。以教學之動態因素，合理支配靜態因素，有效的完成教與學的工作。其重要性在於控制教學的動態因素，掌握教學的靜態因素，和適當的扮演教師角色。

班級教學經營的內容應從認識學生開始，依其對象決定學習目標，準備教材，選擇方法後進行實際教學、評量與檢討改進。

講求班級教學經營的技術，有助於提昇教學的效率。譬如理想的教學設計，啓發學習動機、作業指導、評量實施、媒體應用等，都應對它有所認識，且善於應用之。

班級教學經營策略重要者能掌握三方面：一是教學時間的效用，二是教學空間的功能，三是教學成員間的關係。

作業活動

一、試分析班級教學經營的內容。
二、試從教學活動設計模式的發展談教學的革新。
三、試述教師如何有效應用教室內的時間。
四、試述教師如何掌握教學空間的功能。
五、試述作業指導的技術。

參考案例一

了解學生心裡想什麼？

趙桂珠老師提供

　　一個班級中，按常態分配說，有的孩子動作快、反應快，有的孩子動作慢、反應慢。老師在教學中、作業分配上，難免有顧此失彼之感。例如小明這孩子，每次總是很快地就做完了老師吩咐的功課，做完以後，總是考考左邊同學，問問右邊同學，造成左右同學的困擾，老師對他也很頭痛，雖一時制止他，一會兒還是去干擾別人了。

　　小明今年升上五年級，遇到一位不同的老師，他總有法子讓孩子們很快的地趕完功課去玩耍。這位老師尤其喜歡看到小朋友的習作簿上一個錯字、錯題也沒有，孩子們的作業要先試做一次，等都做對了，才准謄寫到印製的習作簿本上，所以，班上的作業簿在教務處抽查作業的時候，總是學生錯誤最少的班級。遇到月考的時候，班上的卷子字文整齊，成績又好。可是小明就是耐不住這種性子，以前他是很喜歡數學課的，雖然他難得拿滿分，可是他有個好找難題來克服的怪脾氣，所以，數學題他總是在班上做得快，而且又做得多。這學期以來，他變了，連他最喜歡的數學課他也不想去做了，為了要把本子寫得整齊沒錯題，他總是反覆寫著同樣的數學作業題，學期還差兩週終結時，他忍不住向

爸爸提出了轉學的要求。

問題討論

一、學童的作業究竟可能有那些類別和內容？作業的質和量要怎樣取捨，以適應學童的個別差異？

二、學童的習作簿，在形式上鼓勵整齊，在內容上鼓勵沒有錯誤，這從兒童學習歷程上來看，它有什麼意義或價值嗎？為什麼？

三、對於小明這種孩子，我們怎樣幫助他？特別是他鄰座的孩子，可以怎麼做？

參考案例二

教育理念的困惑

趙桂珠老師提供

　　宋老師是學校裡不可多得的好老師。早年以第一名成績志願分發到本校，平日不但教學認真，更難得的是教學方法活潑生動、新穎有趣，特別是擔任低年級教學深得學童的歡心和喜愛。不久，宋老師服務期滿被保送去師大進修，大家都很懷念他，可貴的是宋老師在師大學成之後，又志願分發回本校來教學，頗令同仁們歡迎和敬佩。

　　當宋老師再回到校園時，他那份熱愛教育、認真教學的態度有增無減。雖然，他現在是藝能科科任，可是他比誰都賣力，他教孩子們不但唱唱歌，還要認真地學認譜、辨別節奏，即興時做個小曲，還配合教學做音樂欣賞和編劇表演，教學真是多采多姿。學期結束之前，他一個一個地耐心測試孩子認譜、辨節奏、歌唱。遇到不會的、成績不好的孩子，他還特別叮嚀，安排補救教學。那知，偏偏我班有個孩子家長氣沖沖地到學校來找我發火，說：「音樂課有什麼了不起？幹嘛平日除了唱歌，聽說還得寫樂譜作業？考唱歌也考了一次又一次？小孩子不會唱也不行？反正孩子將來又不作音樂家或歌唱家！老師教音樂就輕鬆一點，何必這樣認真跟孩子過不去！………」這一連串的質問與不滿，我該怎麼去跟宋老師傳述才好呢？

問題討論

一、認知性學科和藝能性學科的教學和評量有什麼相同與不同的地方嗎？為什麼？

二、教學評量的目的是什麼？藝能科成績的評定宜怎樣核計？

三、身為一個班級導師，宜如何協助班級學生與科任老師之互動
　　關係？

參考案例三

```
問題出在那裏？
```

洪國本老師提供

　　兒童的行為中，同樣的問題卻常有不同的反應和解決之道。
大為是小琪傾慕的同班同學，造成小琪傾慕的原因無他，祇因為
他們生長在截然不同的家庭背景裡。大為是生長在一個氣氛融洽
、開放、浪漫的家庭中，事事雖未能得到爸、媽的百依百順，倒
也頗能為所欲為；相反的，小琪則是生長在一個保守、拘謹、家
教嚴明的家庭，舉凡小琪所有的學習活動，一切都由爸、媽做主
、安排，小琪少有表達意見的機會，唯一值得自豪的是，小琪成
績總是名列前茅。

　　在一次教學活動中，老師要小朋友們策劃一場創意表演，希
望借由小朋友們共同的智慧，做一場集體創作的演出。大為一聽

到這個消息，不由得在教室中「蹦跳不已」，雀躍自己能一展才華，因此在策劃的過程中，表現得非常積極、投入；相對的，小琪卻困擾不已，一直圍繞著「創意」二字打轉，就是想不出什麼好點子。在創意表演會中，大為出盡了風頭，幾乎贏得了所有的喝采；小琪卻從此悶悶不樂，她懷疑那第一名的學科成績到底還有沒有意義？

問題討論

一、教育情境對兒童學習的動機、態度和方法有何影響？大為是否生長在一個非常理想的學習環境裏？為什麼？

二、保守式和開放式的教育各有何優劣？理想的教育方式又宜為何？

三、如何運用有效的作業設計與活動，幫助小琪打開心中的結？

第五章

學生自治活動

第一節　學生團體的類型與發展

　　一、班級團體的類型
　　二、友誼團體的類型
　　三、團體的構成和發展

第二節　學生自治組織的輔導

　　一、團體組織的模式
　　二、團體成員及幹部之選拔
　　三、會議規範與組織溝通

第三節　學生自治活動的輔導

　　一、團體參與之動機需求
　　二、團體活動之實務
　　三、團體活動之策略

第四節　學生自治活動的成果

　　一、潛能發揮與人才培育
　　二、學生成員與團體的具體表現

第一節　學生團體的類型與發展

壹、班級團體的類型

　　人自母體呱呱墜地之時起，即參加了人生歷程上的第一個團體——家庭。加入家庭的團體活動，這是自然而然，既不要徵求意見，也不必辦理申請。到了五、六歲啟蒙時期，又參加了人生歷程上的第二個團體——學校。現代社會中，國民教育是每個國民應享的權利，也是應盡之義務。到了學齡，就必須入學就讀，接受教育，這是國家法令的規定，也是每個人必須加入的第二個

團體。

　　青少年來到學校，和學校的其他學生因被動分派或自動結合而組成學生團體。這種學生團體可分為兩大類：一種為外在認定的團體組織，即「班級團體」（classroom group），又可稱為「教室團體」或「教學團體」；另一種是計議形成的團體組織，即「學生社團」，又可稱「友誼團體」（friendship group）。這兩種團體中的成員，雖然來自不同的社會階層及環境，形成不同的團體結構及氣氛，但由於彼此的年齡相近，地位相等，彼此「平等相待」，所以，這兩種學生團體又可通稱為「同儕團體」（peer group）。（註1）

一、班級團體形成的背景

　　班級團體多半為因應學校客觀環境而由學校規劃形成。學生來到學校，常被動地被安置在某一班級，所以，這種班級團體多屬外在認定的團體。近代各國教育日漸普及，教育內容愈加複雜，以有限的師資、經費、設備，已無法達成教育的目的，必須根據經濟有效的原則，將學校學生作適當的分組（grouping）與分級（grading），實施團體教學。學校裡決定這種分組分級的班級制因素雖然很多，約可歸納為下列六點：

　　㈠方便實施教學：依據學生年齡、智力、能力及其他特殊條件　　　等，就其「相同」或「類似」的因素或特質，編制成班，方　　　便教師進行課程設計，選擇教材，安排活動，指定作業……　　　等，使教學活動的進行能順利而成功。

　　㈡配合師資素質：因應學校教師員額編制及教師個別學識專長　　　與特質，直接確定班級教學的型態，間接影響班級團體形成

的數量和方式。

㈢**達成經濟效益**：或受學校場地、設備之限制，或為使教師人力及學校經費能極力節省，或為學生教養照顧不生疏忽，學生編班分級都必須考慮相互的呼應與調和，以獲得最高經濟效益。

㈣**促進群體互動**：人為合群的動物，群體的活動，不但有助教學，更能滿足學生群性上的需求與歸屬感。學生在團體中既能為團體貢獻心力、智慧，又能尋求自我的發展與表現，一人獨學反不若與眾同學所產生的互動與激勵。

㈤**發展興趣潛能**：在教育大量發展之下，為兼顧個別差異的存在及對個人特質及其意願的尊重，因應個人的性向、興趣及其特殊條件，然後編制成班，以符合個別化需求，充分發揮個人之潛能。

㈥**特殊實驗研究**：由於教育活動的特殊條件、特質或各種教育實驗研究之需求，學校中可分別安置資優、啟智、啟明、啟聰等特殊兒童班級，也可適時設置美術、音樂、科學、體能等實驗班級的編制。

二、班級團體編制的類型

　　影響學校決定班級之因素已如上述，各級各類學校中實際編班的方式各有不同，但歸納起來，不外下列三種基本編制類型：

㈠**同質編制**（homogenous grouping）：在班級教學下，一方面為避免資質優良的學生，受團體的牽制，無法充分發展，一方面為減少資質愚鈍的學生，跟不上團體一般水準，產生更多的失敗與錯誤，因而為適應學生個別差異，依個人的智

力、學力、性向及能力等，將其相等或相近者編制成班，稱為能力分班（ability grouping）。我國目前高中以上各級學校，多採取聯合考試，然後按各生的考試成績及志願分發，一般說來，可視為能力分班。

㈡異質編制（geterogenous grouping）：為避免班級的差距，按學生的年齡、人數、性別、體質、體格、成績、品性、畢業學校、居住地、交友關係、家庭狀況，綜合平均分配，編制成班，是為異質編制。我國目前國民中、小學的編制方式，大多依此原則。

㈢隨意編制（random grouping）：將一群學生，無特定目的、隨機的分配成班。譬如電腦亂數操作者，這種隨意編制頗似異質編制，但如無確實之計劃或目標，仍然缺乏班級的意義。

試以我國目前各級學校所常見的班級編制方式，列舉如下：

㈠同質編制

　1.依教育目標分校分班者：如高中、高職；升學班、就業班

　2.依學科性質分班分組者：如法語班、日語班；自然組、社會組

　3.依學科能力分班分組者：如前段班、後段班；初級組、高級組

　4.依男女性別分校分班者：如女子中學、護理學校；男生班、女生班

　5.依志趣選修分組分班者：如國畫組、西畫組；牙科、眼科

　6.依智力、殘障分校分班者：如啓聰學校、啓明學校；資優

　班、啓智班

　7.依宗教信仰分校分組者：如神學院、佛學院

(二)異質編制

　1.依學區住處分校分班者：如學區設校、鄰里分班

　2.依年齡、性別混合者：如混齡編班、男女合班

　3.依智力、學力混合者：如普通班、常態班

　4.依教師專長混合者：如協同教學

　5.依常人、殘障混合者：如回歸主流、盲生走讀

(三)特殊需求編制

　1.依教育目標者：如養成教育班、推廣教育班

　2.依教育實驗者：如控制組、實驗組

　3.依學校編制者：如單級學校、複式學校

　4.依教學人數者：如百人大班、十人小班

　5.依在校時間者：如日間班、夜間班

　6.依家長需求者：如明星班、放牛班；升學班、就業班

貳、友誼團體的類型

一、友誼團體形成的背景

　　人類原爲合群的動物，不論年齡長幼，其結伴建立友誼，展開互動的對象，總以選擇年齡相近者爲自然；其後在性別意識逐漸形成時，人們在兩性之間交往必然優先選擇同性者友誼爲基礎，此爲不爭的事實。校園內學生友誼團體也不例外，所以，「年齡」、「性別」相同者是結成友誼團體的第一要素，其他有助於

學生友誼團體形成的背景，概約如下述各項：

（一）居處地緣相近者：居處地緣相近的學童，每日上下學交通路徑相同，課餘時在家居鄰里社區間嬉遊活動，自然結合友誼團體。

（二）家庭社經相符者：由於家庭與家庭間的經常往來，或經常闔家出入相同之文教或休閒活動場所，學童間形成緊密友誼。

（三）學科能力相等者：學科成績高者，雖然常有協助或輔導弱者的機會，但真能形成友誼，產生互動者，仍以能力相等者居多。

（四）性向興趣相投者：在班級團體的編制機會中，性向相同、興趣相投者，本就很有可能組合在一起；而在校園內外，性向相同如打球好動者，興趣相同如愛好科學實驗者，自然相互結伴成群。

（五）任務功能相同者：因應學校行政上之需求或教育活動上之設計，譬如工作任務編組之糾察隊、衛生隊，或班級中自組競賽代表隊者，如排球隊、辯論隊等，由於工作上、技能上的相互切磋，日久友誼橫溢，密不可分。

（六）心理需求相依者：家庭中發生變故，或者課業上的挫敗，常使學生因喪失成人的關切或個人生活的樂趣，同病相憐者便易結伴成夥，彼此尋求心理上的慰藉與滿足。

二、友誼團體組織的型態

學校裡的學生友誼團體，特別是國民中小學校的校園裡，學生友誼團體的結合與形成，純由兒童自發的率性發展者人數不多，時空不大，極易受外界人事之干擾而中斷，其後隨著年齡漸長

，團體意識覺察，團體組成的人數愈見增多，團體活動持續的時間逐漸增長。茲就學校中學生友誼團體組織的型態，類化為下列各式：

（一）正式與非正式團體

　　學校中正式的組織團體除了班級團體之外，校園內的各種代表校隊或服務團隊，經公開的正式登記報名或甄試入選手續者，是為正式組織的團體；若是隨意聚合上下學往來際遇或活動中的伙伴者，則為非正式團體。

（二）合法與不合法團體

　　友誼團體的稱號、組織、規範、成員的員額姓名、活動的內容方式及活動的時間場所，都經由學校認可，並在被輔導的情況下運作者，譬如交通服務隊、幼女童軍團隊是為合法團體。反之，一些友誼團體未能取得學校認可或輔導者，常被視為不合法團體。這種不合法團體並非表示其為「不良團體」或「不被允許的團體」，多半由於學校法令規章或人力經費的限制，而無法兼顧者。當然，它可能有所謂的「不良幫派團體」，但也有志同道合的課後學習團體。

（三）自願與非自願團體

　　凡出於學生自由意願參與的團體，分組活動選組，各類義工服務活動，以自願加入為優先者，是為自願團體；若經由學校行政需求安排者，或班級成員集體選舉推薦，甚或屈於某種利誘、力迫的情境而不得不加入或組成者，是為非自願團體。

（四）自治與非自治團體

　　團體互動與運作過程，確實經由團體內全體或多數成員的共同計劃、安排、執行及檢核者，譬如班會、學生自治市，是為自

治團體；如果團體活動或運作，多半以團體中某一權威或領導者為主導，而未能顧及多數成員的意見與需求者，稱為非自治性團體。

(五)可見與不可見團體

有形的聚合團體，譬如路隊、合唱團，不論其成員的志趣相合與否，活動的內容方式出色與否，只要在一定的時間與空間，成員適時聚集會合者，是為可見的團體。有些團體成員，僅在心理上或心靈上彼此有某種程度的契合，形成力量與集團，其在外形上，這些團體成員未必定時聚集、會議或活動，這種只在心靈上或認知感情上彼此感受屬於同一類、同一團者，是為不可見團體，譬如三民主義信徒、某姓氏宗親子弟。

(六)永久性與暫時性團體

學生時代的友誼及團體關係，常在學生畢業離校之後，仍持續存在而不衰退，甚至歷久彌新、彌堅者，譬如校友會、同窗會等，常易形成永久性團體。反之，若僅為一時之需求、一事之偶發而集結成群者，如暑期科學研習營、社區整潔服務隊，則為暫時團體。

(七)主體團體與次級團體

以班級團體來看，班級內成員有分編分組之需求者，譬如公共區域清潔或第一鄰、二鄰等團隊者，其人數極受限制，是為班級團體中的次級團體。又學校中也有打破固定班級或年級的限制，而組成校內跨班或跨級的團體者，如體能校隊、交通車路隊者，是為學校團體中的次級團體。

試列舉常見的友誼團體如下：

(一)居處地緣導向

　　1.暫時性：班內桌、鄰、組別、上下學交通路隊。

　　2.永久性：外籍僑生社、省籍同鄉會。

(二)興趣性向導向

　　1.技藝性向類：國樂隊、合唱團、舞蹈社、棋藝社、園藝社
　　　、珠算組、剪紙社。

　　2.學藝研習類：科學研習營、史蹟研習隊、電腦設計組、寫
　　　作社。

　　3.體能活動類：田徑隊、游泳隊、各類球隊、民俗體育隊、
　　　車騎隊。

(三)功能組織導向

　　1.工作任務類：壁報工作小組、校刊編輯小組、廣播小組、
　　　愛心小老師。

　　2.義務服務類：交通服務隊、糾察隊、衛生隊、環保隊。

　　3.自治組織類：自治班級、學生自治市、校友會。

(四)心理需求導向

　　1.建設性：為求積極性持久的滿足者，如讀書會、幼童軍團
　　　、國際筆友、學長制等。

　　2.破壞性：為消極性一時的發洩者，如少年幫派、偷竊集團
　　　等。

叄、團體的構成和發展

一、團體的定義

所謂團體必是許多人聚集在一起；但是許多人聚集在一起未必就可稱為團體。德國心理學家勒溫（K. Lewin）──團體動力學的創始人──認為：「聚集的人們，在某方面縱具共同性與類似性，這些人未必形成團體；只有在群集的成員間具有相互依存的特性時，才能稱之為團體。」（註2）一個團體可以包容各色各樣的成員，具有多種不同機能，它所以能高度統一的因素，不是成員間的類似性，而是成員間的相依性。所以，電影院的觀眾、音樂廳裡的聽眾，是很難稱之為團體的。

培爾斯（F.A. Bales）指出團體必須具備三個條件：(1)「面對面」的關係；(2)成員間須起交互作用；(3)成員相互間須有人的印象或知覺（註3）。杜益智（M. Deustsch）謂團體成員的「相依性」，是指團體的每一個人能以實際的效力或知覺，致力於團體目標的實現（註4）。佛蘭琪（J.R. French）認為成員在團體內相互依賴，或作為團體一員，一定要以他們能和團體同化為前提（註5）。可樂吉（D. Krech）則主張，形成團體必須使成員瞭解彼此是同屬一個團體，同為團體一分子的重要性（註6）。紐康（T. M. Newcomb）強調，規範共有和職位分化是構成團體的重要條件。（註7）

我國社會學家謝徵孚先生又進一步說：「凡是集合的人群，具有集體意識，服從同一權力，表現共同行為者，稱之為社會。

」（註9）所以，「群性」又稱之為「社會性」。

由上述各位學者對團體的界說，不難作一結論，筆者以為構成團體的要素有四：

㈠人際吸引：成員們能面對面，相互間有個人的印象或知覺。

㈡團體意識：成員們相互隸屬在同一個團體，同為團體的一份子。

㈢共同規範：成員們共同制訂並遵循團體的規範，接受職位分化。

㈣共同目標：成員與團體、成員與成員間相互依賴，追求共同的目標。

二、學生團體的條件

學生班級團體是由一位教師及多數學生組成，師生之間與同學之間的結合常是強制的、偶然的，非基於個人的意志選定，乃依某種法定的入學標準及學校規定的編班條件，聘派教師擔任教學。所以這一群班級成員之間，心理上難免有所隔閡。雖然大體上彼此年齡相等，智力相近，或社會區域、文化模式相似，同具某種程度的認同或表同，但畢竟成員間缺乏相互依存的特性，嚴格說來與電影院的觀衆、音樂廳的聽衆相差不多，不足以稱之為團體。必須透過班級成員彼此直接的、面對面的接觸，形成一共同的生活體，彼此間產生緊密的感情，形成本班（Our-class）的觀念，人人能愛護自己的班級，願意為自己班級服務，對自己所屬班級感到榮譽，這才成為一個真正班級團體。

學生友誼團體在國民中小學，大多屬於非正式組織，成員彼此出於一種自然結合，它常不依據何種程序，成員間的關係既無

成文的規定，其組織也無一定的形式，所以，成員間的關係可能會非常緊密，並且具永久性，但大多數是偶然的、暫時性的，這種非正式團體，雖爲順應學生的心理需要而產生，但並未具有實現某種任務的相互關係。直至由於某些人的判斷，想要達成某種目標，必須組織學生社團，於是有計劃的預定人數和職位，然後組成團體，發揮團體功能，這時，學生社團活動，才成爲彼此社會化的過程，個人在團體中所扮演的角色及其所獲致的領導地位，正是他實際成就的表現。這種權利與義務的明確關係，及人際間不斷的交互作用，使團體組成份子形成牢不可破的吾儕感（we-feeling），這也是學生團體所能達成的理想境界。

學生同儕團體通常均具有下列幾個特性：（註9）

(一)可計數的成員

(二)成員是一定的

(三)成員的角色是特殊的

(四)成員間有一種規則的了解與和諧

(五)領導準備並限定於一個權威和行動方式

三、團體成熟的歷程

依據團體動力學的觀點，團體絕不是一群人的組合，或儀器設備的配合而已，團體應是一群人交互行爲的實體。團體不僅是靜態的組織或結構，更是動態的系統與運作，進而言之，團體是目標、人員、組織及儀器設備等所構成運作體系，隨著時間的推進而演變。所以，任何一個學生團體，它不是唯一的團體，更不是屹立不搖的團體，它會不斷地受外界社會環境及內部成員特質的影響，它有生存發展的機會，也有衰退死亡的可能。

學生同儕團體自結合成熟，概約經下列幾個發展階段：萌芽期、適應期、成熟期、推廣期、老化期。學生個人在學生團體中與團體及其成員交互作用，相互呼應，形成各具特質的發展階段：探索期、同化期、群我一體期、團體交托期、疏離解退期。

表 5－1　　學生團體發展歷程表

項目 內容 階序	個人發展特質	團體發展特質
階段五	疏離解退期： 因失望、挫折而離散	老化期： 目標受挫、酬賞不公
階段四	團體交托期： 犧牲奉獻	推廣期： 團體風氣與特色
階段三	群我一體期： 由相屬而排外	成熟期： 領袖與職位分化
階段二	同化期： 由熟悉而相屬	適應期： 自訂紀律與規範
階段一	探索期： 由陌生而熟悉	萌芽期： 團體目標的出現

㈠從成員間相互關係來看：

1.探索期（exploration）

　　兒童在初入小學一年級的九月裡，或在學校重新編組時，可稱爲探索時期，在這個時期的各個成員，懷有某種忐忑不安的心情，小心觀察這個團體是否如他所期待的團體。大部分的兒童或許抱持靜觀的態度而隨波逐流，有一些兒童也許開始推展積極的

活動，然後被此逐漸熟悉熱絡。

2. 同化期（identification）

當團體成員成功地渡過探索期之後，便發展成為較具凝結的單位（cohesive unit）。此一時期，以團體相屬感情（feeling of belongings）與團體同化作用的增大為其特徵。例如，繼續經過了兩三個月的學級生活之後，各個學童將從不安、警戒的緊張氣氛中解放出來，而轉變為寬舒的心情。

當兒童瞭解他們不至於遭受無端的攻擊或非難時，得到心神上的安寧，而對自己所為增加信心，於是兒童發現自己在團體中安穩的地位。建立這種安全感（feeling of security）愈早，學級由聚體（aggregate）轉變為團體（group）也愈快。

3. 群我一體期

在學校團體之中，常可形成所謂「團體內態度」（in-group attitude）和「團體外態度」（out-group attitude）（註10）。這約從二、三年級起，即開始產生，使班級團體內外的界限逐漸分明。舉例言之，雖為同一學年，但對其他班級的學生卻抱持不同的態度，對於其他小學的學生，其偏見尤甚。

團體中的成員，其反應或態度與團體及其他成員不一致時，通常會先感到不安全，所以，成員為擔心被同儕團體拒斥，至少消極地先採取符合團體的反應，而積極者，通常由於視團體與自己為一體，而贏得團體的接納與贊許。

4. 團體交托期

一個具有團體意識，與團體或成員間能有相互隸屬感的人，他必然願意為其所隸屬的團體及成員，付出個人的犧牲，也就是能對他的團體作極大程度的交托。成員對團體捐贈財物，或為團

體工作而不索取任何酬償時，不但有助於團體的發展，尤其對那些將來打算離開團體，因而將會喪失彼此互惠，甚或個人財物的人，產生約束力。

5. 疏離解退期

每個成員都有一種傾向，喜歡與自己想法一致、能力相當、具有同樣評價、同一意見的人在一起工作，很多人都不願讓自己顯得是個例外，能夠與別人的行爲思想一致，也是一種眞正自娛娛人之道。

實際上，在團體成員中，如果有某一個人經常表現出他過人的特殊才能，或經常表現得落於人後，難以與人合作的情境，他就感覺到他自己逐漸在團體中失去地位，而不被重視與接納，終於離團體而去。若是一個團體，其成員不能普遍地獲得彼此的尊重與肯定，給予個人適切的滿足需要，這個團體便有名無實。

（二）從團體結構來看：

1. 萌芽期——團體目標的出現

透過個人進入團體初期的探索階段中，兒童已經能夠互相認識某種程度的個人，並互相承認爲團體中的成員。同時，也有機會表達團體所期望於各個成員的是什麼，或各個成員期望於團體的是什麼。經過這種交相感應的過程以後，團體目標便逐漸地出現。

一般大致承認：一年級學生在第一學期的末了即趨於統一，團體目標次第樹立，而學級的凝結性也逐漸提高。高年級可提前到第一學期的中期便趨於統整。

2. 適應期——自訂紀律與規範

　　學生團體由於成員間彼此親密的交往，相互依存，常可能發展出一套自己的習慣與做法，一套特別的結合力，以求發展有別於其他的團體，促使在心理上將成員融合成為一個整體。於是學生團體這種在團體內流行的觀念與正義感，會逐漸演變為成員的行為規範。雖然，這種主觀的行為規範，有時會促使他們不顧及客觀的事實或道德。譬如強迫成員做個人的犧牲，甚或財物投資等，如果有違背或拒絕，則必受他人的批評或攻擊。當團體和諧瀕臨破裂，唯有藉重團體成員自訂的紀律或規範，可使成員間的騷動消失於無形。

　　3. 成熟期──領袖與職位分化

　　學生團體為了實現共同的目標，或者在實現目標的過程中，面臨了一個工作或一個難題時，這個當前的工作或難題之解決途徑及其所需的技術，便成為最重要的情況，為了解決問題，於是學生團體中各型各類的領袖便應運產生，而且各司職守，若是團體內成員能各展所長，各守其分，依團體期待的角色或地位，成就團體期待的職責或任務，分工而合作，完成團體的共同目標或工作難題，這將是學生團體成員相互團結的最高表現。當個體在交互關係中獲得穩定位置，經驗到「隸屬感」時，這也是他忠於團體利益的最高榮譽。

　　4. 推廣期──團體風氣與特色

　　一群人共處一段時間之後，形成所謂的團體風氣（Flavor）（註11）或社團氣氛（Social climate）。學生團體常是「複數」團體的聚合，其中某一團體的各種特質，也會影響周圍其他團體的氣氛。尤其團體之間含有競爭氣氛時，影響更見顯著。譬如國民中小學班級或學年之間的關係，隨著學生年級愈高，各成員

想要擴張團體的某種特色、勢力與聲望者愈濃。這時，對團體外態度可促使團體內的更大團結，於是某種圖案、徽章、服飾、旗幟或某種特殊語詞、暗號等都成爲團體的表徵，都是團體成員間共同經驗的產品，反射出團體共同意識與精神。

5. 老化期

團體目標不論它完成與否，對團體成員都有很大的影響。

成功團體的成員，由於成功而帶來的滿足，良好的自我評價和一些無法計量的報酬，將帶給成員希望確保團體之持續，維護或追求更好表現的活動；失敗團體的成員正好相反。因此，團體成員在團體屢遭失敗之後，甚至只因團體長久未有成功表現之時，便有脫離團體去追尋另一個新的團體，或者爲團體更新組織與運作，以謀重創新績。

第二節　學生自治組織的輔導

壹、團體組織的模式

一、團體組織的條件

學校裡的學生團體，不論是正式或非正式，是班級團體或友誼團體，它至少是兩個人以上的一群人，當這兩個以上的人同在一起，就必須互相協調他們彼此的活動，以達成某種共同的目標。這一系列的運作，就是一種系統，一種組織。根據 Chester

Barnart 的理論所說，組織是指各種合作系統中，共同的結合要素，一個有效組織的存續，主要根據下列兩種條件：(1)組織目的的達成，即效能（effectiveness），(2)個人動機的滿足，即效率（efficiency）。依 Getzels 的理論，「組織」在結構上有上下從屬關係的階層，在功能上，能分配與統整角色和設備，以達成共同的目標。（註12）

　　學生團體有被動分派的班級團體，更有自動自發的友誼團體，這些團體的成員，由於性別、年齡、智力、學業進程或生活習性、特質相近，尤其是同在一個校園，共同接受德、智、體、群、美等各類活動及衣、食、住、行、育、樂生活管理中各項待遇，使得具此共同命運的學生，發生連帶感情，漸次團體化之後，產生團體自治組織，以發揮自治、自動、自律、自主、互相合作之精神，進而表現民主法治之雛型社會。

二、自治組織的類型

　　學生團體的自治組織既是雛形的社會團體組織，概可模擬成人社會團體組織，類分成下列兩種：

　㈠首長制

　　凡團體設首長一人，對內綜理各部門事務，對外代表團體者，是為首長制。若團體組織龐大或人事眾多，可增設副首長一至三人，以輔佐首長。首長制在首長之下，因應團體與成員之需求及組織功能之運作，得分設「管理」系統，如風紀、總務部門；「技術」系統，如學藝、康樂，分別執行各類計劃與活動。譬如各級學校班級團體普設班長及副班長各一人，下面分設總務、學術、風紀、康樂等股，各設股長或幹事一人。

㈡會議制

　　凡團體由會員中產生委員，以參與會議，並透過委員會議以互選或互推一人為主席或總幹事，由此領導團體者，是為會議制。會議制中除主席外，各委員均得依成員之專才及團體之需求，分別兼任各部門負責人，以分別推展團體中各類計劃及活動。譬如：中等學校班級聯誼會由各班代表一至二人組成所謂「學級性」或「全校性」聯誼組織，再由全體代表推選若干委員（視團體大小及需求）組成幹事會或委員會，於是學生聯誼會便產生了總幹事或主席一人，其餘各幹事或委員分別擔任財務組、服務組、活動組等部門負責人。

　　學生團體採首長制者，表現領導組織團體及決策上時，常見其果斷、快捷之統御效率，但容易失之獨斷專橫。學生團體若採會議制，在組織領導及決策上常較遲緩費時，然而一旦達成決議，則較易普遍參與及全盤運作。

三、組織職位與分工

　　學生團體在實現共同目標的過程中或解決面臨的問題情況時，其所需求的資源、技術人員常有不同，因此，團體所需求的功能、發展及運作系統，決定了團體組織性質及其職位與分工。

　　學生團體組織可概分為常設性與短期性兩種。常設性組織多為實現團體目標而設，具領導、協調與運作之功能，此即學生團體自治性組織；短期性組織多為解決一時面臨的問題情況而產生的協調或運作小組。

　　大體來說，學生團體組織從運作層次上分，有首長（領導）、幹部（協調）及成員（參與）三階；從運作性質上分，有管理

系統與技術系統；從運作對象分，有財務、人事及程序；從運作
功能上分，有生產性與服務性。重要的是組織中的職位與分工不
是靜態的形式，而應是動態的交互作用，不斷地修正與調整，以
維持組織的平衡及組織功能的全面發揮。茲將學生團體的職位與
分工，略舉如次：

(一)學生班級組織系統

表 5 - 2　首長制組織系統

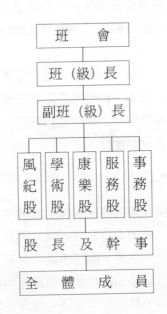

(二)學生班級幹部分工表

職　　稱	工　作　任　務
班　　長	①辦理本班對內對外一切事宜。 ②執行並督導班會議案之實施。 ③傳達並執行師長交辦事項。
副　班　長	①協助班長處理班務。 ②班長缺席時代行班長之職權。 ③負責上課勤缺事宜。
風紀股長	①砥礪同學養成優良習慣，維持教室及其他場所秩序。 ②負責升降旗勤缺及上、下學路隊安全事宜。
學術股長	①辦理本班有關學術研究活動及班刊壁報出版等事宜。 ②負責教室日誌之填寫及按時繳交班級作業。
康樂股長	①辦理本班之體能、學藝表演或競賽等活動。 ②辦理本班師生慶生會、敬師會、同樂會等活動。
服務股長	①辦理本班教室整潔及學校環境衛生等事項。 ②收發各類器材。
事務股長	①辦理文書、庶務、會計、佈置、聯絡事宜。 ②其他不屬於各股之事項。
幹　　事	各股設幹事一至三人，協助各股股長辦理各項工作。

(三)學生社團組織系統表

表 5-3　　委員制組織系統表　　　　　表 5-4　　首長制組織系統表

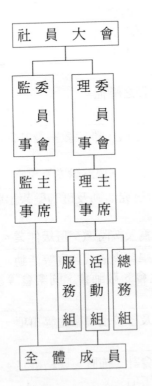

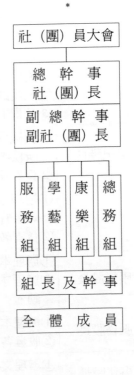

㈣學生社團分工職掌表

組織職稱	職　權　或　職　掌
社(團)員大會	學生社團最高權力單位
理事委員會	1.召集社員大會，並執行其決議案。 2.在社團大會開會期間處理本社事務。 3.出席理事會議同意任命各組組長及幹事。
理事主席	1.主持理事會議。 2.綜理社團日常事務。 3.對外代表本社。 4.遴薦各組組長。
監事委員會	1.監督社務。 2.列席理事會議。
總　務　組	掌理經費收支、文書、庶務、房舍之佈置、管理、器材設備之保養。
學　藝　組	掌理文教活動及學術研究、出版等事宜。
康　樂　組	掌理郊遊旅行、參觀訪問、及迎新晚會等聯誼活動。
服　務　組	掌理社員動態及幹部或社員研習訓練等事宜。

四、兒童自治市的組織與分工

　　兒童自治市的組織及其活動，在加強民主法治教育，培養兒童自治精神，並使兒童明瞭選賢與能、為人服務的重要及民主自治的內容，以奠定其負責守紀的態度及互助合作的美德。

㈠自治市組織結構

1. 市政府：兒童自治市設市長一人，市政委員八人，分別兼掌秘書、警政、交通、教育、新聞、體育、財政、環境保護、社會服務等市政工作。市長由市民選舉，市政委員由市長聘任，任期都是一年。各市政單位視實際需要得分設一到三組幹事，組長由各市政工作單位自行聘用。

2. 市議會：兒童自治市除政府外並設市議會，議員由各班推選二人擔任，議長由議員相互推選。

3. 區、里、鄉：市政府下依年級設區，班級設里之編制，全校分為六區，各區、里之名稱自訂（或以年班為代號）。班級自治活動即為里民自治活動。

表 5-5　兒童自治市組織系統表

㈡市政府職掌之劃分

1. 市長：

　⑴任免市政委員。

　⑵綜理全市行政。

　⑶主持市政會議、兒童朝會，出席市議會接受市政質詢。

　⑷代表本校學生接待來賓和參加校際代表活動。

2. 秘書處：

　⑴協助市長處理市政，市長差假時代理市長職務。

　⑵綜合協調各市政單位之工作計劃與進度。

　⑶負責其他不屬於各處局的業務，例如文書、會議、公共
　　關係和庶務。

3. 教育局：

　⑴辦理各項學藝活動、競賽及展覽。

　⑵推展圖書館業務。

　⑶策畫全校環境佈置及玩具製作。

4. 新聞處：

　⑴成立市政電台，規畫廣播節目。

　⑵張貼市政新聞，宣導政令，報告國內外大事。

　⑶策畫出刊節日壁報、校刊、通訊及製作有關視聽節目或
　　資料等。

5. 社會局：

　⑴辦理自治市各項選舉及幹部訓練工作。

　⑵策畫扶助殘障同學、照顧學弟妹等愛心服務。

　⑶維護校園各項設施與公物安全，辦理市民失物招領。

6. 警察局：

　　(1)成立交通指揮隊，編組路隊，負責全體同學交通安全。

　　(2)協助辦理安全教育及意外災難急救訓練。

　　(3)維持校園生活倫理常規，勸導不良行為之同學。

7.體育局：

　　(1)辦理各項體能活動或表演及體育代表隊訓練。

　　(2)辦理周末球類活動或戶外育樂活動。

　　(3)協助健康檢查及缺點防治工作。

8.環保局：

　　(1)負責全校環境與校園花木養護整潔工作

　　(2)執行垃圾分類，飲水衛生，廁所整潔之檢查工作。

　　(3)協助躁音管制，空氣污染警示，維護生態環境的工作。

9.財政局：

　　(1)協助辦理郵政儲金活動。

　　(2)經管仁愛基金及自治市活動經費。

　　(3)辦理各項義賣、樂捐及物品代售服務。

　　兒童自治市之運作，應配合學校行事、市長、議長及各單位首長在就職前主動向指導老師請教，然後訂定整體工作計劃確實執行。

貳、團體成員及幹部之選拔

一、班級成員入團手續

　　學生班級團體是學生在校生活中最基本和最主要的一種組織

單位，學校的教學設施、生活輔導、學習輔導均以它爲基礎。學生一旦「入學」或「轉學」，完成註册取得學籍之同時，即被編配或安置，完成參與班級團體的手續。中等以上學校對於在籍學生發給「學生證」，學生持有學生證者，在校園內享有「到班聽講上課」、「閱覽及借出圖書」、「使用教育器材」及「參與校外活動選拔」等權利。在班級團體中，學生有「出席班會」行使班級成員應具之選舉、罷免、創制、複決等基本民主自治權利，當然，學生成員也有遵守班級規章、服從決議及繳納會費的義務。班級成員一經學校核准「退學」或因故「輟學」而離校，消除在學學籍者，其班級會員資格亦同時取消。

二、團體活動分組程序

　　國民中小學在學校教育課程科目及活動時間內，均安排有定時之團體活動科目及時數，輔導學生以志願分組方式，模擬完成社團組織之型態，亦即以學生爲主體，提供學生自行組織和管理的機會，藉以發展學生組織領導的能力，養成學生自治自律的習慣，以爲邁進高級中學以上學生自組社團之基礎。

　　國民中小學學生參加分組活動之程序，通常由學校於學期開始二週內，依據學校之場所設備、教師人力、學生興趣及社會需要等條件，公布並說明預定分組之組別性質及內容，分發「選組志願調查表」，指導學生按自己志趣填寫志願優先順序，以作分組之依據。學校彙整全部學生之志願調查，公布各組名單，非必要不得調整分派指導教師、活動場所及定期活動時間，學生依公告到組報到登錄，完成入團手續。

　　試列舉國民中小學分組活動實施步驟於后：

㈠選定項目並予公布。

㈡調查學生志願並分組。

㈢聘請指導教師。

㈣分配時間及場所。

㈤公布分組（社、團、隊）及指導教師名單。

㈥輔導學生社團分配職務與推選幹部。

㈦共同研訂活動計畫。

㈧展開活動，並予適當記錄。

㈨考查成果，實施評鑑。

㈩檢討改進。

三、社團成員入社手續

　　高級中學以上學生社團，是由學生自願參加或自行組織後向學校登記而成。因此，新進學生在參與社團之前，應對學生社團有充分的瞭解，舉凡社團的宗旨、社團的組織、社員的權利義務、社團的指導老師、社團的活動內容、社團發展計劃、社團活動時間地點、社團負責人的領導才能、社團過去的成果績效，甚至社團活動的經費狀況等等，都宜一一查詢，多做參觀比較，然後再做選社決定。

　　學生初次辦理入社，應向預定加入之學生社團提交「入社團申請書」，附交個人照片及入社團會費，經社團同意後完成入團手續。在學生選擇決定社團入團之同時，有些學生社團也相對地提出學生加入該社團之資格或條件，以選擇性向、志趣相投，知能、經驗相當，動機、目標相近的學生成員，甚至公開舉行測驗考試，或列舉自備器材、儀器之條件。通常這些學生成員之加入

設有條件選擇性之學生社團，常較其他學生社團對一般學生更具吸引力及榮譽感。

學生成員在加入正式學生社團之後，均應由所屬學生社團依編號發給由學校驗印合格之社（團）員證，學生宜隨身攜帶，以便參加該社團及相關社團之活動或服務時，隨時識別登錄或蓋戳記。故當學生遺失學生社（團）員證時，應即申請補發。

四、組織幹部產生之條件

學生團體的幹部或負責人，必須在團體中產生。正式組織的團體與非正式組織團體間，最大的區別在正式組織團體中的組織本身壽命長過組織中的成員，而非正式組織其組織本身的壽命卻通常短於成員。這種現象可從學生班級團體及友誼團體來看，學生班級團體多屬正式組織的團體，這種班級團體在成員逐漸退學、轉學時，甚或班長辭職出缺時，團體的活動仍然正常運作，不受成員離散或出缺的影響；但是非正式組織的團體，祇要學生成員一旦畢業離校，或失去成員某方面的支持，這團體便可能隨之解體。同時，非正式組織團體通常只有短期目標，旨在滿足其組織中成員們個別性的需求（如親密感），一旦需求獲得滿足，群體便可能消失。因此，一個缺乏組織的團體，只是一群烏合之眾罷了。而對於任何一個負有共同任務之團體，一套完整的組織及人員是一切基礎。

學生團體的組織宜具備下列特色：（註13）

㈠團體中的每個成員能夠與團體中的每一個成員互動。

㈡團體發展出它自己的結構和組織。

㈢團體自行選擇其領導者。

㈣團體以自願方式去達成某些共同的任務目標和宗旨。

㈤學生團體沒有正式指定的科層結構。

五、選拔程序

　　學生團體組織幹部之產生，應有一套民主選拔的程序。通常在選舉程序方面，有直接選舉與間接選舉兩種。

㈠直接選舉：學生團體組織之負責人或幹部，由全體成員直接表示意見、參與表決或圈選者，是直接選舉。

㈡間接選舉：學生團體先由全體成員以表決或圈選方式，推選若干代表或選舉人，再由已當選之代表或選舉人進行互選、互推或參與表決圈選而產生團體之負責人或幹部者，是間接選舉。

　　一般學生團體組織類型為首長制者，其首長多採直接選舉；會議制之學生聯誼性社團，似多採間接選舉法。

六、提名方式

　　又候選人之提名方式大致有「限額提名選舉」和「開放自由票選」兩種：

㈠限額提名選舉：候選人須由團體成員依應該選出人數之兩倍以內的限額，先行提名並徵得成員連署或附議以取得候選資格，再由選舉人進行表決或圈選。

㈡開放自由票選：候選人之名額及資格無選舉程序上提名之限制，逕由選舉人自由表決圈選，若團體成員人數眾多，票上無法一一列舉候選人以便圈選時，則以空白選票供選舉人直接書寫。

七、表決方式

　　學生團體成員對於提名候選人或提案議題之意見表決方式，一為舉手表決，一為投票表決。

　㈠如採提名選舉舉手表決時，先提名者先表決，如是提案意見舉手表決時，先提案者後表決，唯兩者均得以得票多者當選或同意通過，次多者為候補或備案。

　㈡如採投票決者，則不論已印有候選人或討論案意見者，或未印之空白紙票由參與表決人親自書寫者，均無先後之序，概以開票後得票多者當選或同意通過。

　㈢投票表決方式者，其票紙有書寫投票人姓名及不書寫投票人姓名兩式，前者稱為有記名投票，後者稱為無記名投票。

　　為鼓勵成員普遍參與，及充分尊重個人真實意見之表達，無記名投票方式為最佳。

八、當選與任期

　　學生團體的組織與活動之成敗，負責領導的幹部有舉足輕重的影響力，因此，依民主選拔程序產生幹部之外，在其當選之同時，應公開公布當選人姓名、職務、就職日期及任職期限。為增進幹部人員對學生團體之基本認識及其自治領導能力，以善盡其職責，得在當選人就職之前辦理當選幹部儲訓研習，或在正式交接之前先行見習輔佐。

叁、會議規範與組織溝通

一、會議的意義

　　學生班級團體幹部人員雖是組織運作的中心，但組織的動態關係乃來自組織內成員的溝通網路。因此，定期的成員大會及幹部會議是基本的、不可少的溝通方式，而每位成員參與會議活動及熟習會議程序，應為基本權利及素養。

　　「會議」是什麼樣的活動呢？大抵來說，一人為獨思，二人為對話，三人以上循一定之規則彼此溝通意見者為會議。因此，會議之成員在三人以上，意見之溝通務必有所規則來進行，而且必須集中意見針對某事件，然後才能獲得結果與共識。為了使會議能有所結果，至少應把握下列五個會議原則：（註14）

　　㈠一時不議二事原則：在一個時間內祇能討論一件事情。除權宜及秩序問題，或此案業已解決外，不能在同一時間內討論第二件事情。

　　㈡一事不二議原則：業經決議的事情，除極大多數人贊成附議外，不得再行討論。

　　㈢會眾平等原則：出席者都有提案、發言、表決、選舉、被選的平等權利。

　　㈣少數服從多數原則：依過半數或大多數的意見通過決議。

　　㈤意見自由原則：成員可自由發言，主席應依規定承認發言地位；取得發言地位者，他人不得干涉等。

二、會議的功能

參與過程是最能增進成員了解整個社團及其運作過程的方法，也是促進成員積極參與執行歷程的方法。因此，一個團體組織要能有效的運作，必先使全體成員出席參與，由互動而產生團體的目標及其方法步驟，於是上下階層間的溝通及平行各部門間的溝通管道，都是必要且須暢通無阻的。

所有的學生團體都有正式的及非正式的溝通管道，健全的組織團體必使兩種方式交替進行，學生成員常經由非正式的溝通，來促成某種決議能在正式溝通的過程中獲得同意通過。

會議乃是組織中正式溝通的重要途徑，它與集體討論或座談頗不相同。在團體討論或座談中，出席成員不論分組或不分組，均可採取各種不同的觀點，來分別敍述對某事件的態度或看法，列舉各種綜合性或統整性的態度意見，提供有關人員之參考，而無付諸實施之壓力。然而舉行會議之目的，務必針對某個事件或問題，由與會成員在以不同觀點充分表達態度或看法之後，協調獲得共同的決議，然後依此決議確定進度，付諸執行。如不然，便形成俗語所說「會而不議，議而不決，決而不行」的弊病。

在由多數人組合的團體組織及活動中，由於人的個別差異很大，要想絕對消除異己，強求人同此心、心同此理常是不可能的事，因此，在不同意見之中，為求和諧相處，必須要有「少數服從多數，多數尊重少數」的民主風度及容忍異己的雅量。團體共議的民主，原是一種共同分享經驗的最佳途徑，所以，在議決之前，人人有發表個人意見經驗的自由，但在議決之後，人人都有服從議決的責任。只有這樣，團體成員才能彼此互相尊重而不受

任何歧視，實現無特權、無階級的人人平等參與的理想。

三、會議溝通的層次

學生團體若能自行對會議中其所呈現的溝通形態和內容加以分析探究，必能提供學生團體自我成長的可用訊息。

從會議中與會議成員的發言程序上來看，可分析發現有下列三種型態：(一)非連結型，(二)單向連結，(三)完整連結，如下圖：

(一)非連結型	(二)單向連結	(三)完整連結
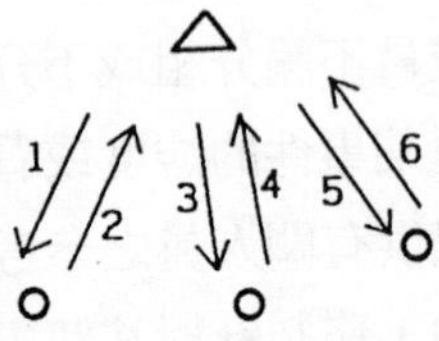	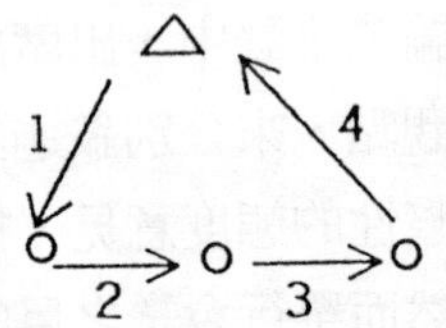	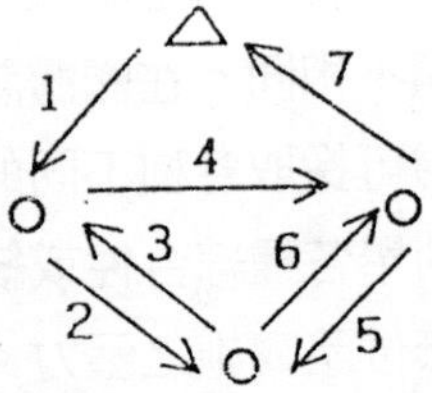
附註：△代表主席 ○代表成員		

圖 5－1　團體會議中成員溝通型式圖

圖中第(三)完整連結型，較前二者表現出與會成員間彼此訊息有相互交換意見溝通的現象。

從與會成員發言或表決的方式和內容來看，可略加分析其溝通之層次如下圖：

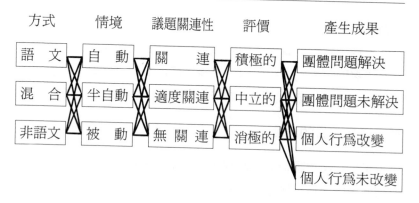

圖 5-2　團體會議中溝通層次分析圖

　　學生團體透過會議的進行，能使團體問題獲得解決，個人行為上有其適切改變，這個會議才有溝通的功能。

四、團體士氣的氣氛

　　如前所述，學生團體不單是一群人的靜態組織結構，它更是以團體目標和人際行為為導向，而從事目的性之交互作用的動態組織歷程。因此，所謂團體士氣（Morale），表現於組織化的交互作用和溝通活動時，是團體成員普遍具有針對彼此共同及個人的目標，促其執行實現的抱負與意願。若以團體組織的會議為例，成員們能普遍表現出自動的、積極的針對問題及解決問題的重心而發言，甚至在其後的行動中，遭遇重大之困難也不計犧牲地去克服，以求個人目標與團體目標及早付諸實施。

　　所謂團體氣氛，表現於組織化的交互作用和溝通活動時，是團體成員間彼此的相互尊重、相互吸引與相互依賴的態度感情，

於是在團體組織的會議中，成員們在自己主動地、積極地發表意見的過程中，彼此有衝突的立場，仍然努力發現並修正自己的言行，以贏取更大的人際吸引，及滿足彼此互慰互勉的心理需求，會使團體會議形成一團和諧愉快的氣氛。

五、與會成員的態度

學生團體會議概約有兩類，其一是「會員大會」，由班級或社團的全體成員出席參與，它是學生團體的最高決策單位，也是最終評鑑單位。凡是有關全體成員之權利或義務者及團體之組織與發展者，均需透過全體成員的會員大會作原則性之決議。其二是「幹部工作會議」，由組織中之幹部出席參與，它是學生團體的工作計劃單位，也是執行推展的單位。凡是會員大會的決議，都必需透過組織幹部的相互溝通與協調，以發展具體可行的行動計劃或策略，並確定其執行進度而切實付諸實施。為了使學生團體的會議能順利推展與進行，會議之前的籌備工作是非常重要的，其中包括預擬議程（含時間、地點、對象、議題）和提供各種可行的行動方案之有關資料，以便與會成員能在有限的時間內儘速瞭解問題之優劣或困難所在，然後針對問題集思廣益，以順暢做成可行的決議。

會議的舉行，除了應出席的成員全體應準時到場出席外；在會議前，要搜集或研讀有關議題的資料；在參與會議時，人人有平等的權利和義務，人人可熱烈參與討論和公開參與表決；在議案討論時，要遵守民權初步及會議規範，和會議的主席及紀錄密切合作；在進行表決時，要能服從多數的決定。

當然，學生團體會議的順利進行少不了圓熟的「主席」和忠

實的「紀錄」。會議的主席，是主持會議進行的重要負責人，態度要和藹，立場須公正，提供每位出席成員發言的權利與機會；尤須熟悉會議規則，了解會議目的，維持會場秩序，並迅速處理提案之討論與動議，積極把握時間；作結論時，應兼採眾議，折衷至當；對於少數人的意見，能給予以適當的尊重，應有寬容和涵泳的美德。倘遇緊急意外事件發生，如空襲、火警等，主席有權隨時宣布散會，並同時宣布下次開會的時間。

擔任會議實錄的人應把握下列要點：(1)紀錄決議要點，(2)紀錄表決的票數及否決的票數，(3)紀錄輔導老師的指導要點，(4)「紀錄」須經宣讀認可，並由主席和紀錄人簽字。

第三節　學生自治活動的輔導

壹、團體參與之動機需求

一、班級成員的動機背景

一般促使個人參加團體，且使他繼續接受該團體內的影響力，不外兩方面：一是來自成員自發的心理需求；另一與成員的意志較為無關，是來自外界的力量。

校園裡的學生團體，適切地提供了兩種不同的狀況。學生參與班級團體多與成員的意志無關，而是由於外力的強制，即由學校的安置或編配而成；學生參與友誼團體，特別是高中以上的學

生社團，則多由學生自願參加或自行組織後向學校登記而成立，
幾乎沒有外在的強制因素。因此，學生班級團體組成之後，宜積
極發展足以滿足個人內在動機的情境。

　　依社會心理學家鄭瑞澤先生指出，個人參加團體的一般動機
有下列四種：

　㈠參與的動機：也就是夏克特（Schachrer）所說的「親合需
　　求」。

　㈡團體的依賴：僅靠個人力量難以達成目的

　㈢損失的減低：明知參加團體將蒙受損失，但是若拒絕參加，
　　所造成的損失將更大。

　㈣視作酬賞的團體參與：團體能夠成為個人滿足需要的場地，
　　那麼參與團體本身，對他必有酬賞作用產生。（註15）

二、促進團體參與的基礎

　　影響人與人間相互吸引的因素，張春興先生指出最主要的是
：⑴接近且相悅，⑵相似或相輔（註16）。李美枝先生提供六
點：⑴時空的接近，⑵會以相對的喜歡反應回饋吾人的喜歡反應
，⑶與吾人有相似的價值觀、信心和態度，⑷能滿足吾人的心理
需求，⑸能幹有為，⑹外在引力等。（註17）

　　學校希望輔導學生在最短期間能積極發展班級團體意識，或
投入學生社團組織行列者，當從下列基礎上起步：

　㈠發展同質團體

　　凡是成員具有一致性特徵的團體，稱之為同質團體，否則即
稱之為異質團體。學校裡宜鼓勵具有共同興趣、共同態度、共同
慾望、共同目標或共同利益的學生相處在一起，學生由於彼此共

同的需求，容易產生相同的情緒，形成一致的行動，意識上也易協同一致，彼此認同，並發展共同的行為，終致產生彼此休戚與共的心理，形成強固的團體意識，而發揮群我一體的凝聚力量。

(二)頻繁的交互活動

任一學生團體，均應為學生們直接的、自然的、情緒的交流所形成的團體。成員們互相影響，彼此滿足，這種成員間的交互行為，它不是來自彼此的訂約或公式化，而是彼此心理的需求，個人態度與情緒交流的心理狀態。因此，為求個人能獲得較大的安全感與身心需要的滿足，及彼此社會需求的適應，相互間的溝通必多，接觸連繫必繁，互動率必高。根據何曼斯（C. Homans）的研究顯示，成員間交互行為愈頻繁，促使個人對團體參與的機會充分，因此，個人對團體的依賴性激增，而團體對成員的影響力也由此加深，同時個人對團體的附著力愈強，其團結的程度愈形牢固，反之亦然。（註 18 ）

簡言之，在學生參與團體之初始探索時期，或學生團體初成之萌芽期，宜輔導學生團體經常舉辦各種促進成員感情交流的活動，如郊遊、烤肉、露營、慶生會、聚餐、同樂表演等等，使成員們能夠透過輕鬆的活動，彼此儘量的接觸，增加彼此瞭解，表達接納及發現優點的機會。

對一個基於共同動機、共同興趣等因素，而形成成員間頻繁交互行為的團體，要想禁止或限制其活動與接觸，可能因此導致限制愈嚴，而相互結合之力愈牢固的抗拒行為。

三、友誼團體的吸引動力

促使個人參加團體、隸屬於團體，除了個人基本需求的滿足

之外，團體對於團體內的各個成員，具有某種吸引力，使個人感受到這種引誘力而參加或停留在該團體。卡特萊氏等人（Cartwrightetal, 1968）將這種「能影響個人使其停留於該團體的所有力量之合成者」，名之為「團體凝聚力」（Group cohesiveness）（註19），也就是指除了前述個人由於脫離團體將蒙受損失的「減低損失」動機外，其餘追求酬賞的積極自發的參與動機，經合成而生的強度，將以團體為單位表現出來。

影響團體吸引力的強弱，或個人安於一個團體的凝聚力量之大小的因素，鄭瑞澤指出有：⑴團體目標的明晰度，⑵目標的難度，⑶競爭和合作，⑷活動的滿意度，⑸成員的互動次數，⑹加入團體的難度等六項（註20）。李美枝則敘述有：⑴喜歡其他的團體成員，⑵作為一個團體成員所具有的尊嚴感，⑶團體協助個人達成他單獨一個人無法達成目標的能力，⑷沒有其他可以取代的團體等四項。（註21）

換言之，學生對於其擬參與的團體有所選擇時，事前會經由有關資訊中去瞭解、去估量該團體各方面的表現。

四、團體活動設計的原則

學生友誼團體可以說是青少年在校園學生生活中「情感與動機」的滋養物。青少年學生隨著年齡的增長，產生「要求獨立」、「希望情愛」、「獲得社會接納」的心理需求（註22）。其中尤以期望自己在團體中或同伴中受到接納與了解，成為團體中真正的一份子，獲得「社會接納」為最。另方面，此一時期的青少年原是好奇心最強，學習力和模仿力遽增的時期，在其面臨升學的強大壓力、繁重課業之沈重心理負擔之餘，期望透過同儕友

伴或將平日各科學習及教材，與日常生活取得連繫，與社會融會結合，以突破「爲學問而學問」的瓶頸。

　　因此，學生團體活動的設計，一方面要滿足學生參與活動的自發自動、自治自律的要求，另方面也要能引導學生寓教於樂、啓迪智慧，完成學校教育的功能。對於學生團體活動的設計，試提下列幾個原則：

(一)主題正確清晰

　　學生團體活動設計的第一個要領是活動目標及內容要符合團體組織的宗旨，因爲社團宗旨是經學生全體成員共同意志決定。因此，學生團體的一切活動均應依據該團體組織章程之規定。

　　事實上，校園學生團體活動的性質，不外兩大類別：一是「學習性——由不會到學」；二是「矯正性——導誤爲正」的歷程（註23）。學生團體活動目標及內容應具備知識性、技能性，尤其是理想、態度、觀念性，以及提供學生由「不會到會」的學習與熟練的機會；而學生活動的形態、方式宜力求變化，不論是動態或靜態、合作或競爭、短期或長期、校內或校外、分組或整體的，均應啓迪學生「由誤而正」的人際關係與氣質變化。

(二)體驗互惠關係

　　學生在校參與學生團體，與人共營群居生活，是因爲每個人都需要別人的幫助，這種需求和供應，便形成了人和人之間「相互對待」、「公平往來」的關係。每個學生依自己的志願，選擇適合自己興趣或專長的團體，或參加適合自己能力和速度的班級，讓自己能夠發揮所長，爲人所接受，當然是最感成功和滿足。但是如果任一成員在與他人或團體相處中，只有不斷吸取經驗，贏取個人利益，卻始終不願付出經驗，或想爲人提供任何支援扶

助，這就不符合「公平來往」、「相互對待」的供需原則了。

　　學生活動應提供成員及團體彼此間知識、智慧、技能、經驗、情意及理想交互作用的機會，同時也要求成員與其團體在時間、心力、勞力、財力上有彼此相互交付、支配、運用的權利和義務，以積極建立個人與群體相互依存、相互發展的和諧關係。

　(三)共同參與和尊重

　　學生同儕團體是由多數人組合的團體組織，雖然成員間大多為同年齡、同學力或同性別、同條件的學生所組成，但人與人之間的差異仍無可避免，因此，若在學生團體活動的目標或內容上，要求每位成員不計個人的興趣、性向而同意於共同的、唯一的目標，這是不可能的事，若在辦法、過程上，限定每位成員均需齊一步伐、保持同樣速度的完成同樣的工作，這不但是不可能而且是不合理的。

　　學生活動原是一種共同分享經驗的最佳途徑，在組織會議中可提供人人有發表意見經驗的機會，並培養「少數服從多數，多數尊重少數」的民主風度及容忍異己的雅量。在工作過程中，鼓勵人人依據個人專長特性，分別參與不同職位，提供不同類別、程度、大小的知能，以分享問題解決、工作完成的貢獻。換言之，在團體活動中，每位成員，不論年齡、性別、智慧高下、能力強弱，均能普遍獲得彼此的鼓勵和協助、彼此的喜愛和接納，使團體成為最適合個人發展的社會。

　(四)激發生產與創造

　　學生團體在組織上、活動上均是一種完全動態的、交互作用的歷程，那麼此種互動歷程中，必然有所「產出和變化」。譬如在班級大會上，成員在會議中藉著語言、表情和姿勢等直接的溝

通方式，提出個人的建議，透過團體一再反覆討論，最後進入表決而產生決議；在學生團體第一次成立大會中的學生社團組織章程及其幹部負責人名單，便是它最具體的產品。

　　因此，學生團體活動的設計，要能提供不同的交互作用，即不同的溝通互動的網絡、型式、內容、方向或速度，促使成員間因不同程度的相互影響與變化，產出某種特殊的語言、行為動作，甚或創新的思想。譬如，小至一個圖案、一枚徽章、一件飾物、一首歌、一支曲，大至團體自律、公約、自治、規範、榮譽及制度等具體成果，以使團體的特色及個人的潛能充分發揮。

貳、團體活動之實務

一、學生團體的性質

　　「學生自治」除了確實表達學生班級或社團（分組）是以學生為中心主體，自定章程，自動自發的參與之外，舉凡學生團體的活動，均需透過成員共同設計、共同領導、共同實施與共同評鑑的歷程，充分表現出民主自律、群體合作的精神，而學校有關教師僅居於輔導的地位。

　　學生班級或社團活動依其目標內容，概可分為學習性、聯誼性、服務性三大類，其中學習性活動多偏重於認知或技能之目標及內容，而聯誼性及服務性則重情意行為之發展及表現，茲列舉如左：

　　(一)學習性：依其學習內容可類分為學藝、康樂、體能、技藝及科學等五類；依其活動方式有聽講、討論、展覽、發表或競

賽、觀摩等。

(二)**聯誼性**：參觀、訪問、郊遊、旅行、集會、聚餐、遊戲、表演、聯歡、同樂等。

(三)**服務性**：政令宣導、社區服務、義賣捐獻、急難救助、傷殘慰問、義工值勤等。

二、班級活動輔導方針

綜觀學生團體的活動，真是包羅萬象、千變萬化，然而辦理活動的程序，則是大同小異。大抵來說，不外下列步驟：(1)擬定計劃；(2)預定行事曆；(3)籌備活動；(4)展開活動；(5)翔實記錄；(6)成果展示；(7)檢討改進。如此一來，對於學生活動的輔導就有脈絡方法可循了。

對於學生在班級活動之進行，試提下列幾個輔導方針：

(一)**計劃周詳**

學生活動，是多數人參與的團體活動，是長期進行的教育課程，因此，計劃的安排是絕對需要的。「凡事豫則立」，不論是學年活動、學期活動、學月活動、單項活動，都要能計劃周詳，把握目標及預定進度，確定項目內容，分配工作與實施步驟。有了周詳的計劃，才有應變的能力、檢討改進的依據，也奠定了學生活動的基礎。

(二)**進行合法**

學生團體是校內組織，活動是校內的活動，因此，一切都要依據學校既定的規範，辦理必要的申請或登記。譬如，校外學者專家的聘請，活動時間的洽定，活動場所設備的洽借，海報、壁報的張貼，活動經費的補助，節目、刊物內容的審查，校外參觀

訪問、社區服務或慰問對象的確立，以及往返交通工具的協調等等，均要向學校申請登記並經核准在案，以明法律上的責任，以維持學生團體的安全與信實。

㈢分工合作

團體活動最大的特色是能分工合作，最大的收穫則應是個人充分發揮自己的專長與潛能，而完成團體的目標或任務。唯個人具有的專長智能，會因時因地而異，在某種場合具有專長知能者，在另一種場合未必具有同等的專長知能。好在「潛能是可以不斷開發出來的」。分工合作的訓練，可以適用於全體學生，對於年幼或能力不足的學生，鼓勵其先擔任小職務，然後進一步擔任大職務。務期人人參與，處處協調配合，彼此相輔相成。

㈣紀錄詳實

學生團體的各種活動實況，不論是個人或團體均應隨時作確實的紀錄；文字、圖片或實物等資料，應予妥善搜集整理，學問由此產生，經驗由此累積。活動的紀錄與資料，不但提供學生個人之間、社團之間、甚或校際之間觀摩研究的機會，同時也為學校校園文化，留下一份珍貴的文化財產。

㈤經費公開

舉辦活動當有經費的支出，而支用經費的原則，是能用最少的錢辦最大的事。學生是沒有收入的，學生經費的來源，一是來自學校訓導活動經費項下的預算或補助，一是來自家庭家長的提供（由學生繳納）的費用。學生活動應避免校外任何機關團體的經費津貼與贊助，同時，社團活動經費應予公開徵信，鼓勵學生從活動中習得經費之預算、支用、結算及公告等知能。

㈥器物管理

　　學生團體除了經費還需要各種器材、物品，對於團體所擁有的器物，不論是共同購置、或外人捐贈、或成員自備，均應予以編號列册並妥善安置在適當之箱盒櫥櫃中，由專人負責登錄整理保管，定期曝曬維修，並辦理出納檢核等工作。對於短期向外租借之器物，更要謹慎清點及使用，以免損壞或遺失而增加團體不必要之負擔。每學期初或中途易人時，宜造具移交清册連同器物一併清點交接。

(七)連繫緊密

　　學生團體是學生自己組成的團體。在班級裡，雖然是個個地位相同、機會均等，事事共同決定、共同遵守，然而，由於團體組織的需要，必然產生「領袖」、「幹部」與「成員」等不同的任務角色。領袖的統籌領導，幹部的指揮分工，都必須成員們不斷地進行雙向溝通。另一方面，班級領袖或幹部在學校擔任學校與學生之間的橋樑，爲了共同問題的解決，學生共同理想的實現，必須不斷地向師長專家請教，向職工先生洽詢，向校外機關連繫，然後收水到渠成之效。

(八)客觀討論

　　學生班級活動，雖是爲滿足某種興趣或達成某種目的之自我意識的活動，但並非全是玩樂，它仍有專心致志的學習和艱難困苦的工作，所需要的智慧和能力，也絕不低於一般課內的學習。因此，爲檢討過去，策勵將來，爲了幫助了解和提供資料，學生班級活動應由學生隨時客觀的、自我或共同的來做價值評估和成績評定工作。

(九)氣氛和諧

　　合作或競爭的氣氛對團體活動之進行及成員之行爲表現均有

絕對的影響，合作式小組不同於競爭式小組的有：(1)所提的想法與建議較多，素質也較好；(2)彼此意見溝通較少困難；(3)彼此間比較友善；(4)對自己的團體及其成就比較滿意；(5)有分工合作、角色分化的傾向（註24）。班級團體在人人參與的原則下，成員們較易彼此協調、彼此尊重，相互喜愛與交換智慧經驗，相互吸引與充分搭檔合作。

㈩酬賞鼓勵

　　成功團體的成員，由於成功而帶來的滿足，良好的自我評價和一些無法計量的報酬，將帶給成員希望確保團體之持續、維護或追求更好表現的活動；失敗團體的成員正好相反。因此，在活動前擬定難易適度的團體目標與計劃，在活動進行中不斷地給予團體及其成員鼓勵和協助，活動之後能適時安排互相觀摩與鑑賞，定期公開表揚各類績優團體及個人，樹立典範及榮譽制度。

三、班級活動實施示例

㈠競賽或發表會實施步驟

　　1.決定發表或競賽的內容及項目。

　　2.分配職務。

　　3.報名、分組、編號。

　　4.編排程序，編印手冊。

　　5.練習或預演節目。

　　6.準備應用器物。

　　7.佈置會場。

　　8.柬請來賓。

　　9.遴選並訓練招待人員。

　　10.舉辦活動。

　　11.收拾整理。

　　12.檢討改進。

(二)社區服務實施步驟

　　1.決定服務範圍、包含區域與性質。

　　2.勘察環境。

　　3.研討進行步驟及注意要點。

　　4.分配職務與工作。

　　5.聯絡有關機構與準備應用工作。

　　6.進行社區服務。

　　7.評鑑成果。

　　8.檢討改進。

叁、團體活動之策略

一、知識與技能之學習不能少

　　學生班級團體組織及其活動，均為個體社會化歷程中的基本單位之一。因此，它不僅有培養學生人際關係能力之社會化功能，更有促進其社會能力之社會化功能。個人方面不論人文、社會、科學、音樂、美勞、藝能、體能運動等各類之知識與技巧，均宜普遍培養興趣，積極參與活動，並且充分與日常生活相結合，以使個人德智體群各方面均衡發展。

　　班級團體方面對於人文社會、自科科學、音樂美勞藝能、體能運動等任一類活動，儘管受班級團體客觀條件所限，但仍不宜

欠缺，以免先期喪失成員互動機會。同時，班級團體活動更要因應時代之進步、社會的變遷，提供各類前瞻性學習活動，以培養未來社會上有能力的人。

二、提供觀摩、建立楷模

大多數人在不同的情境下扮演不同角色，在每一個角色扮演的環境內，每個人更期望他所碰過的人，均能以某種方法表現行為，或至少表現出一種可為人接受的行為範圍。如果行為過度，會使他留下不穩定、不尋常或陌生的印象。因此，社會心理學家認為個體並非盲目的參與不同的角色變化。不同社會環境的人們，行為和行動受到個體對主要團體認同的角色的影響，其中包括個體已被同化的價值來源的「規範團體」，和個人可用來作自我評價和評價與他移觸的人的「參照團體」。（註25）

學生同儕團體常有他們自己的規範和價值。兒童能否為同儕團體接納或拒絕，要看兒童學習這些規範的能力及是否接受同儕團體的價值而定。而這些同儕團體的規範和價值，對個人的行為、態度和人格等有極重要的影響。因此，學生班級團體是兒童獲得各種技巧、知識和態度的重要增強和模範所在。

學生班級活動的項目和內容相當廣泛，同時兒童在不同項目、不同內容的活動中，所扮演的角色和地位常有不同。學生班級活動的設計，務必提供人人參與不同技巧與知識學習的機會，處處與不同的成員相互組合或搭檔，以扮演不同的角色，分擔不同的責任，並隨時提示彼此相互觀摩、相互鼓勵，和表揚團體認同的楷模。

三、選擇性與多樣化

　　遊戲團體通常是一種非正式組織的同儕團體，是四歲到十二歲的兒童在學校或鄰近的地方，自然組成的流動團體。它是最早影響兒童態度發展的友誼團體，也是兒童人格形成的最重要溫床。班級團體是兒童入學之後的人為的正式團體，與其遊戲團體大不相同。但這兩種團體的組織，多數是重疊的，即正式組織中常包含非正式組織。隨著生活的現代化，非正式組織團體的形態與數量漸有增加的傾向，且其活動更具多樣化，帶給兒童對同儕友誼團體莫大的選擇性空間。班級活動的設計，在活動項目、內容方面，在方法、過程、步驟方面，宜容許並提供多重組織與多樣化活動，讓兒童能充分運用其自主性與選擇權。

四、社會化與結構化

　　班級活動的進行常有「為活動而活動」之弊。任何團體舉辦活動應有其舉辦活動的目標，能發揮某種功能或產生某種效益。班級活動的活動本身只是一種媒體，提供團體成員在社會情境中社會化的歷程，因此，班級活動應就其社會結構與功能作一分析。一般來說，班級活動的社會結構因素約有七個項目：

　　1.團體的規模
　　2.團體的聯絡
　　3.團體分子間的角色與任務
　　4.團體秩序
　　5.團體活動的領域或體制
　　6.團體目標

7.團體的場面（註 26）

試以社會結構因素對班級中各類活動略作分析如后：

（一）故事接龍或新式辯論活動之社會結構分析

故事接龍或新式辯論是個人無法實施的，從接龍與新式辯論的規則來看，都是一種運用小團體的語文活動。就組織結構言，每四（或三）人爲一單位，四人的聯絡傳遞結構是依照講辯的順序而直列出現，聯絡的最小單位是由二人成立的。至於成員的職務結構可分成「起言」與「接言」兩種，而人的職務又隨著成員的技術優劣或競技的需要而分化。譬如首位發言者除了能提陳講述或辯駁內容之外，還要能拓展講述或辯駁內容的空間；末位發言人除了能提陳講述或辯駁內容之外，還要能將前幾位的發言內容予以統整並圓滿歸納終結。這種「一講一傳」、「一說一接」的講述或辯駁，倆倆合作，可說也是社會中協力合作的技術。

活動的領域結構可分成「開始」、「中間」和「結束」三階段，各人活動的容許度爲三分鐘時間，故事接龍或辯論賽的團體目標結構是得分或名次，除團體優勝之外可能也有個人優勝。團體內是一對一的連鎖型合作關係，對團體外則是一對二的競爭。

表 5-6　故事接龍、新式辯論的社會結構因素分析表

分析項目	社　會　化　特　徵	
	故事接龍	新式辯論
1.團體規模	四人(單獨連鎖型)	三人(交互連鎖型)
2.團體聯絡的結構	最小單位：二人相互作用 直列型的相互作用 	
3.團體分子的任務結構	[起言任務] [接言任務]	起言任務　發問任務 接言任務　發問任務
4.秩序結構	發言順序　①──②──③──	
5.團體活動領域的結構	分擔與重複 「開始」「中間」「結束」	[(發言)(答問)][發問] [發問][(發言)(答問)]
6.團體目標的結構	團體得分、勝負次數	個人得分 團體得分、勝負次數
7.團體場面的結構	團體內(隊內)的合作 	團體外(隊外)的競爭

㈡書法、做唱或跳高活動之社會結構分析

表 5-7　書法、做唱、跳高活動的社會結構因素分析

分析項目	社　會　特　徵
1.團體規模	單獨
2.團體聯絡	個別交涉型
3.團體分子的任務	對團體無直接任務
4.秩序(名次)	①作品展出位置及試寫遍數 ②歌唱演出順序及試唱次數 ③試跳順序及試跳次數
5.團體活動領域	①書寫字體格局字數 ②歌唱曲目類別時間 ③跳躍方向未限定(左、中、右)
6.團體目標	①字體格局優劣 ②作品特質得分 ③以跳躍的高低
7.團體場面	單獨的競爭 受器材條件的限制

㈢躲避球或國樂合奏活動之社會結構分析

表 5-8 躲避球、國樂演奏的社會結構因素分析

分析項目	社會特徵	
	躲避球	國樂合奏
1.團體規模	10人上	20人以上
2.團體聯絡	分節連鎖型	全體連鎖型
3.團體分子任務	1.攻擊任務者 2.攻擊與防守兩種任務者 3.防守任務者	1.指揮 2.拉彈旋律 3.敲打節奏
4.秩序結構	活動領域的交替使用，因得分的權利維持	依曲目樂器類別分別先後及共同演奏
5.團體活動領域	團體間活動領域的分割	全體與部分關係的整體及分節結構
6.團體目標	得分（勝負）可進行團體與團體競爭	得分高低
7.團體場面	團體與個人的合作，個人與個人的合作器材與活動領域的條件限定。	

第四節 學生自治活動的成果

壹、潛能發揮與人才培育

一、社會上有能力的人

社會的目標，乃在透過社會化過程，培養出能幹的人，即有能力的人。所謂能力（Competence），意指有效率地與物質的和社會的環境發生交互作用的能力。個人爲了能有效率地在社會中發揮功能，他必須獲得廣泛的知識技巧和氣質；換言之，透過社會化過程所培養出來的有能力的人，他不僅應具備促進人際關係的人際技巧、某種態度和人格氣質等的「人際關係能力」（Interpersonal competence），同時必須獲得像運動技巧和語言技巧及其他技巧和知識的「社會能力」（Social Competence），才能在社會上有效發揮功能。（註28）

一個人能否被稱爲社會上有能力的人，必須以他是否能成功地在許多社會角色中發揮功能，成爲該社會中能幹的人來評量。所以，「能力」包含如何依據社會界定能力的有效角色之能力表現。就某種技巧形式的能力言，兩種不同的社會，對能力的評價就有差異。例如正確的擲矛能力，可能是原始非洲社會成年男子必須擁有的技巧；但對美國社會而言，美國成年男子擁有這種技巧者並無甚價值。反之，在美國社會裡，開車技巧對每個人而言

幾乎是必須的，但對非洲社會則甚少必要。

個人社會化歷程是全面的、連續的發展。例如，某種運動技巧發展較慢的兒童，他的同儕團體認為他的跑、爬或其他運動技巧差，而難以允許他加入同儕團體，於是這個被同儕團體疏離的兒童，將因此導致較少有機會再透過同儕團體的交互作用，培養其他社會技巧。反之，跑、跳、擲和打棒球能力較好的兒童，如果其人際關係技巧差，也會受到同儕團體的排斥。

二、個人潛能發揮的條件

有些人們以為所謂「人類的潛能」，乃是單指人類的「智力」而言；事實上，人類潛能的範圍相當廣，除了智力外，還包括體能、耐力、道德的成熟、創造力的成就、社交的能力、感覺力及領導才能等。科學家發現：人類貯存在腦內的能力大得驚人，一般人平常只發揮了十分之一的大腦功能；那麼，人類為什麼只發揮十分之一的才能呢？怎樣才可以使兒童的潛能，獲得更大的發揮呢？

　㈠能給予愛和溫暖：只有在安全、有自尊、能信賴而快樂的環境之下，潛力才有可能做最大的發展。

　㈡能給予了解和支持：必須顧及孩子的個別差異，每個孩子氣質不同，所以對孩子的特質我們應該了解而且支持他。

　㈢能容許兒童新奇的想法：不要一味地要求孩子答出大人心目中期望的標準答案，我們該注重的是思考的過程。

　㈣能提供豐富的文化刺激：對孩子可產生刺激作用而激發其思考與創造能力。

　㈤能維護其身體健康：雖有優異的資質，若缺乏健康的身體為

其基礎，容易形成英雄無用武之地的遺憾。

㈥能給予孩子自由的時間：必須要有自由的時間，孩子才會主動去吸收，發展其喜歡的事物，才能發揮其才華。

㈦能鼓勵共同思考：與他人共同思考，共同研究，共享經驗，是現代人應該培養的求學習慣。

㈧能指導孩子學習的方法：教育孩子，知識的獲得應只屬於次要的目標，重要的是培養其正確的讀書習慣、態度與方法。

三、培育領袖的原則

　　現代的社會是個異質性很高的社會。學校裡的學生各基於不同的追求目標而成立，各個團體要達成其目的所需要的領導功能也不相同，因此，他們需要不同類型的領導人才。一個團體成員的特質，如果正好配合所在團體特別重視的功能和其所需的技術與性格，他就極有可能脫穎而出，成為該團體的領導者。換句話說，一個具有某種特殊人格特質的人，適合成為某一特殊團體的領導角色。因此學校裡，基於「人人可以成為領導」「人人可以加以訓練」的觀點，鼓勵學生社團透過學藝、康樂、聯誼、服務等各種活動，及會議、研討、參觀訪問、展覽出版、表演服務等各種方式，來提供成員領導才能鍛鍊的機會。儘量避免把學生截然分為領導者與追隨者兩種類型，使領導才能祇限於少數人所具備。

　　學生擔任團體領導的角色，最好不要由教師來指定，而由學生以民主方式來選擇。教師的任務在於援助團體的各個成員，在團體中發現其可以發揮領導才能的特別領域（註29）。同時，團體內的各類領導職務人員之選舉，也應積極考慮各個成員的素

質、經驗和意願，千萬別讓選舉流於形式，硬性規定一個人不得第二次擔任同一職務，或把一切職務分配給所有的每一成員，這都不是鍛鍊領導才能的正確方法。

四、鍛鍊領袖的方法

對學生而言，參與團體活動的最大收穫，乃是瞭解自己具備領導者的才能與達成領導的任務（註30）。這種自信心成就與服務的心情將促使人際關係的技術大有進展，因爲獲得友件的承認所帶來的滿足感，可以培養建設性的學生領導才能。縱令對於缺乏果斷力的成員，在他可以發揮其特徵的情況下，也應該鼓勵他採取領導功能。換言之，學生班級，可以鼓勵成員先擔任小職務，然後再進一步擔任大職務。（註31）

從學生社團的發展來看，學生社團領導人才，也有負起開發後續領導人才的功能與職責。經常舉辦分期或分類之領導才能訓練班、學生社團負責人講習或學生社團幹部人員研習會等活動，使學生成員在這種短期的、集中的研討活動中，吸收有關領導的理論，交換與熟悉該項領導任務的重要情報與經驗，及其他相關問題之探討等，來直接助益學生領導才能之養成。

因此，綜合來看，領導才能的訓練有兩種方式：

㈠*短期的訓練方式*：使其深入了解與涉入團體領導組織中，使其表現出獨特的見解，發展出更有價值與成效的領導方式，了解各團體的組織與存在的問題，設身處地的去思考解決問題的方案。

㈡*長期的訓練方式*：須從三個方面著手：1.價值觀、人生觀的建立。2.人際關係與自尊心的發展。3.積極進取的態度之培

養。

五、訓練領袖的策略

㈠價值判斷：價值觀能引導我們實現自己滿意的生活方式。

　1.先澄清個人價值及他人的價值判斷方式。

　2.教導他們在決策過程中所需用的知識。

　3.給予機會將其判斷力在實際行動中表現出來。

㈡人際溝通：建立公開的溝通方式能傳達出個人的感想，對說者與聽者雙方都非常清楚、明白。

　1.先讓學生了解他們自己的真正感覺，及建立明確的表達方式，同時知道表現出「積極的聽者」態度。

　2.給予大量的練習機會來實地角色扮演各類溝通情境。

㈢自尊心的發展：一個人要對自己有正面肯定的看法，必須要有機會去親自體驗做一個被別人肯定且喜歡的人。

　1.先在小團體或關係親密且能彼此交換意見的團體中實施增進自我覺知、自我表達、自我發展的團體活動。

　2.團體互動：利用團體認識與溝通的輔導活動，使學生更能滿意與積極的參與團體活動，增進其領導能力。

六、學生領袖的基本態度

　　學生是眾多個體組成的大團體，維繫此團體的，不是彼此相互的利益，而是在於共同理念的實踐。它須要大家去參與，更須要大家去奉獻。所以，學校社團流傳著　蔣經國先生所說的一句話：「犧牲享受，享受犧牲」，身為學生的領導者、負責人，更需要有這種精神與襟懷，任勞任怨，不屈不撓，凡有利於團體目

標之達成、團體組織之維持者，不論經歷多少屈辱和挫敗，都應勇往直前。陳壽昌先生曾就社團領導者應有的基本態度，提出下面三項：（註32）

㈠領導必須善盡其責。

㈡示範楷模與潛移默化。

㈢以服務代替領導。

貳、學生成員與團體的具體表現

一、學生成員的成長經驗

㈠邁向社會、贏取友誼

青少年隨著年齡的增長、身心的日漸成長，漸漸要求獨立，不再依賴父母長輩，但實際上，只是依賴性的需求由父母轉向同儕，去尋找「知己密友」，來進一步肯定自己的存在。

特別是青少年在接觸家庭以外的社會關係之後，瞭解了社會規範的複雜性，在家庭中無法獲得需要的滿足，很多行為表現及價值觀念的形成，漸以同儕團體為其參考團體。事實上，參與同儕團體，也可以消除青少年個人行為部份輕度的焦慮。譬如青少年們喜歡追求刺激與緊張，希望避免長期無謂的工作而迅速成功，偶而採取部份侵犯行為的表現等等，這些為成人所不允許的，卻都為其同儕所接受。其次，學校中各種來自不同階層及不同環境的同儕團體之組成份子，它形成不同的社會結構與氣氛，充分提供青少年拓廣個人思想及行為接觸面的機會，協助個人從家庭

走向社會。

（二）尋求表達、實現自我

「自我實現」是人類生命中基本衝動之一，也是與動物之間最大差異所在。所以，在日常生活之中，我們所追求的事物或理想，遠在食衣住行簡單的生存目標之上，為了實現自不得不設法表達自我，從表達中來得到自我實現的滿足。個人表達的方式和範圍，幾乎包括了一個人的全部生活。舉手投足、詠歌賦詞、研究創造，無一不是為了表達和實現自我。

班級活動是學生生活中最佳的表達場所。班級團體由同儕學生所組成，學生參加班級活動者人人都是主角，無主從之分、無旁觀之感。每人機會相等，興趣相同，一方面各盡所能，一方面追求共同的和個別的快樂。在表達過程中，有表達一己能力者，有表現個人個性、理想、抱負者，有因好美而情不自禁地表達自己的美、也欣賞他人的美，這種在知識技能上盡其所能的充分發揮、創造，在情緒上真實、盡情而澈底的表達，獲得精神上完善的滿足的情境，只有在學生班級活動可以找得到。

（三）掌握角色、認同團體

學生班級團體是一種成員直接接觸的共同生活體，面對面的機會比其他任何團體為多，彼此間長久相處，使青少年學生在同儕交互作用中，認識人群相處之道，為個人「人際關係能力」之發展至少帶來三種功能：（註33）

1. 由於面對面的關係，個人可以直接觀察團體中其他成員的角色行為；每個成員都是獨立的個體，個人所扮的角色，也概依個人的實際表現而定，這是一種新的社會情境。因此，從各種角色伴侶的回饋中，個人學習到自己所應有的

角色行為。

2. 由於廣泛的互動，使得「社會接納」成為價值衡量的標準，個人為了被團體所接納，而將團體的道德、規範納入個人的行為取向之中。另方面，個人將學生團體視為個人的參照團體，對於團體中所強調的服從、犧牲、合作、容忍及同甘共苦等特質，作為個體比較與規範的內容。也就是個人利用參照團體作為自我評量的來源，利用參照團體來成長自我觀念，於是逐漸形成個人的態度、行為，決定了個人的發展方向。

3. 學生團體的「吾儕感」，是一致性的基礎，這種一致性提供了「重要他人」（significant others）對於成員之社會控制的基礎。利用酬賞懲罰、暗示模仿或是認同，作為社會控制方式，經過團體歷程，滿足了成員心理與社會的需求。

二、學生成員的具體表現

　　試就學習活動、人際關係、個人生活及團體生活四方面，分別列舉學生成員之具體成果表現如后：

表 5-9 學生團體中學生成員的成熟行爲表現

類別	學生成員的行爲表現	類別	學生成員的行爲表現
學習活動方面	1.正確的學習態度 2.學習興趣濃厚 3.願與人一同學習 4.學業成績進步 5.說讀寫作等能力增強 6.對事物保持敏感與新鮮 7.能應用所學於日常生活 8.能幫助他人學習	個人生活方面	16.個性開朗樂觀積極 17.對自己有客觀的瞭解 18.能自我學習自訂計劃 19.能自我檢討評鑑 20.有理想有抱負 21.能把握表現機會 22.能安排休閒生活 23.生活經驗豐富
人際關係方面	9.能主動爲人服務 10.待人熱忱誠懇 11.願意幫助他人解決問題 12.能以他人爲楷模 13.能隨時做好溝通協調 14.能與人保持密切的連繫 15.能隨時準備應變接替職位及工作	團體生活方面	24.行爲端正進退有序 25.遵守共同規範 26.服從領袖領導 27.能完成自己的職責 28.能適應團體生活 29.能對團體提出積極建議 30.能爲團體犧牲奉獻

三、班級團體的圓熟表現

學生班級活動，平日以學科學習活動爲基礎，以完成共同學習目標爲其基本標的。隨著時代的變遷，教育的思潮的發展，近年來班級經營理念的積極開發，使這一群直接接觸的共同生活體，在面對面的機會多於其他任何團體的有利條件下，成員不但彼此產生了濃烈的感情，更由於成員彼此的互動作用與教師的伺機

輔導，班級成員已逐漸由被動的個別學習，演變爲主動的共同策
劃的學習活動。尤有進者，更自訂生活公約，建立共同的行動規
範，發展團體自治的功能。今天，對於班級達成學習目標的評鑑
，不再停留於個人學科學習的成績，而邁向生活全面的學習：包
括學生成員在學習活動、人際關係、個人生活與團體生活的全面
表現；和學生團體的組織運作及其活動的生產性成果，也就是整
個班級的團體活動、團體規範、團體學習、團體氣氛、團體意識
等的具體表現爲依據。

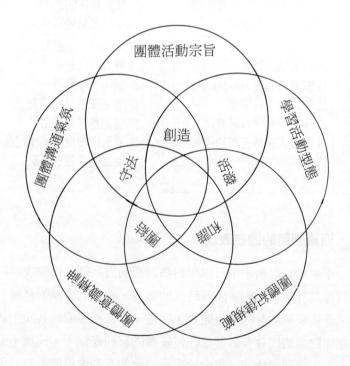

圖5-3　團體圓熟時之整體表現

　　班級團體在其組織運作及活動推展的歷程中，雖然「訂定團體活動目標」、「展開學習活動」、「營造團體氣氛」、「建立團體規範」、「形成團體意識」等，如本章第一節所敍，似有逐步演進的秩序，但彼此卻有相輔相成、相互助長之效，如圖 5-3 所示，彼此間缺一不可。於是班級團體的成長與發展狀況，乃構成學生成員個人發展的基礎和成果之所在。

　　試列舉班級中各類活動成熟時的具體表現以及其發展中可能的具體作法如下：

表 5-10　　學生團體各類構成要素之表現與作法參照表

類別	班級活動的具體表現	班級活動的具體作法
團體活動方面	・活動有計劃有進度 ・活動內容多采多姿 ・活動進行有始有終 ・每項活動人人參加 ・具體目標有效實現 ・長程目標短程目標相輔相成 ・與學校教育目標密切配合	・由團體成員集思廣義共同研討 ・力求具體簡單可行 ・事前充分說明宣導 ・反覆演練形成習慣 ・將被動引導為自動自發 ・常作積極性引導鼓勵 ・提供示範及楷模少作消極性禁止監督
團體規範方面	・規範內容清晰明確 ・酬賞有一致標準 ・接受制裁與約束 ・揚善制惡化解衝突 ・民主平等、公正公開 ・富發展性隨時代修訂 ・適應個別差異人性化 ・財物管理整齊有序 ・法治精神、自治自律	・建立榮譽制度 ・即時增強表揚 ・臨時性規範以補長期規範之不足 ・執行徹底有力 ・開放申訴管道 ・利用同儕間的影響力 ・增進感情感化力量 ・與家長溝通配合

學習活動方面	・學習風氣濃烈 ・學習態度認真 ・願與人一同學習一同作業 ・學習效率好效果好 ・團體成績普遍進步 ・學習快者能協助學習慢者 ・資訊流通迅速普遍 ・環境佈置充實完善	・針對興趣專長 ・採用適度教材、配合能力進度 ・給予成功經驗 ・建立個人偶像 ・成立愛心輔導小組 ・鼓勵共同作業 ・強調自我比較、建立信心 ・以具體創作替代抽象記憶 ・定期發表成果自我宣傳 ・鼓勵校外發表 ・鼓勵參加班際競技 ・鼓勵家長學生捐贈 ・鼓勵學生經驗分享、傳遞絕招 ・舉辦交誼慶生聚餐聯繫情感 ・舉辦戶外郊遊烤火野營旅遊 ・舉辦疾病探訪傷葬慰吊
團體氣氛方面	・成員有安全感隸屬感 ・成員經常接觸連繫密切 ・成員相互接納相互信賴 ・師生合作無間 ・急難相互救援扶助 ・成員對團體期望熱切 ・成員能集思廣益、檢討改進	・定期發表成果自我宣傳 ・講求個別差異容忍缺點 ・發展友誼群接納小團體 ・接納成員情緒及需求 ・設置意見箱 ・笑臉迎人活潑開朗 ・重視成員福利 ・重視成員福利 ・推廣成員代職代工制 ・爭取經費改善環境設備 ・幫助成員解決個人困難 ・定期會議集思廣益 ・面對問題公開討論 ・事事檢討處處改進 ・訂定團體組織規章合理分工 ・訂定團隊目標計劃充分說明 ・設計團隊服飾徽章旗幟

		・設計團隊手示團隊隊形 ・設計行動口號執行方針
團 體 意 識 方 面	・團體組織健全不怕挫折 ・團體行動一致規劃有序 ・強烈的團體榮譽心 ・班級特色有共同標幟 ・班際競賽績優 ・領袖人材倍出 ・團隊合作無間 ・團體凝聚不散 ・服從領導認同團體	・活動守時守法 ・建立特殊形象特色 ・要求行動一致表裡合一 ・穿著整齊服裝，同進同退 ・賞罰有度鼓勵有加 ・運用外力獎助鼓舞 ・記取失敗教訓雪恥求勝 ・多讚美少責備 ・觀摩學習其他團體的長處 ・尋找有影響力的領袖 ・用人唯才專才專用 ・運用言詞激發士氣 ・適時計劃調整組織人員 ・建立幹部培訓制度 ・分明權責分層負責 ・榮譽下達責難上承

附　註

註 1：郭玉霞（民 69）：影響我國大學生社會角色學習的同儕團體因素，師大教研所集刊，第 23 輯。

註 2：鄭瑞澤（民 69）：學級團體的心理。台灣省政府教育廳。

註 3：同註 2，第 4 頁。

註 4：同註 2，第 5 頁。

註 5：同註 2，第 5 頁。

註 6：同註 2，第 5 頁。

註7：同註2，第5頁。

註8：謝徵孚（民69）：社會學（上冊）。台北市：三民書局。

註9：張春興（民70）：社會心理學。台北市：中國行為科學社。

註10：鄭瑞澤（民69）：社會心理學。台北市：中國行為科學社。

註11：同註10。

註12：林欽榮（民72）：管理心理學。台北市：五南圖書出版社。

註13：同註9。

註14：會議規範民權初步。

註15：同註10，第226頁。

註16：同註10，第227頁。

註17：同註10，第228頁。

註18：秦汝炎、劉秋木（民60）：社會心理學。台灣省政府教育廳。

註19：韓幼賢（民65）：團體意識與國際關係，今日教育。

註20：同註19，第384頁。

註21：同註18，第105頁。

註22：李東白〔民58〕：青年心理。台北市：水牛出版社。

註23：劉緬懷（民72）：學校群育課程實施現況。台北市：書銘出版社。

註24：同註2，第234頁。

註25：同註18，第105頁。

註26：黃金柱（民74）：體育社會學。台北市：師大書苑。

註27：同註18。

註28：同註26。

註 29：黃政傑（民 66）：團體歷程理論及其在教學上的應用，師大教研所碩士論文。

註 30：同註 18，第 149 頁。

註 31：同註 18，第 150 頁。

註 32：同註 23，第 173 頁。

註 33：同註 23，第 117 頁。

本章摘要

　　學生時代的友誼及其團體關係，常在學生畢業離校後仍陸續存在而不衰退，甚至歷久彌新。本章第一節指出，學生團體有被動安置分派的班級團體，也有自動結合組成的友誼團體。當一群學生聚集在一起，彼此間起了交互作用，產生某種相互依存的關係，形成某種集體意識，服從同一權力，表現共同行為，追求共同目標者，這群學生便是一個真正的團體，一個成熟的社會，因此，學生團體不僅是靜態的組織與結構，更是動態的系統與運作。本章第二節說明學生班級、社團、學生會或自治市，不論是首長制、內閣制或混合式，均可熟練組織活動中會議的規範和會議溝通的效能，養成民主生活的基本習慣和態度。本章第三節試從學生成員參與團體的動機中，去發現一些滿足學生成員需求的活動設計，和輔導學生團體活動的方法，務期使學生成員不但習得基本知能，更能體驗人際相處的社會結構及個人承擔的社會責任，進一步發揮自己的潛能，培育自己成為社會上真正有「能力」的人。

作業活動

一、從團體發展的觀點來看，你所處的學生同儕團體目前呈現那些特質？晉入團體發展上的那種階段？試敍述之。

二、運用那些策略或採取那些方法，可以積極促進自己所屬團體的和諧氣氛或完成團體共同的目標？試討論之。

三、試找出自己所屬團體的組織章程，檢核它該修訂那些地方並共同修訂通過之。如果沒有就集體訂定之。

四、在我們所屬的團體中，有那些成員的潛能在團體獲得適當的發展？有那些成員的潛能始終未獲得發展或肯定？試把他們列舉出來，並探討其原因。

參考案例一

後母難爲

張素苓老師提供

　　學校人事調動原是件非常尋常的事，但像五年仁班這樣一連派了三、四位代課老師，倒是不多見，級任蔡老師身兼體衛組長、排球隊教練，先是練球、裁判講習、帶隊比賽，經常不在，只要幹部告狀，定採連坐法嚴加懲戒，學生私下叫他「蔡捕頭」。但他上起課來自由、開放，任由學生盡情發揮，因此，學生對他是又氣又愛！接著，蔡老師考上主任參加受訓，他真的是無暇上課了，「連坐法」的威信逐漸失去，於是便將學生按分組編排，行為表現都採分組競賽，不良則罰！學生間競爭之心愈演愈烈，當他受訓期間，代課老師因無法擺平班級糾紛，罩不住上課秩序，而一個個請辭離去！

　　好不容易新學年開始，「蔡捕頭」補上輔導主任空缺，排球隊因故解散了，六年仁班來了位剛從外校調進來的王姓女老師。才踏進教室，做完自我介紹，王老師卻深深感受到一股暗藏著的敵意，她秉著多年的教學經驗，準備與六仁共渡這寶貴的一年！蔡主任告訴她：「這一班很活潑，反應很機靈，有很多可用之才！」隔壁幾班老師也「羨慕」她：「妳的班學生很優秀！有很多都是經過特別挑選的。」王老師聽了更是半信半疑、戰戰兢兢！從選幹部開始，最具影響力的「得力助手」——男人婆，一被提名候選，即公然恐嚇同學：「你們敢選我，我就讓全班好看！」整個活動就在緊張、吵雜的氣氛中進行，幹部也就在半推半指定的狀況下產生，顯然王老師第一天見面所做的心理建設、約法三章並未被接受，她只好板起臉孔做了一次簡短的精神訓話！

　　一個月下來，王老師積極的設法了解本班過去的表現、個別的狀況，但所得相當有限！同學間的糾紛層出不窮，上課時個個

懶懶散散，無心學習，只要有一人帶頭唱反調，就有一羣人跟著瞎起鬨，王老師深知這種情景不容再擴散、蔓延，於是，利用空閒、午休進行個別談話，希望藉此了解學生、安撫人心；並犧牲課餘時間、甚至假日，進行家庭訪視，藉由家長的配合，督促學生專心學習！然而，此事進行不到一個月，她已經接受到嚴重的威脅，諸如：「妳幹嘛到我家找我爸媽講話？」「在學校聽妳訓還不夠，回家還要聽爸媽訓呀？」「老師呀！我兒子以前寫功課只要花十幾二十分鐘，現在都得花個半小時，甚至一小時，又是心得報告，又是收集資料，搞得他連補習的時間都沒有。」更寃枉的是：「妳為什麼叫王小明跟我在一起？」像這種無中生有的事，一次次都令她哭笑不得！曾有小朋友暗中找過蔡捕頭，想請他抽空回來整治一番，他的回答是：「老師公務忙、不方便，你們要好好聽新老師的話。」這位小朋友事後曾受到同學，尤其是排球隊男生的指責！有一天午餐時間，學年召開臨時會議，短短的十分鐘，王老師回到教室，竟發現自己的教科書被撕毀在桌面上，辛苦製作的教具也被破壞，散落一地，在場吃飯的同學，吃的吃、談的談，視若無睹，環顧室內，全然一副若無其事的樣子，她強忍心中的怒火，小心翼翼的問話，卻只有三三兩兩的回話：「大概是別人進來破壞的。」……「我們沒看到。」這明明是睜著眼睛說瞎話，雖然她一再提醒自己要堅強、要理智，不要上他們的當，但此時此刻，此情此景，所有的委屈、痛苦、打擊都隨著那不聽使喚的淚水一洩而出……

問題討論

一、學生次級團體在班級中形成的條件可能有那些？其類型如何
　　？請討論之。
二、學生次級團體對班級老師可能會帶來那些效益及困擾？試列
　　舉之。
三、針對案例中這個班級，你可能有那些班級經營策略？它的效
　　益如何？試敍述之。

參考案例二

選賢與能

張素苓老師提供

　　自治幹部是班級的靈魂人物，他們直接帶動班上風氣，可能
是老師教學上一大助力，也可能是阻力，尤其愈到高年級愈見影

響力！小強是個反應快、學習能力強、成績優異的學生，更是六年甲班的開心果，以他為首的一羣人，過去都曾是班級重要幹部，在他們的配合及級任王老師的督導之下，六甲在過去已創下不少輝煌紀錄！本學期開始，小強即慫恿好友千萬別再當任何幹部，並威脅同學不准再選他當幹部，就在他的設計之下，一批「新手」上任，王老師雖有耳聞，事先也一再暗示同學：「團體榮譽為重、選賢與能！」希望藉以喚起他們的責任心，但小強等人却視責任為麻煩。事實造成後，王老師雖不滿意，不過給其他人一點磨練機會也是應該，並且當眾宣佈「舊幹部」升格為「顧問」，藉以約束其行為。

　　起先倒還相安無事。但沒多久，班長、風紀……等相繼告狀：「小強不守秩序又不聽勸告。」「服務股長和小強他們常在科任課講髒話，甚至講黃色笑話逗同學笑。」此風助長不得，王老師立即召開幹部會議，重申幹部要以身作則、處事要公正、要有魄力，並且要相互合作配合；另一方面，找機會與小強等人個別談話，希望能動之以情、訴之以理。如此一來，好現象只維持三分鐘熱度，之後却有越演越烈的趨勢，王老師於是想利用團體力量來制裁，共同訂定了處罰條例：勞動服務、罰款、抄書等，然而，小強經常公開指責幹部不該記他，爭執不休，部分同學看在眼裡，紛紛起而效法，懶得管的幹部同流合污，有責任心的幹部却有力不從心之感，只好睜一隻眼閉一隻眼，任由興風作浪，無可奈何！

問題討論

一、班級幹部的選拔方式當如何因應班級內的特質？班級幹部的
　　任期有何規範可循？

二、班級幹部的本人動機及其人格特質，對班級團體組織及活動
　　可能造成那些影響？

三、中、高年級的班級氣氛與班級幹部的組織活動有那些相同及
　　不同的地方？

參考案例三

```
┌─────────────────────────────────┐
│                                 │
│        強中更有強中手           │
│                                 │
└─────────────────────────────────┘
```

張素苓老師提供

「我將來也要當自治市市長！」早在耀強有了第一次投票權
，投下第一張神聖的一票的同時，他就暗暗地立下了這麼個願望

。「……那位大哥哥在司令台上好威風呀！」「……那位大姊姊好會說話，我們的手都拍紅了！」耀強對自治市的幹部是既敬佩又羨慕，他常常在與家人的閒談中，流露出心中純真的想法。每當如此，爸媽總禁不住及時鼓勵一番，爸爸說當市長得先當選做「班長」，媽媽說當幹部成績要高人一等，要先當選模範生，唯有奶奶總是說：「只要你快樂，奶奶就高興啦！」就這樣，憑他聰穎的天資、過人的領導力、再加上父母的督導，三、四年級著著實實蟬聯了幾任班長、模範生，功課也是無人能比，在同年學生裡成了風雲人物！唯一令他遺憾的是，奶奶在他四上時與大伯一家人移民美國！

升上了五年級，學校重新編班，老同學拆班了，一切都得重新開始，爸媽不斷的耳提面命競選班長、爭取服務表現的機會、爭取高分成績，雖然課業不像想像中那麼輕易應付，一切倒在順利中進行！私下裡，他也常有意無意的向同學透露他想角逐自治市長的心願，更常藉故向級任老師討教如何領導班級，如何複習課業等等，同學們在耀強的努力領導下，逐漸培養出一股向心力，終於，他順利的以高票通過代表班上競選自治市市長！

競選活動迫不及待地如火如荼展開，老師的指導、同學的支持和助選，使耀強信心倍增。

媽媽三天兩頭的往學校跑，交待這個，叮嚀那個，耀強心想：「她把同學都當成她兒子啦!?」爸爸也不甘落後，每天一回到家就來上這麼一句：「加油呀！選上了，我帶你到美國玩，順便去讓奶奶看看這當市長的孫子！」的確，幫忙助選的人個個賣力，唯一令他心煩的是：×號女候選人，從前跟自己同班過，現在實力也一樣雄厚。媽媽在一旁叮嚀道：「男孩子要更爭氣，千萬

不能輸給她！」一兩個星期下來，耀強愈來愈感到莫名的不安，強烈的恐懼感湧塞心頭。就在投票的前兩天，竟有謠言傳說六年級的學長們準備集體投廢票！「這是怎麼回事？學長裡既沒有候選人，而且早早表示最支持自己的人竟會變卦起來？難道自己所有的理想和努力，就這樣結束了嗎？」耀強的心中，不斷地疑惑與掙扎，夜半被惡夢驚醒：「耀強！要強！一個人到底能夠強多久？」他想起了那遠在異國唯一盼他快樂的奶奶！

問題討論

一、如何輔導學生參加競爭活動？怎樣建立學生正確的競選觀念和態度？

二、兒童自治市長候選人的競選政見可能有那些？怎樣輔導選舉人辨認候選人及其政見？

三、學生自治幹部的類型有那些？其領導的方式有那些值得嘉勉及需要改進的地方？

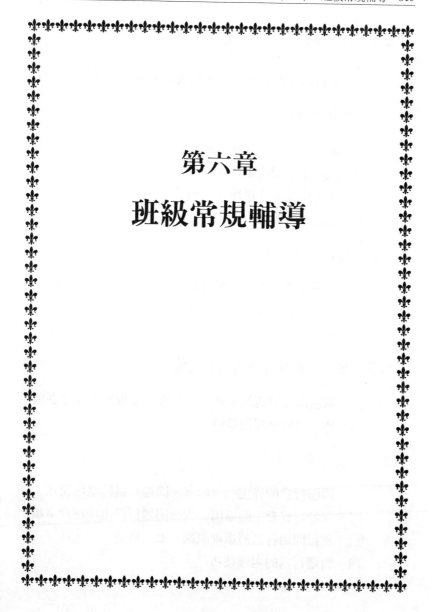

第六章

班級常規輔導

第一節　班級常規輔導的意義

一、班級常規的意義　二、班級常規輔導的意義和目的

第二節　班級常規的內容

一、依適用常規的活動性質而言

二、依適用常規的項目性質而言

三、依適用常規之場所性質而言

四、依適用常規之生活教育項目而言

第三節　形成班級常規的要素

一、法令規章　　四、班級氣氛　　　七、家長期望
二、學校特色　　五、導師的教育理念　八、學生期望
三、社區規範　　六、社會時論　　　九、師生互動

第四節　班級常規輔導的原則和策略

一、班級常規輔導的原則　三、班級常規輔導注意事項
二、建立班級常規的策略

第五節　班級問題行為處理

一、問題行為的界定　　　五、問題行為的處理模式
二、問題行為發生的原因　六、問題行為處理注意事項
三、班級問題行為的處理原則　七、結語
四、問題行為的處理技巧

　　國有國法，用以維持社會體系的功能運作；校有校規，用以維持校務的正常進行；班級雖小，仍無例外。就社會學角度來說，班級自成社會體系，成員朝夕相處，互動頻繁，如同學校一樣，需要制度化的常規，明確規範成員的活動。消極的，使成員個性的發展無違群體目標，群體的要求無碍個性的發展；積極的，則能協助個體在群體目標的引導下，完成自我實現的目的。

　　班級常規輔導的目的，以輔導學生在尚無常規意識時，使其言行自然合乎規矩，初始即能表現合乎常規的要求爲積極優先的目的，其次才是非期望性問題行爲之處理與輔導。易言之，形成規矩在先，是常規輔導的上策；問題行爲發生之校正在後，不但費時費力，效果亦難以把握，非爲班級常規輔導的上策。

第一節　班級常規輔導的意義

壹、班級常規的意義

　　班級常規是學生在教室內日常生活的一種規律（註1），也是教師或教師和學生共同合適地處理教室中人、事、物等因素，使教室成為最適合學習的環境，以易於達成教學目的的一套有系統或不成系統的規則（註2）。這一套規則由教師所訂或師生共同約定，用以配合教師教學或指導班級活動的進行，使學生建立一套穩定的生活模式，知道自己究竟應該如何作為，也知道別人對自己行為的期望。同時，把握分寸，做適當合理的回應。

　　依方炳林（註3）的看法，人的因素是指教師、學生以及學生與學生、教師與學生、教師與教師間的關係；物的因素，是指教室中一切物質的環境與設備；事的因素，則指這些人以及人和物所發生的一切活動。所謂合適，是要和諧、平穩、有效的進行教學活動，必須有效地組織和處理這些因素；所謂有系統，是指形諸文字，公約式的規則，或雖無文字，却明顯地為大家所共認的約定；不成系統，則指隱約存在，未若系統性規則明顯的一些規範性的感覺。這些都成為班級活動的規範。

　　這些班級常規，有些可能是全國一致，而為全部學校班級所共同遵守；有些可能是區域性的規範，為某些區域的學校班級所遵守；有些可能是單一學校班級自行制定，限於某一學校的班級

來遵守；有些可能只是出自於某一個班級師生間的相互約定；甚至於有些可能是非正式、局部的、階段性的常規，僅爲某班級部分學生私下約定在某一時候所共同遵守者。因此，班級常規的內涵複雜，運作上各有限制，向爲導師所必須重視者。

貳、班級常規輔導的意義和目的

一、意義

班級常規輔導就是導師輔導學生認識班級常規、瞭解班級常規，並切實遵守班級常規，進而將認知的常規內化成持久的態度，並表現在行爲和習慣上的歷程。因此，教師須運用教學或輔導的策略，讓學生瞭解、接受常規的旨意，並身體力行，成爲生活習慣的一部分，這是導師輔導班級常規的最高旨趣。

二、目的

班級常規輔導的目的，消極的，在維持學習場所的秩序，使教學活動能夠順利進行；積極的，是要培養學生自治的能力、民主的精神、良好的習慣、高尚的理想。因此，導師不但要指導學生的行爲，而且要培養學生團體生活的習慣，使教室或學習場所成爲學生所共有、共治、共享的樂園（註4）。當然，行爲的養成需要學習，學習需要時間，教師不必操之過急，總要從消極的目的開始，逐漸發展和發揮積極的目的（註5），久之，終能發揮效果。下列是班級常規輔導的重要目的：（註6）

（一）維持秩序

這是班級常規輔導的最基本目的，也是最消極的目的。在學習歷程中，有了良好的秩序，教師可以專心教學，學生可以安心學習，既不致影響教學進度，亦不會影響情緒而降低教學效率，才能進一步提高教學品質。

(二)培養習慣

良好習慣的養成，是班級常規輔導的積極目的。學生或者由服從、順從而自然遵行；或者是由消極、被動的遵行進入主動、積極的執行，其目的都是在於透過人事物處理中，逐漸養成守時間、重紀律、注意禮貌、講求衛生的良好習慣，這才是眞正的生活教育。

(三)啟發興趣

常規輔導得宜，養成和諧、安詳、積極的班級情境，可以逐步誘導學生、啓發學生學習的興趣，有效地投入學習活動之中。

(四)增進健康

常規輔導成功，學生生活正常，心緒獲得宣洩和正常發展，心情因而愉悅，自然可以增進健康。

(五)發展自治

常規輔導，或常始於他律，但終極目標則在於輔導學生事事自律。因此，透過常規輔導，可以培養學生自動自發、自尊自愛，而達自治治人的目的。

(六)增進情感

有效運作常規使班級師生間、學生間的互動有所依循，大家目標一致，相互合作，和諧相處，自然容易建立情感，增進情感，如此，全班氣氛和諧，學生容易心悅誠服地接受教導，而收到教學效果。

三、常規輔導的重要性

　　學校教育是一項具有目的性的社會活動，有嚴肅的目標，要經由班級教學活動來完成，這種活動無法在缺少規範、沒有秩序的班級中有效的進行，因此，班級常規的輔導建立，是班級經營的初步。班級經營有了成效，才是達成教育目標的保障。根據研究顯示，教室常規輔導欠營，教師不能積極有效地從事教室管理和處理學生行為，往往導致學生徬徨迷惑、不滿疏離，不能把握時間，不能完成學習任務，甚至降低學習興趣、抱負與動機（註7）。可見，班級常規輔導的良窳，直接影響班級活動內涵與教學的成效，班級常規輔導的重要性也就可見一斑了。

四、班級常規輔導的認識

(一)班級活動不限定在教室之內。實際上，有學生活動的地方，就有常規輔導的需要，因此，學生活動之處，即為常規輔導之時。

(二)班級常規輔導，須師生共同合作，共同接納，共同訂定合宜的規範，並努力依循，以養成習慣。

(三)班級常規，就輔導建立與學生的遵行來看，實質上即為一種典型的潛在課程。班級常規，雖為正式課程之所無，卻是「運作課程」或學生「經驗課程」上極為明顯重要的部份，它時時刻刻都在發生課程的作用，不但是學生直接學習的內容，還進一步影響學生在其他課程的學習結果，因此，導師應該以更專業，更慎重的態度，用更有效的策略來處理班級常規的輔導問題。

㈣班級常規既然具有課程的性質，因此，如同其他課程的學習一樣，可以將學習的內容劃分爲認知、情意、動作行爲、習慣等部分，導師在常規輔導時，均應加以考慮，不但使學生認知常規的內涵，更使之養成良好的態度，發出具體穩定的行爲和習慣，終至成爲生活的一部分。

第二節　班級常規的內容

班級常規的內容很多，幾乎包含學生在校生活教育的所有內涵，全部列舉勢必困難，學者專家列舉的項目乃至分類的方式，也都各有不同，本節僅依適用常規的活動性質、適用常規的項目性質、適用常規的場所性質、適用常規的生活教育項目等幾種分類方式來說明。

壹、依適用常規的活動性質而言

班級常規可分「點名」、「出入教室」、「上課」、「收發課卷」和「值日生工作」等項：（註8）

一、點名

㈠座次一經排定，非經允許，不可私自調換。

㈡上課時，應即依座次入座。

㈢上下課時，由班長或值日呼「起立」、「敬禮」、「坐下」或「下課」。

㈣聞老師點名，應回應「到」或「有」。

二、出入教室

㈠出入教室，不可爭先恐後。
㈡上課時候，非經允許，不得外出。
㈢依一定的次序出入教室。

三、上課的時候

㈠聽見上課的信號，立即進教室。
㈡在教室內不奔跑，不發出無謂的聲音。
㈢做事安靜，學習專心，不做本科以外的工作。
㈣要發言，先舉手。
㈤說話要清楚有層次，舉動要謹慎而敏捷。
㈥離開座位，要把椅子放進課桌下，不得拖動出聲。
㈦課業用品要帶齊，簿本要按時繳送。
㈧進教室要脫帽，帽子應掛在規定的地方。
㈨課桌面和簿本要保持清潔，不得塗抹損壞。
㈩因事要離開教室時，要先起立報告，得到教師的許可。
(十一)紙屑、鉛筆屑要放入垃圾箱。
(十二)今天的事，今天做完。
(十三)上課時不看與課本無關的書籍，不妨礙他人的學習。
(十四)不用手和衣袖拂拭黑板和課桌面。

四、收發課卷

㈠分發筆記、試卷，由前向後或由後向前，依序傳送。

㈡講義或試卷如有破損或模糊不清時，於全體發齊後再調換。

㈢磨墨用水，上課前由值日生分配。

㈣收發卷時，不藉機發出無謂聲音。

五、值日生工作

㈠每次下課，把黑板擦乾淨。

㈡上課前、放學後，切實做好教室清潔工作。

㈢放學後，門窗應關牢鎖好。

㈣做好老師交待的工作。

貳、依適用常規的項目性質而言

班級常規，可分為「禮貌」、「秩序」、「整潔」、「勤學」等幾方面：（註9）

一、禮貌方面

㈠應對有方

1.能常應用「謝謝」、「對不起」、「請問」、「你早（好）」、「可不可以……」、「假如」、「或許」、「好不好」等口語。

2.認清輩份、尊卑、場合，應對得體。

㈡進退有節

1.能和顏悅色，與人相遇應點頭、微笑。

2.適切地行禮、讓坐、讓位。

3.在團體中，發言先舉手示意，言詞中肯扼要；他人發言，

　注意傾聽。

4.態度穩健，不亢不卑。

二、秩序方面

(一)動靜得宜

1.聞規定信號（如上下課鐘聲）能立正或端坐，而後立即行動。

2.上課時間專心學習，無嘈雜之聲；下課時間在運動場所，活潑生動而不粗野喧囂。

3.走廊、梯口、公共場所及教室，時時保持安靜，不亂跑喊叫。

4.晨間早讀及午間靜息，保持安靜而無嬉戲談笑等現象。

(二)條理分明

1.進出教室或公共場所能魚貫而行。

2.共用物品、工具、器材等，能排隊依序使用，用後還原。

3.能靠邊走，勿擋住路口。

4.收發學用品，能依序傳遞。

三、整潔方面

(一)容光煥發

1.頭髮定時剪理，隨時梳洗。

2.服裝整齊，經常換洗。

3.常修剪指甲，常洗澡。

4.坐立行走，抬頭挺胸，精神飽滿，儀態穩健大方。

(二)窗明几淨

1.窗門玻璃、桌椅、黑板常擦拭。

2.桌椅排列，縱橫線條力求整齊。

3.離開座位，椅子輕靠桌邊。

4.窗戶開放要有定位。

5.物品、器材、安放定位，排列整齊。

6.紙屑廢棄物丟棄在一定地方。

7.輪值掃除，保持各個場所整潔。

四、勤學方面

(一)認真學習

1.上課時注意力集中。

2.作業書寫工整清潔。

(二)遵守時間

1.遵守作息時間。

2.按時做好應做功課。

3.依照指定時間繳交作業。

叁、依適用常規之場所性質而言

如果依照使用班級常規場合之不同，可以分成：「教室規約」、「上下學規約」、「集會公約」、「運動場所規約」、「其他校內規約」、「家庭生活規約」和「校外生活規約」等七項：（註10）

一、教室規約

㈠聽見上課鈴聲立即「立正」，鈴聲停止，即刻進入教室。

㈡上、下課由級長喊「起立」、「敬禮」、「坐下」口令，並向老師敬禮。

㈢教師點名，應舉手答「有」。

㈣上課注意聽講，不做正課以外之事。

㈤發問必先舉手，經老師允許之後才可發言。

㈥上課中不得擅離教室，除非做實驗，否則不可離開座位。

㈦輪流擔任教室值日時，確實負起各項任務。

㈧教室內課桌椅、牆壁、書本，要保持整齊清潔。

㈨分發材料由前面向後傳，繳交作業由後向前傳。

㈩傳遞東西要迅速安靜。

㈠一段活動結束，必須迅速把東西收拾整齊。

㈡上課中，除必用教具文具之外，桌上不得擺有其他東西。

㈢分發教具時由各組組長領取，收回亦然。

㈣聽老師講話時，身體要坐正，面對老師。

㈤與同學研究問題，聲音只能兩個人聽見，不可干擾別人。

㈥教室內不可隨便出聲說話，保持教室安靜。（討論課例外）

㈦有事離開教室，完成事情立刻回來，不可在外逗留。

㈧經過走廊、穿堂、禮堂都要安靜。

㈨排隊要迅速安靜，走路時隊伍不可散亂。

㈩行進中不可推人、打人或擠人，只能走，不許跑。

㈠行進時不可喧鬧干擾別班上課。

二、上下學規約

(一)準時到校、按時回家。

(二)遵守交通規則。

(三)遇見老師或同學道早問好。

(四)排好路隊並遵從服務隊員之指導。

三、集會公約

(一)排隊要安靜、整齊、迅速。

(二)進出會堂要按照順序，不得爭先恐後。

(三)集會堂內不隨便說話。

(四)儀式時端莊嚴肅。

四、運動場所規約

(一)使用運動、遊戲器具要依秩序，不爭奪。

(二)使用器材後放回原處。

(三)愛護公物、保持公共場所之整潔。

(四)聞上課鐘響立即停止遊戲。

(五)注意遊戲安全，不做危險動作。

五、其他校內規約

(一)服從高年級同學之指導，並照顧低年級弟妹。

(二)走路行進時抬頭挺胸，三人成行。

(三)待人彬彬有禮。

(四)消除髒亂，不製造髒亂。

㈤發現陌生人到校，報告師長。

㈥遇見問題，立即向老師反映。

六、家庭生活規約

㈠按時起床、就寢，不吵擾別人。

㈡自己穿衣，扣好鈕扣。

㈢吃飯定時定量，細嚼慢嚥。

㈣遵守國民生活須知及國民禮儀規範。

㈤外出稟告父母，回家面見父母。

㈥協助父母料理家事。

七、校外生活規約

㈠乘坐車船，依序排隊。

㈡不隨地吐痰、亂丟垃圾。

㈢待人誠懇，樂於助人。

㈣常說「請」、「謝謝」、「對不起」。

肆、依適用常規之生活教育項目而言

依生活教育內容來分，班級常規可以分成下列七種：「日常生活常規」、「健康生活常規」、「道德生活常規」、「學習生活常規」、「公民生活常規」、「勞動生活常規」和「休閒生活常規」等。

一、日常生活常規

(一)常規原則：

　1.言行合乎禮義廉恥之規範。

　2.家居、學校生活，力求簡單樸素。

　3.行動迅速確實。

　4.具有自助助人、自立立人、自達達人的精神和行爲。

(二)常規舉例：

　1.尊敬師長、注意禮貌。

　2.友愛同學，相親相愛相幫助。

　3.不亂拋什物、不隨地吐痰。

　4.走路時不吃零食，不攀肩搭背。

　5.行路抬頭挺胸，舉止從容安詳。

　6.候車、購物遵守秩序。

　7.言談輕聲細語，無碍他人。

　8.經常修剪指甲、頭髮。

　9.碰面時，相互招呼問好。

　10.經常說「請」、「謝謝」、「對不起」。

二、健康生活常規

(一)常規原則：

　1.鍛鍊體格，攝衞身心。

　2.動靜有度，保持均衡。

　3.飲食起居有節。

　4.了解生理、心理保健。

　5.兼顧個人衛生、班級衛生、學校衛生和社會衛生。

　6.培養正確衛生習慣。

㈡常規舉例：

　1.飯前洗手、飯後漱口。

　2.吃飯定食、定量，尤不偏食。

　3.上課時坐姿端正。

　4.保持定時運動習慣。

　5.保持教室內空氣通暢。

　6.有病立即看醫生，尤不可亂服成藥。

　7.臥室保持整齊清潔。

　8.穿衣保持舒適，尤不穿過緊衣服。

　9.看電視保持正常距離。

　10.運動之後，不喝冰水。

三、道德生活常規

㈠常規原則：

　1.犧牲小我，完成大我。

　2.愛國家、愛民族、愛社會、愛學校、愛班級。

　3.孝順父母，尊敬師長，友愛兄弟，和睦同學。

　4.言必有信，行必有義。

　5.竭盡所能，協助他人。

㈡常規舉例：

　1.不說謊話欺騙師長、同學。

　2.拾獲財物，送交老師或派出所處理。

　3.不背後說人壞話。

4.未經他人同意，不可擅用其東西。

5.愛惜花木、公物。

6.幫助同學，不以強凌弱。

7.尊敬國旗，愛護國旗。

8.上下學或外出，必稟告父母。

四、學習生活常規

(一)常規原則：

1.訂定目標，立志向學。

2.遵守教室公約。

3.主動參與學習，重視團體學習。

4.服從師長指導，勤奮向學。

5.運用博學、審問、慎思、明辨、篤行的學習方法。

(二)常規舉例：

1.上學、上課不遲到、不早退。

2.上課發言應先舉手。

3.上課時，不可亂說話。

4.上課時，非經允許不可離開座位。

5.考試絕不作弊。

6.不抄襲別人作業。

7.認真聽講，主動參加討論。

8.不妨礙他人學習。

五、公民生活常規

(一)常規原則：

1.尊重生活規約。

2.尊重別人意見。

3.認識主權之行使。

4.服從多數人決定，尊重少數人意見，會後無言。

5.認識團體生活。

㈡常規舉例：

1.參與班級幹部選舉。

2.依照表決結果，執行班級活動。

3.主動參與班級公約的制定。

4.遵守班級幹部選舉之規定。

5.不譏笑他人。

6.主動服務同學。

7.尊重會議決議。

六、勞動生活常規

㈠常規原則：

1.手腦並用，才能雙手萬能。

2.動手動腳，充實學習內容。

3.主動參加勞動服務。

4.課業學習、體能勞動兼顧。

5.勞動神聖，有益健康。

㈡常規舉例：

1.樂於參加教室、庭園灑掃。

2.幫助同學灑掃。

3.照顧班級或學校盆景、花木。

4. 參與校園、教室布置工作。

5. 主動參與社會服務。

6. 灑掃完畢,用具歸還原位。

7. 打掃環境,迅速切實。

8. 不藉故破壞公物。

七、休閒生活常規

㈠常規原則:

1. 利用課餘,從事有益身心的活動。

2. 參與正當娛樂活動。

3. 參與體育活動、音樂活動。

4. 養成休閒活動習慣。

㈡常規舉例:

1. 參加比賽,服從裁判判決。

2. 參加社團活動,不無故缺席。

3. 參加活動,穿着合適服裝。

4. 戶外活動,不亂丟紙屑、果皮。

5. 參觀比賽,不藉機喧鬧。

6. 社團活動,遵守遊戲規則。

總之,班級常規之種類、項目很多,無法窮舉,要之,在導師根據班級實際需要,指導同學共同訂定,一起遵守,俾協助同學養成守法習慣。

第三節　形成班級常規的要素

學校是一種教育社區，宜形成有利的學校文化，始有利於教育目的之達成。發揮專業功能的社會機構，均重視其文化環境的安排，以利其專業目的之實現，如醫院的照顧文化（care culture）、治療文化（cure culture）（註11），學校自然沒有例外，而班級是學校的基本單位，是學校的次級團體，當然也有其次級文化的存在。「學生次級文化為學校文化的一部分」（註12），文化是一種社會規範體系，班級常規是學校文化中極其明顯而有教育價值的次級文化，當然值得導師費心設計，使學生從適應班級常規，而感染全班的班級文化；由感染班級文化，而認同班級文化；從認同班級文化，而接受學校文化，乃至逐步引導向國民教育目標邁進。

學校文化包括三類：一是來自校外者；二是半來自校外，半來自校內者；三是來自校內者，這是一種可予有意安排或引導發展方向的文化（註13）。班級常規既屬班級文化，班級文化又為學校文化的支脈，故班級常規的形成，自然會受類似因素的影響，教師如能掌握這些影響因素，則較能避免無利於教育目的、具消極功能的不良常規，或協助學生形成有利於教育、具積極功能的合宜常規來，底下分項討論形成班級常規的要素。

壹、法令規章

　　法令規章指的是憲法、國民教育法、中華民國教育宗旨、國民小學課程標準等項，這幾項法令規章，或許和班級經營、班級常規輔導相去甚遠，却是教育活動的最高指導原則，導師仍須注意。

　　憲法規定，教育文化應發展國民之民族精神、自治精神、國民道德、健全體格、科學及生活智能。中華民國之教育，根據三民主義，以延續民族生命爲目的，務期民族獨立、民權普遍、民生發展，以促進世界大同。同時，以集團生活訓練民權之運用，以各種生產勞動的實習，培養實行民生主義之基礎，務使知識、道德融會貫通於三民主義之下，以收篤行力行之效。普通教育須根據　總理遺教，以陶融兒童及青年「忠孝仁愛信義和平」之國民道德，養成國民生活技能，增進國民生產能力。國民教育法第一條規定，國民教育以養成德智體群美五育均衡發展之健全國民爲宗旨。又根據國民小學課程標準「國民小學教育，以養成活活潑潑的兒童、堂堂正正的國民爲目的，應注意國民道德之培養、身心健康之鍛鍊，並增進生活必須之基本技能。」

　　這些原則性的宣告，都是導師輔導學生訂定班級常規所應考慮到的。

貳、學校特色

　　華勒認爲學校文化的形成來自兩方面，一是年輕一代的文化

，二是成人有意安排的文化（註14）。學校特色之形成，源自於三個可能，一是社區特色的延伸，二是學生特質的突顯，三是學校教師刻意的引導與安排。這些源自不同管道的特色，都將影響班級常規的形成。這三個因素，將在稍後討論，此處先討論綜合性的學校特色。

學校的特色是學校文化的一部分，它是學校各部門，於發展到相當程度以後，特別爲學校着重，並發展成有別於其他學校的部分。譬如：有以德育爲特色，學生氣質品德應對極佳者；有以升學率高領風騷者；有以體育逞其強者，當中又有以球類、游泳……爲其特色者；或以美化、綠化校園而聞名者；其他如男校、女校或學校所處城鄉之不同而各顯示不同之學校特色。這些特色必然形成一種學校特有的文化，支配或左右教師經營班級的方向，教師在定班級常規時，自然會引爲考慮的因素。例如，以美化、綠化爲特色的學校，學生愛護花木、管理花木的常規，可能周詳完備，而有異於其他學校。

參、社區規範

社區文化影響學校教育活動，學校任務應該取決於學生的社區背景，學校計畫應以社區資源爲背景（註15）；學校是社區的文化中心，也是社區的精神堡壘。學校因社區而設立，社區因學校而繁榮。學校教導學生，學生來自社區，也回到社區生活，說明社區學校間關係之密切。學生是社區、學校共同養護培育的對象，故社區的價值理念、生活規範，勢必隨著學生進入學校，學校的一切規範也會由學生帶回社區，兩者相互作用，因此，班級

常規的設立不可不考慮社區既存的規範。

　　社區規範和社區小孩的生活習慣，有合宜的，也許可以續用、可以增強；有不合宜的，可能需要稍加調整處理；有極不合宜的，可能要設法消弱。譬如，學生在社區中，早已養成的遇人道早問好，又如衣着可能稍嫌隨便或說話太大聲等。此外，一個班級的學生，可能來自若干社區，不同社區可能有不同的原始規範，這是導師所應注意的。總之，導師在設立班級常規、輔導班級常規時，必須注意及此，才能有效掌握班級學生的脈動，做好常規輔導的工作。

肆、班級氣氛

　　班級氣氛是班級內、師生間、學生間、學生和次級團體以及學生次級團體間持續而穩定地互動所形成的綜合感覺。班級內的氣氛可能和諧融洽、向心凝聚，也可能惡性競爭，彼此間缺乏隸屬感，這些都可能影響班級常規的訂定與輔導。

　　當然，班級常規是否妥當，常規輔導是否得宜，以及學生遵行的情況，都可直接影響班級氣氛，反之，釐訂班級常規亦應參酌班級氣氛的現況，訂定合適的常規，輔導學生遵行，用以引導該班級重塑合適的班級氣氛。譬如，學生玩心太重、吵吵鬧鬧、不交作業、上課規矩不佳，則應重訂學習生活常規，針對缺失情形，使之周延齊備，改善學習狀況。又如某班學生太重成績，學生間競爭太劇烈，有勾心鬥角之情形，常規之輔導便須針對此點，強調友愛、互助、關懷的常規，以緩和競爭，改善彼此間的關係。

伍、導師的教育理念

俗謂有什麼樣的校長，便有什麼樣的學校，有什麼樣的老師，便有什麼樣的班級。導師是學生的指導者、表率者、鼓勵者、催化者、管理者（註16），是社會道德權威的代表者，文化傳播工作的推動者，社會工作者，文化價值的維護者，又是上下兩代次級文化的協調者（註17），因此，導師幾乎完全代表成人社會，依據教育理念，傳播知識、價值和理念，所以，導師的教育理念自然會反應在班級常規的訂定上。譬如，精於藝文者，可能較重視藝文學習，在學生學習生活常規的藝文學習方面會有比較完善或嚴格的要求；有完美主義傾向的導師，可能會要求學生在各種常規上都要有相當的表現；導師本身標準較低者，對學生要求的標準，也會隨之降低。因此，導師的教育理念，成為影響班級常規形成的要素。

陸、社會時論

時事教育或機會教育是教育的重要內容，學校教師宜適時掌握、處理並反應在教學和班級常規要求上。比如，正逢政府辦理選舉，國小學生對正式選舉或許未盡了解，導師即可趁機要求學生要有服從多數、尊重少數的風範；在環境污染嚴重的大都市，愛護環境、保護環境的理念，可以反應在班級學生「不亂丟紙屑」、「隨時撿起廢棄物」或是「執行垃圾分類」的班級日常生活常規之中；交通問題嚴重、交通秩序欠佳的地方，導師可特別強

調力行遵守交通秩序。這是「生活即教育」或「教育即生活」理念的具體化，也是機會教育的運用，此種活生生的教材，最容易產生教學的效果，值得導師特加注意。

柒、家長期望

小孩是家庭之寶，尤其現代社會在家庭計畫觀念的主導下，重質又重量——孩子生得少，個個都是寶，因此，父母望子成龍、望女成鳳，不但期望極高，而且總以為自己的孩子是天下間最優秀者，而對孩子充滿期望。這種期望反應在對學校措施、教師教學和導師經營班級，乃至子女言行、課業成績的要求上，雖然學校有一定的教育目標和整套的操作方式，更非以滿足家長的要求為辦學校的目標，但是家長合理的期望，學校必須加以尊重。因此，在各種不同的生活常規上，家長期望加強的，如用功讀書的行為、好好寫、準時交作業的學規，以及服裝儀容……等，導師不能不接受；家長期望導師協助消弱的不良行為，如遲到、愛吃零食……等等，導師更必須特別注意。因此，家長的期望是班級常規輔導的重要因素。

捌、學生期望

沒有學生，就沒有教育活動，學生是教育活動的主體。因此，學生的期望，自然是導師重視的標的之一，不過學生是不成熟的個體，對學生的期望，在使之成為各種生活常規時，要特別加以選擇分類，並注意正負向度。如學生希望學習活動減少，休閒

時間增加或降低學習標準，教師自不宜接受，對此種負向的期望，在班級常規訂定時，要予以正向化、積極化，對正向的期望，亦應予以留意。因此，學生期望是導師訂定班級常規的重要參考因素。此外，不同年齡或來自不同社區背景的學生，期望可能不同，其中有相近的、相遠的或相衝突的，但都是有價值的資訊，值得導師好好的蒐集、研判、選列為學生常規，以協助學生獲得最佳的學習。

玖、師生互動

師生互動方式，直接影響師生關係的品質，也影響班級常規的內涵和班級經營的成效。

師生互動的方式取決於導師的領導方式，依懷特和利比特（White & Lippit，1960）的研究發現，教師領導方式可分為權威式領導、放任式領導和民主式領導三種。（註18）

㈠權威式領導

採較多主控的方式來支配學生，常規訂定偏向周延而嚴謹、嚴密、約束多、彈性小。

㈡放任式領導

常規可能較少，學生自由度相當高，擁有較多的運作空間，導師較少聞問，大部份放任學生自行處理。

㈢民主式領導

尊重學生個人的尊嚴與自由，讓學生參與訂定常規和執行辦法，以賦予責任和自主權來培養學生自我控制的能力。

　　可見，師生互動方式之不同確實影響班級常規的訂定，惟師生互動方式，實際上難以截然三分，三種方式亦難謂其絕對優劣，一般而言，則以民主方式較能產生效果。互動方式的運用，實則存乎一心，貴在因時、因地、因人而制宜。比如，對低年級學生，固不宜全採權威的方式，而即使採民主方式，導師亦須投注較多的心力協助他們才行；對高年級學生，固較宜採民主方式，但有些時候，在某些地方就不能排除權威方式的運用，例如在實驗室進行稍具危險性的實驗時，則須嚴予約法三章！

　　總之，師生互動方式，確實影響班級常規之訂定。

第四節　班級常規輔導的原則和策略

　　班級常規輔導，具有積極的目的：希望學生在尚未形成預期常規概念，尚未顯現某種行為時，即予先行提示積極、正面、具體可資遵行的行為規範，使之規範班級活動，造成班級氣氛，使之有利於學習，或者，在不良行為尚未加深前，即予提示、糾正、消弱，重新建立新的良好行為，絕不待不良的行為養成習慣時，才作消極的處罰、約束、限制或管理。易言之，班級常規輔導，首重行為養成——優良行為的輔導建立，而非不良行為養成後的管理、處罰和消弱。本節探討班級常規輔導的原則和策略，強調先發性地建立常規、輔導常規的原則和方法。

壹、班級常規輔導的原則（註19）

一、積極指導原則

傳統的班級常規輔導，偏重消極性的常規管理，常待不良的行為出現後，導師才採用追溯性的管理、禁制與懲罰，要求學生遵守規矩，禁止不良行為的再現，此種情形，易招致學生心理的抗拒也易使學生在教師權威下動輒得咎，無所適從。

理想的班級常規輔導，應多啟發、多鼓勵、多暗示，使學生在無形中先養成活潑而守法，有情感而不越軌，建立自立自覺的精神。在常規方面，採引導在先的方式，讓學生養成正確合宜的行為，不致惹來事後的處罰。因此，良好的班級常規輔導，採積極的事先指導原則，不在禁止學生所不當為，而是鼓勵學生為所當為。

二、民主精神原則

學生常規輔導採民主精神原則，旨在養成學生自尊尊人的態度、容忍守法的精神。在輔導過程中，宜建立意見溝通的明確途徑，尊重學生的人格和意見，使其自然接受常規，並表現合宜的行為。

此外，學生的個人自由應受團體的制約，在民主社會中，運用民主的原則，多讓學生表示意見，除了對學生是一種良好的方式以外，尚可滿足學生發表慾、成就慾，平服其心緒，縮短師生間的社會距離，讓學生產生受重視的感覺，願意接受常規的規範

，做一個重紀律、守規矩的學生。

三、共同參與原則

在班級活動中，有計劃地容許學生參與，可以提高學生對班級的向心力，建立隸屬感和獲得成就的滿足感，對班級常規的輔導與建立，自無例外。因為學生參與團體討論決定的事，個人在意識上便負有一份履行實踐的義務，可以減少學生意識對立和行為反抗的現象，故班級常規的輔導，採共同參與的原則，人人參與常規或生活規約的訂定。師生間存在着默契，將使班級產生和諧、有活力、有朝氣的氣氛，極有助於常規的輔導。

四、激勵原則

人性最需要精神上的激勵，小學生需要適當的鼓勵和讚賞，而不要過份的指責和批評。鼓勵乃是防範不良行為最好的方法，導師多用鼓勵方式，激發學生向善，必有助於班級常規的輔導與建立。因為一個被認為是行為良好的學生，往往相信自己真是那麼好，而更加努力表現良好，保持優良紀錄，以維持自尊；反之，將自暴自棄地依照人們所謂壞的方式來表現他們的行為，此即心理學上所謂的「自行應驗的預言」，亦即「比馬龍效應」。

五、心理發展原則

班級常規的輔導應該配合心理發展的階段，每一個發展階段的心理特徵和行為表現皆不同，如果導師不能夠應用適當的輔導措施，可能會產生揠苗助長的惡果。班級常規輔導是要積極的指導、幫助學生，建立各種生活規範，培養合宜的行為習慣，這種

行為輔導，必須以學生各階段的發展為依據，因此，班級常規輔導須符合心理發展原則。

六、自覺自律原則

班級常規輔導的最高目標，在促進學生自我管理，也就是要輔導學生經由常規養成的過程中，同時培養自動自發、自覺自律的精神，使之舉手投足、一言一行均能不逾越班級的常規。舉凡國民道德之培養、行為規範之實踐，在在都需要學生自動自發的身體力行，常規的輔導才能落實，如果採取強制手段，則未見其利，反受其害，可不慎乎？尤其，國小學生的情緒行為皆未成熟，導師更應輔導之，使其逐漸養成自覺自律的習慣，班級常規的輔導方能成功。

七、團體制約原則

人是合群的動物，易受團體的暗示，訂立合理的團體公約，容易產生制約的力量，社會秩序得以建立，大多數人的利益方能保障。在學校中，班級常規輔導要運用團體約制，以公意約束學生的行為，萬一學生違約，就必須自己負擔行為的後果，接受應有的處罰。因此，為維護班級的共公秩序，使學生的言行能夠中規中矩，如何運用團體約制的原則，適當約束學生行為，是班級常規輔導的重要課題。

八、個別差異原則

班級依教育法令規定編制人數，通常以四十至五十人為度，由導師負責指導，採用相同教材，運用各種教學方法實施教學。

由於學生遺傳本質、所處環境及兩者交互作用程度之不同，個別差異的存在，成爲無可避免的事實，爲使學生個性和群性受到充分發展的機會，導師在班級常規輔導時，尤應注意到差異原則，針對個別學生的特點，予以個別化的指導才是。

九、愛心原則

沒有愛心的班級經營，只是一種機械式訓練而已，無法提升經營理念的層次；沒有愛心的班級常規輔導，只是一堆嚴苛的教條而已，無法使學生自覺自律。愛心是教育力量的泉源，教育愛所愛的不僅是學生本人，還包括個體發展的歷程，所祈求的是學習者從不好變好，或是由好到更好。因此，無論學生聰明、愚笨、或成績高低，教師在班級常規輔導時，均應本諸愛心，施予有效的輔導。

十、科學技術原則

時代進步，科技發展日新月異，面對活潑可愛的小學生，在班級常規輔導上，自不宜墨守老套，而應該改以科學方法，應用觀察、調查、測驗、統計、諮商、個案研究等方法，去了解、分析學生的生活背景、心理需求、行爲傾向，選用合適的常規輔導方法來引導學生，比較容易產生常規的輔導效果。

十一、輔導原則

西諺云：「將馬兒帶到河邊容易，要馬兒喝水可能不簡單。」學生輔導，特別是常規建立方面，可能也有相同情形，知道常規容易，執行常規困難，因此，必須運用輔導的原則和技巧，使

學生依循自己的個性、性向和心理需求，能主動逐步地建立自己在各種不同領域的規範，表現出合理性的行為和習慣來。

十二、目標管理原則

目標管理（Management by objectives）是一種人性化，以人為中心的企業管理方式，以管理、激勵為手段，達到共同預設的目標為目的，此一原則應用於班級常規輔導，亦能貼切。理想的班級規範，可由師生共同訂定，由於所需輔導養成的常規很多，運用目標管理的方式，可將預定的常規分批設定為輔導努力的目標，逐步輔導養成，可以減輕師生在常規學習上的壓力，將有助於常規的輔導。

貳、建立班級常規的策略

一、就建立的方式言

㈠自然形成法

自然形成法是就原已存在於班級內多數同學所共有的良好常規，加以具體化，引為全班同學遵行的方法。如多數同學碰到同學、師長都能道早問好，導師乃藉同學自然的良好行為加以處理，成為班級的共同生活常規，使大家力行並發揚之。此種方式簡單易行，容易建立常規。

㈡引導形成法

引導形成法係把握情境，利用機會教育方式，將一個原本不存在或未受注意的常規引入班級，供大家遵行的方法。例如，學

生上下學，不能遵守交通秩序，某日，剛好學校附近馬路上發生車禍，導師即可藉機說明不遵守交通規則，可能引起嚴重的不良後果，而有效引導學生體認遵守交通規則的重要性，而終使同學均能遵守交通規則。

(三)強制形成法

強制形成法通常是藉助外力，取消學生權利或予處罰的方式，強行制約學生，以形成某種規矩的方法。例如，常有學生亂丟垃圾，屢經勸說，均未見效果，某日，某生又亂丟垃圾，剛好被導師看見，導師乃運用這種方式強制其改進，久之，全班即無人亂丟垃圾，而形成了良好的常規。

(四)參照形成法

參照形成法是導師或同學發現其他班級有某種良好表現，是本班同學所欠缺者，於是指導同學學習他班良好的規矩。如本班同學自習課時多吵鬧不休，某班則否，該班因而屢受學校欣賞，導師可舉此為例，要求本班同學參照該班同學的行為加以學習，以養成規矩。

(五)替代形成法

替代形成法係以一種合適的行為來替代某一種不良行為的方法。例如有些同學精力過人，中午不休息，專愛捉弄其他同學，導師可設計某種勤務，如餵食小動物或清理實驗室等榮譽性的行為，交付這些同學來執行，用以替代原有的不良行為。

二、就建立的管道言

(一)由上而生

由學校或導師設計某種常規，要求學生遵行者，例如：導師

發現學生自私自利，缺少愛心，乃訂定同學相互關懷的常規，或成立愛心社團，引導同學布施愛心等是。

㈡由下而生

由下而生係指逕由同學自己發動、建議設立常規的方法。如同學發現本班同學愛亂丟垃圾，乃建議並共同商議大家不可亂丟垃圾，否則即予處罰。

㈢平行移植

平行移植是由本班同學發現別班同學有某種本班所沒有的良好常規，而建議本班同學亦能採用遵行的方法。如某班同學都能準時交作業，正是自己班同學所欠缺者，乃建議本班同學務必按時交作業，而獲得全班同學所採行。

㈣上下交融

上下交融是師生間共同商定以某一種良好的行為規準為本班共同遵行的常規。如師生發現某些同學有攻擊別人的行為，即由師生共同商議，訂定不得攻擊別人的常規，同學們彼此互相約束遵行。

三、就建立時機言

㈠分波分批式

班級常規可能很多，要求一次同時實施，實際上可能有困難，導師可採目標管理方式，一次先要求同學遵行某一組常規，直到學生全都熟悉並養成習慣後，再推出另一組常規，這是分波分批的方式。

㈡重疊增強式

以分波分批式為基準，當第一批常規推出數日，學生雖尚未

養成習慣，但大致上已相當熟悉，執行亦稱順利，此時，推出第二批常規，結合第一批常規，同時輔導同學遵行的方式。

㈢分層漸進式

將某種難度較高的常規分解成數個次級行為，再逐一指導學生學習的方式。例如，有些學生上課分心，老是東張西望，教師可要求學生先能靜坐專心五分鐘，養成五分鐘專心的能耐時，再逐次要求延長安靜時間，如此，逐次運作要求，直到穩定為止。

㈣交互統合式

交互統合式是重疊與漸進的運用，以輔導學生學習不同領域的常規的方式，例如交互推出學習生活常規、道德生活常規，健康生活常規……等不同種類的常規，指導學生好好學習的方式。

叁、班級常規輔導注意事項

一、在建立班級常規方面（註 20）

訂定班級常規應該注意下列原則：

㈠班級常規必須符合三個標準：(1)明確，(2)合理，(3)可以執行。當然，簡單也不可忽視。

㈡不可一次規定太多規則，一般而言，以五～十條為宜，須等學童已學會一些規則後，再逐漸增加。如一次訂得太多，等於沒有目標一樣。

㈢每一條規則，表明一件具體行為。

㈣常規內容必須以書面明示，不宜僅以口頭約定，文字亦不得含糊不清。

(五)兒童可以討論規則，也可以提出修正意見。

(六)不成問題的行為，不必制定規則。

(七)學期一開始就訂定班級常規，第一天是訂常規最好的日子，以後可利用班會時間加以訂定或修改。

(八)如果兒童須要調整的行為很多，應先由最重要的一、二個開始。

(九)班級常規和校規分別訂立宣示，不宜重覆。

(十)有效的常規是：(1)描述清楚，(2)正面措詞，(3)簡短扼要，(4)數目不多。

(十一)班規分成「通行」與「單行」法規。通行者，即上課、下課、排隊、打掃等常規；單行者，即針對破壞、偷竊、打架、喧鬧等問題行為之正負加強。

(十二)班級常規可張貼於公告欄，或印製成小卡片分發給學生。

(十三)一時辦不到（如年齡較小）或較困難的行為標準，暫時不要訂定，或將其分解成數個次級常規，分層實施輔導之。

二、在班級常規輔導方面

(一)好的開始是成功的一半，因此，始業時的常規輔導或導師新接班級時的初始輔導，務必切實把握，有效運作。

(二)建立良好的師生關係，塑造和諧愉快的班級氣氛，導師更容易發揮積極的影響力，協助學生建立常規。

(三)選拔優良學生幹部，強化班級組織功能，再予適當授權，可有效迅速地建立班級常規。

(四)良好班級常規的建立，當非一朝一夕，導師應有耐性，留給學生足夠的時間、空間，使之有效、紮實地養成遵守常規的

習慣。

㈤了解學生是未成熟，尚在學習中的有機體，其情緒可能不夠
穩定，常規學習效果可能因人因常規而有所不同。

㈥爲了方便，常規的訂定與輔導往往將常規分成幾類，更重要
的，該讓學生有統整的了解，前後一貫地遵行。

㈦常規的輔導，事實上即爲全生活的輔導，學生所應學習的常
規很多，實在無法一一列舉，因此，輔導時，除已列常規外
，還不能忽視偶發狀況和類似潛在課程領域內有關生活上應
該注意的行爲之輔導。

㈧各種常規，學生遵行情形如何，顯現行爲是否已合乎要求，
導師應隨時追踪視察輔導，如透過班級幹部組織，責成同儕
間相互扶持提醒，可減輕導師的負擔，同時提升班級常規輔
導的實效。

㈨和家長保持適當聯繫，了解學生放學後常規的表現情形，做
爲在校繼續輔導的重要參考，同時，亦可要求家長協同監督
輔導學生，不分上學、放學均能持續地督導學生遵行班級常
規和學校的規範。

㈩敦請社區人士協同注意學生言行，如有不當者，能即時糾正
，或隨時通知學校，適時處理輔導，俾加速和加深常規輔導
的成效。

㈢不同年齡層的學童，有不同的心理、行爲特質，在班級常規
輔導時，應特別留意，避免造成學童的挫折與困擾。

三、查對所訂班級常規是否適切合宜（註 21）

常規由師生經不同管道或方法共同討論建立後，尚應加以檢

查是否適切合宜，以下八則可供檢查之參考：

(一)重要的班級常規是否都已列了出來？有無遺漏？或常規的重要性是否都已受到應有的重視、強調？

(二)有無舉出適當的例子，讓學生更為了解，而有助於遵行？

(三)學生是否清楚遵行常規時可能獲得的獎賞，或干犯班級常規時會受到何種制裁？

(四)所有常規是否經過正式公告，使同學都能知道？

(五)常規是否每天都能加以檢討？學生對於常規的反應如何？

(六)當學生遵照常規時，是否都受到應有的獎賞？違規時，是否受到應有的處分？

(七)常規的敘述，是否採用正面積極的方式？

(八)常規的表示，是否簡短易懂？

第五節　班級問題行為處理

　　班級常規輔導如果失當，教師不能積極有效地實施教室管理和處理學生行為，則往往導致學生徬徨迷惑，不滿和疏離，不能把握時間，不能完成學習的任務，甚至降低學習興趣、抱負與動機（註21），而造成班級的問題行為，亦即通常所謂的教室管理與班級紀律問題，這是諸多教學問題中最令教師頭痛的部分（註22）。衡諸實際，班級問題行為的發生，幾乎無法避免，因此，導師對於問題行為發生的原因、處理的原則、技巧、處理的模式，以及處理時應注意的事項，自宜加以探究並參考運用，以消除問題行為。

壹、問題行為的界定

　　班級問題行為，簡單地說，就是在學生違反班級常規時所表現的行為。問題行為發生時，輕者影響學生的學習，重者傷及學生人格的發展。不過，依波立（Borich, 1988）研究指出，大多數在教室所發生的管理問題，強度都不高，也沒有持續性，而且與其他較嚴重的事件也沒有關連。孔恩（Kounin, 1970）指出，有百分之五十五的教室問題與在上課時談話及喧嘩有關，有百分之廿六與上課遲到及不作功課、上課任意走動有關，另有百分之十七則與不專心上課，如看其他書籍、作白日夢有關（註23），看來情形似乎並不嚴重，國內則乏具體研究。

貳、問題行為發生的原因

　　學生於教室內所表現出的問題行為，可能為家庭問題行為或社會問題行為的持續（註24），也可能是教學情境或教育歷程中，某些因素失調使然，當然也有可能是受同儕團體不良的影響所造成。茲分項說明如下：（註25）

一、厭煩（Boredom）

　　當學生感覺教材太淺太深，教師教學令其索然無味，同學言行與之格格不入時，容易引起內心的厭煩，一時失去自我控制，引起干犯常規而造成問題的行為。

二、壓力（Pressure）

　　學生在教室內、校園中，甚至於家庭裡頭，常常會面臨一些無法抗拒的壓力，例如考試、課業過重、同儕間的競爭……等等所帶來的壓力，甚至於越區就讀、早起趕車、到處補習、父母親過度關懷等，都會產生壓力，當這些壓力累積到一個程度，極容易導致干犯紀律的行為。

三、挫折（Frustration）

　　來自父母、師長、自己，甚至親朋的要求越多，期許越深，功課越重，比較越頻，壓力就越大，如果贏了，壓力依然存在，如果輸了，則所造成的挫折感就越大。今天的社會，父母的經濟能力普遍良好，孩子生得少，在單元價值的指導下，對孩子期望很大，處置失當，更容易造成挫折感，終導致行為的脫序。

四、尋求注意、承認與地位
（Desire for attention, recognition and status）

　　人害怕被奚落、被忽視或被鄙視，具有引人注意的需求，即使是負向的注意（negative attention），都比無人注意要好。因此，一個成績不怎麼樣的學生，為求老師注意，趁老師寫黑板時，打鄰生一拳，老師喚名制止，或加數落，正可滿足他的心理需求，而增強了他的問題行為。

五、引誘（Lure）

　　過去的社會生活單純，學童所承受的誘惑不多，今則不然。

昨晚貪看電視，沈迷於漫畫書，今天可能遲到，交不出作業，或上課打瞌睡……，更嚴重的可能沈迷電動玩具，偷人財物。因經不起誘惑而犯法者已有增加的趨勢。

六、失教

失教就是缺少管教，錯失應有教誨。也許是父母過度忙碌，缺乏管教的能力，或是教師放棄了教導之責，放任學生，學生缺乏接受教誨的機會，也常會干犯法紀而違犯校規、班規。

其他如尋求權力者（power seeking），容易與人爭吵、欺騙、發脾氣、拒絕、明顯地不服人或拖延功課、忘記、不合作等行為；尋求報復者（revenge seeking）容易傷及他人，如挑戰、人身攻擊等；失望無助者（inadeguacy）容易陷入孤僻、缺乏信心、退縮、悲觀、逃避等（註26），這些都是班級問題行為產生的原因。

叁、班級問題行為的處理原則

班級問題行為的處理常常是教師最感頭痛的問題，是導師經營班級的初步，教師瞭解造成班級問題行為的原因後，即應進一步探討問題行為處理的原則。

班級問題行為處理的參考原則很多，高強華（註27）曾提示教室管理八大原則：

㈠瞭解學生的基本心理需要。

㈡瞭解學生的學業需要和興趣。

㈢發展積極有效的教室生活公約。

㈣建立積極合理的師生關係。

㈤協助建立互助合作的同儕關係。

㈥發展主動而合適的自我觀念。

㈦增進學生的自治自律和自我控制。

㈧運用增強原理，協助學生解決問題行為。

溫士頌（註 28）的教室管理六原則：

㈠以積極的指導為主，消極的管理為輔。

㈡培養良好的行為於先，獎懲與管理於後。

㈢師生共同認定可能達成的行為標準、可能容忍的最大行為限
　度。

㈣採取民主領導，培養學生群居共處的合作態度。

㈤改善處理問題行為的知能與技巧，以他律為始，自律為終。

㈥減少造成不良行為的校內、校外刺激因素。

李咏吟（註 29）曾說明教室管理的五項原則：

㈠饜足原則（The satisfaction principle）：要求學生從事某
　項在教師許可下，他所選擇的替代行為，直到他厭惡為止。

㈡消弱原則（The extinction princile）：事先安排，使學生
　無法從不良行為中得到報酬或注意。

㈢不一致的選擇原則（The incompatible alternative princi-
　ple）：學生對某一刺激所引起的不良反應，可以加以抑制
　，如教師能在該刺激出現時，同時安排可引起學生產生良好
　反應的刺激，並指導學生作適當的選擇。

㈣負增強原則（Negative reinforcement principle）：建立一

個讓學生起反感的情境，學生想結束此一情境，則必須改進
其不良行為。

(五)處罰（Punishment）：給予學生一種不愉快或痛苦的刺激，
以阻止不良問題行為的再現。

以上三位學者所提示的原則雖泛指教室管理的基本原則，仍
可視為班級問題行為的處理原則。邱連煌在「從行為科學談學生
管教原則」一文中曾提出六項精闢的管教原則（註30），作者
簡要加以引述，並再補述六項，合為十二項班級問題行為的處理
原則：

一、管教學生應以可見的行為為主

有效的管教，其先決條件是，應把重點放在學生的可見行為
（observable behavior）上，學生的行為，要待表現出來後，方
能判斷是好是壞，該賞該罰，可接受或不可接受，老師千萬不可
僅憑籠統模糊的感覺，就「修理」學生。管教學生如果無的放矢
，非但違反原則，效果等於零，且易產生不良副作用，尤其在似
乎是集體起鬨時，更必須確切地找出可見行為的行為人來處理，
而忌諱連坐式的統統有罰，如此，有些學生固然是咎由自取，卻
也有人遭受池魚之殃，只是面對老師的權威，敢怒不敢言，這是
極其不當的處理方式。

二、清楚確立學生的行為標準

有效的管教，應先訂定學生常規的行為標準，務使每位同學
確實明瞭何種行為是好的，何種行為是壞的，何種行為可以被接

受，何種行爲是不能被接受的。師生可運用本章各節所介紹的方法，透過共同討論的方式，作明確的約束，以爲共同遵守的準繩。千萬不可由教師暗立規則，或隨興之所致，信手拈來，更不可由教師個人好惡，或過度情緒化，而致隨意管教，如此方式將造成學生的動輒得咎，不得安寧，不但管教無功，亦將造成班級氣氛的分離，達不到教學的效果。

三、不要酬報不良的行爲

有效的管理，對學生的不良行爲不應加以酬報（reward）而鼓勵其滋長。

本原則表面看來旣淺顯又簡單，似乎沒有討論的必要，其實不然，許多老師在日常教學時，常違反了這項原則，還是茫然不覺，無形中助長了壞行爲，造成管教上的困難。比如：成績欠佳，而行爲原本還好的學生，由於經不住冷落，轉而另闢戰場，上課時，使出怪招，逗得同學們哈哈大笑，惹得老師一場責罵，他本人則洋洋自得，吃吃竊笑，山人妙計得逞也！因此，導師處理此類問題行爲，應特別留意，不可上了學生的當，酬報了學生的不良行爲，使其惡作劇行爲在不知不覺中受到增強或酬報，獲得不應得的鼓勵，反而引起不良的後患，此爲處理班級問題行爲不可不愼思的原則。

四、避免懲罰不良的行爲

有效的管理，應該極力避免懲罰不良的行爲。

管教學生，非在實不得已的情況下，不宜使用懲罰。目前除教育行政單位一再申明禁止體罰外，一般心理學家也都反對採用

懲罰的管教方式，尤其是報復性或洩忿式的懲罰。理由如下：懲罰會摧毀師生間應有的和諧關係，妨礙情感的交流；懲罰只能對不良行爲暫時壓制，不能使它永久根絕；懲罰只告訴學生何者爲非，沒有告訴學生何者爲是，缺少教育學生的正面和積極的作用；嚴厲的懲罰，往往連帶引發兒童的焦慮或憎恨情緒，使之不喜歡班級，不喜歡學校，而不願就學；懲罰造成兒童的恐懼心理，有礙創造力和潛能的發展，是一種反教育的管教方式。

五、要以好的行爲取代壞的行爲

有效的管理，應指導並鼓勵學生以良好的行爲取代不良行爲，以免學生的行爲領域頓成「眞空狀態」，致使其他的壞行爲乘虛而入。

當學生的某種不良行爲因無人理會，或暫時受到禁止，應馬上提供一種可被接受的行爲來替代它的地位，藉以佔據該生的心思，分散他的精力，不然，其他不良行爲會接踵而來，造成管教上的困難。比如：小華反應迅速，老師一發問，每每搶先報出答案，害得其他同學沒有機會作答，老師怒喝道：「小華，不要老是搶先回答！」這一喝，小華六神無主，不知所措，內心有些難過，自覺沒趣之餘，拿起鉛筆，在桌面上叮叮咚咚敲了起來，這是因爲他的前一行爲受禁止後，老師未指示一條可被接受的行爲途徑，使得他在徬徨、無趣之餘，不被接受的行爲──用鉛筆敲打桌子乘虛而入。如果老師能指導說：「小華，你一向聰明用功，反應又快，不過，不要搶先回答，如能先舉手等老師點名後再回答，就更好了。」小華就不會亂敲了。

六、鼓勵良好行為

有效的管理，應積極鼓勵學生的良好行為。心理學原理告訴我們，行為一旦獲得適當的增強，如讚許或表揚，勢將增加其強度，提升其再發生的可能性，而逐漸鞏固起來，終成牢不可破的良好習慣。因此，導師對於無傷大雅的、不具危險性的調皮搗蛋，應該不予理會，久而久之，此種不良行為便會自然消失，否則，責罵反能成為該種行為的增強物。而當學生一有良好的表現，如專心寫字、服務同學時，教師應即刻予以讚美或適當報酬，使之立刻受到增強。

七、顧及一貫性、公平性和個別差異性

有效的常規管理，應顧及處理方式的一貫性、處理標準的公平性和個體的差異性。

學生年齡雖小，但眼睛雪亮，因此，教師對於不同學生所表現出來的相同行為，或同一學生在不同時空裡所表現出來的相同行為，無論是好的行為或不良行為，教師在處理時，應考慮方式的一貫性和公平性，避免學生誤以為導師偏心或喜怒無常，破壞了師生關係。當不同學生表現相同的不良行為時，公平性和個別差異性是實際上必須合併考慮的，既不宜讓學生覺得委屈，也不宜讓他覺得老師偏心，這是導師在處理時必須留意的主要原則。

八、與其處理在後，不如預防在先

最佳的管教輔導，是預防在先，消弭於前，使不良行為沒有出現的機會。學生違規，有些或許出於故意，有些則可能是由於

無知，有些則可能是知而未慎於始。學生一旦習得一項良好的行為，導師將很容易地指導他繼續保留而恆常表現，學生如果初始不慎，染上不良行為，則事後的消弱遠比單純學習新行為要困難。因此，優先教導學生學習良好行為，遵行良好紀律，可以防止許多不必要的紀律問題（註31），這就是為什麼許多老師寧可教沒有學過注音符號的小朋友學習注音符號，而不喜歡教已學過注音的人學習注音符號的原因了。

九、找出不良行為的肇因

有效的問題行為輔導，應該先找出學生問題行為的肇因。不同學生雖然表現相同的不良行為，却可能由不同原因所造成；反之，不同學生受不同因素的刺激，亦可能表現出相同的不良行為；同一學生在不同時空，受相同因素的刺激，亦可能產生不同的不良行為。不同的原因應該運用不同的輔導方法，所謂追根究底，擒賊擒王，追尋不良行為的真正原因，再對症下藥，是輔導問題行為的重要原則。比如，同是偷竊，有的同學可能因為匱乏，有的可能是因為心理的失衡；同樣是打架，有的可能是基於報復，有的可能是受到同學的慫恿，這些不同的因素，都會影響輔導的方法。

十、機動選用合適的處理技巧

機動選用合適的處理技巧，是問題行為輔導的重要原則。處理技巧，如同醫生的處方，處方不對，自然無法治病，選用的處理技巧不能適用於所欲處理的問題行為，輔導自然無效。其次，問題行為的輔導，經常是一個持續性的歷程，在此一歷程中，須

根據學生進步的情形或心緒的轉化，考慮運用不同的適當輔導技巧，以收到良好的輔導效果。

十一、敏於知覺問題行爲的存在

敏於知覺問題行爲的能力是問題行爲輔導的重要條件。導師敏於知覺問題行爲可能發生，即可輔導在先，使之消失於無形；導師敏於知覺問題行爲之存在，可立即施予輔導，使之改過向善；導師敏於知覺本班的學生狀況，可以了解本班先要建立何種常規，次要建立何種常規；導師敏於知覺不同的學生可能發生不同的問題行爲，而及早選用合適的輔導技巧，分別實施輔導，終能收到輔導的效果。導師如果缺乏敏覺力，而無所用心，則班上同學可能有偷竊者、撒謊者……，導師均將無以知曉，遑論處理輔導了。

十二、有效借重學生同儕或運用社會資源

有效借重學生同儕力量或運用社會資源，實施問題行爲的輔導處理，可以使班級經營和學生問題行爲之處理發揮更深更廣的效果。目前的社會資源豐富，人力充沛，導師可善加運用，以協助輔導學生處理問題行爲，再者，學生同儕間相互影響力很大，導師亦可善爲借重，不但可減輕導師負擔，更可提升問題行爲的輔導效果。

肆、問題行爲的處理技巧

問題行爲的處理，實質上爲一種不良行爲的校正（Correction procedure），在使用上受到行為的嚴重性（the severity of the behavior）以及行為持續時間之長短（the length of time the behavior has continued）（註32）的影響，當然，還應考慮到行為的種類、行為人的動機，及其對整個班級之影響等因素。問題行為處理技巧或校正方法的運用，使班級常規透過此種處理輔導過程，取代學生不當的行為，建立新的行為規準，而達到糾正的目的。

一、需作短時間輔導者

一般說來，問題行為中，有些需要長期輔導，有些可以實施短暫輔導，前者如採用行為改變技術或心理輔導方式，後者只要導師運用一些影響技巧（influence techniques）制止不良行為，支持進行中的良好行為或新的良好行為即可，溫士頌（註33）參考雷德爾和魏登寶（Redl & Wattenberg）兩氏，針對暫時性初始性的問題行為，提出十六項技巧，可供運用之參考：

㈠給予信號

給予信號，用以制止剛剛發生的違規行為，如學生交頭接耳，老師暫停講課，清清喉嚨，加以凝視……等。

㈡趨近控制

教師走近發生不當行為的學生，或駐足其旁或輕拍其背或輕加警語……等，以制止不良行為的持續。

㈢使用幽默

教師運用輕鬆幽默的話語，提醒制止違規之行為。

㈣安排工作

小學生，年紀愈小愈不會安排運用時間，導師可安排工作，

使之適時忙碌，可免不良行為乘虛而入，如安排收發作業、擦黑板等。

(五)勸離現場

將怒氣在身的學生勸離現場，避開怒氣情境，使其情緒緩和，不過，宜讓學生了解這是非處罰性的處置（nonpunishment measure），旨在平息情緒，是非曲直，另作公斷。

(六)移除媒介

清除造成學生違規行為的媒介物，如取走漫畫書，分散有共話習慣的組群等是。

(七)提高興趣

教師運用處理教材的方式，提高學生興趣，或向學生發問，以引起學生注意。

(八)直接訴求

直接指出老師期望的行為，並要求學生照辦，否則讓他自食惡果，例如，把教室清掃乾淨即可回家，想提早回家，趕快作完作業等。

(九)批評過失

直接指出學生過失，要求改以良好的行為代替，例如學生作業抄襲他人，老師可直接指正批評，要求改正。

(十)複述常規

教室常規很多，學生不一定一一記住，所以常有無心之過失，例如搶先發言，教師可複述說：「各位同學，我們不是說過發言先舉手嗎？」

(土)制止行為

學生行為失去控制，必要時，教師可大聲喝令停止該不良行

為，如：「張三，不要講話！」

(土)自食其果

學生不在規定時間內做作業，放學後留下來作完再放學；或隨意破壞教室佈置，令其自行修改，使之了解須為自己的行為負責。

(吉)收回特權

學生不守規矩，停止該生參加他喜歡的某些活動的權利；父母親可停發零用錢等。

(古)個別談話

所謂揚善於公堂，規過於私室，對違規學生實施個別談話，尋求合理解決方式。

(宝)停止學習

如停課、停學、休學、或家長帶回管教等是，因為學習也是一種權利，停止學習可使之自反自省，唯須附加輔導，否則，停學對某些學生而言，可能正中下懷，反有負增強的效果。

(共)懲罰

懲罰使學生產生不快或痛苦的感受，如運用得當，可以制止不良行為，但很難完全消除不良行為，亦不能防止同樣行為的再現，運用務必慎重。

其他尚有若干方法，亦值得參考，介紹如下：

(一)約法三章

學期初或開始上課，即把老師的要求說清楚，約法三章於先，嚴格執行於後，讓學生具有約法執法的共識。

(二)適時獎勵

對行為合乎常規者，立刻予以獎賞；對原先違規，而經糾正後表現良好者，亦應立即獎賞。

(三)緊迫盯人

有些學生大過不犯，小錯不斷，導師可採緊迫盯人的方式，讓他沒有犯過的時間和機會，堅持到底，直到改過為止。

(四)賦以重任

學生都有榮譽感、責任心，對於調皮搗蛋者，可設法選任為幹部，賦予重任，誘使改過向善，當然，導師應追蹤留意。

(五)不予理會

對不傷大雅的違規行為不予理會，不良行為常會自然消失。

(六)小組運作

某位同學經常遲到、不交作業，導師可安排幾位要好同學邀他上學，或安排共同時間寫作業，以小組方式，讓同儕來協助其改過。

(七)樹立楷模

有些學生可能屢遭挫折，不愛讀書，導師可借重知名度高，形象良好，在成名過程中曾遭挫折，但仍奮鬥有成者，做為他的學習楷模，喚起努力的意識，祛除頹唐的行為。

(八)使用法寶

有些學生的違規行為，屢勸無效，此時，可尋求該生特別敬愛的師長親人來輔導，往往有意想不到的效果，例如昔日敬愛的導師或住在他處的祖父母等。

(九)聲東擊西

有些自尊心強的學生犯過時，如當面直接制止，可能發生反效果或帶來後遺症，此時可用比喻法，以聲東擊西的方法加以暗

示，使之停止不當行為。

(十)轉換活動

　　小學生的耐心持續時間較短，有時班級秩序不好維持，此時，當機立斷，轉換活動，往往是一種很好的方法，例如，學生吵鬧不休，改為唱歌或立即下課等是。

(土)注意全體

　　注意全體，可使全體同學提高警覺，集中注意力學習，邱連煌（註34）認為可製造懸疑，比如老師指名回答問題之前，可製造緊張，讓每個同學覺得可能點到自己，或目光隨意環視全班，使之不敢掉以輕心。

(圭)耳視目聽

　　耳視目聽使老師具有法眼、法耳，正如邱連煌（註35）所說：「教師後腦長了眼睛，一心能作二用，耳可看，目可聽。」如此敏銳的老師，對班級每一個角落都瞭如指掌，使學生不敢違規。

二、需作較長時間輔導者

　　對於需要長時間輔導處理的不良行為，可以運用行為改變技術。行為改變技術（Behavior Modification）是一種源自心理學的教育方法，係以行為原理（Behavior Principle）為基礎來分析、預測與掌握個體行為之發生與轉變的有系統過程，藉以促進行為之改變（註36）。例如，教師對一位儀容端莊、精神飽滿的學生微笑點頭，拍拍肩膀，或進一步給他獎賞，終於養成了他穿著整齊的習慣，這就是行為改變技術。

　　行為改變技術的主要步驟是：（註37）

㈠確定要修正的行為，亦即指明終點行為；

㈡釐訂行為修正的具體目標；

㈢選擇適當的增強物與增強對象的安排；

㈣排除維持或增強不良行為的刺激。

㈤以增強良好的行為逐漸取代或消滅不良行為。

三、行為改變技術在常規輔導上的應用──代幣制

應用行為改變技術的方法很多，代幣制是其中常用的方法，茲簡單介紹如下：（註38）

代幣制（Token system）是一種類化的制約強化（Generalized conditioned reinforced）。 O'Leary 和 Drabmann（1971）指出，自 1964 年以來，代幣制已逐漸用在教室行為的管理上，主要是用來：⑴減少搗亂行為，⑵增加上課的學習行為，⑶增加學業成就，⑷改變其他附帶行為。因此，在班級常規輔導上，代幣制度是很有參考價值的方法。

在實際運作上，班級常規的輔導可用卡片、星星或分數等，一些學童喜歡的東西或符號來作代幣，用以增強或消弱某些行為。學生從事某種活動時，表現出良好行為，如按時交作業；或沒有表現不良行為時，如能不遲到，上課不亂說話等，就可以得到幾個星星。一個星期或一個月結算一次，星星數量達到了事先約定的標準，即可換取學童喜歡的東西，或准許學生進行喜歡的活動。因為代幣可以貯存，可以累計，可以兌換學童所需要的原始增強物，這種原始增強物，可以針對學童的嗜好適時變換，不必擔心原始增強物所引起的飽厭現象（Satiation），避免造成學生因不斷接受同樣的增強物，而引起對該增強物的需要降低或討厭

的現象。如糖果給多了，學生便不覺稀罕，糖果就失去增強的效果。

　　此種技術可應用於短暫行為和持久性行為的修改校正，使用時，最好配合其他合適的社會性增強，且在所欲的行為出現時，才給予增強。

四、序列式教室問題行為校正法（Four social correction procedures for the classroom）（註 39）

　　處理、輔導教室的問題行為，可資運用的技巧很多，有時單獨使用即能產生效果；有時可能需要選取數則交互運用，有時可能要選擇若干技巧，依學生行為校正情形，順序妥善使用，底下介紹的序列式教室問題行為校正法就是：

　（一）不予理會法（The Ignore-Reward Procedure）

　　1.當某些不當行為相當溫和，不致影響或傷及他人時，不予理會法會有顯著效果。

　　2.不予理會法，在運作上可分成六個步驟，但實施時，究竟進行到第幾個步驟，則依學生行為改變情形來決定：

　　　(1)對學生不適當的行為表現，不予理會。

　　　(2)對另一位表現合適行為的學生，給予公開的獎賞（overtly reward），讓第一位學生看到什麼樣的合適行為會受到獎賞。

　　　(3)如果第一位學生的不當行為消失，而開始表現合適的行為，即予以獎賞。

　　　(4)如果第一位學生仍然無動於衷，導師可再重複第一步和第二步。

(5)第一位學生在導師重複步驟(1)和(2)後，如果未能表現合宜行為，接下來就可以運用警告方法。

(6)接著，可再設定某一預期的行為，回到步驟(3)和(4)來進行。

(二)警告法（The Warning Procedure）

1.當學生不當行為干擾班級學習，或行為雖然無傷大雅，可是一再持續發生時，即可使用警告法來處理。

2.實施步驟：

(1)行為開始顯現時，即予警告。

(2)如果學生立刻改過，表現合適行為，導師立即予以獎賞（reward）。

(3)經過警告，學生仍然沒有表現合適的行為，則繼續使用強度稍高的隔離法來校正。

(三)隔離法（The Separation Procedure）

1.學生不當的行為，威脅到其他同學上課的安寧，危及他人（put others in the danger）或繼續干擾上課（disrupting the lesson）時，例如攻擊同學、投擲東西等，就可使用隔離法。

2.實施步驟：

(1)嚴肅告訴該生，他所表現的行為是無法接受的（unacceptable）。

(2)將該生隔離開一段時間。

(3)隔離的時間一到，詢問該生是否已調整好心緒，要回到班上繼續學習。

(4)如果該生回答是肯定的，就讓該生回來，過一會兒，該

生的表現如果良好，即予獎賞。

(5)如果該生不回答，或回答尚未調整好心緒，則續予隔離一段時間，再回到步驟(3)去執行。

當然，有些學生可能樂得接受隔離，導師運用時務必慎重。

㈣交付處理（The Office Referral Procedure）

隔離無效，即將學生交給校長或學校裡負責懲戒的專責人員或單位來處理。

就我國現況而言，導師負有相當部分的輔導之責，如果學生違規嚴重，屢勸不聽，自然可以送請訓導處或輔導人員做進一步的訓誡與輔導。

總之，班級問題行為之處理技巧很多，導師在實際運作上，當憑教育理念、教育愛心以及輔導處理原則，因人、因事、因時、因地而制宜，選擇有效的處理策略和技巧，協助學生消除、制止不良行為的發生，塑造積極正面的班級氣氛，使之有利於學生的學習成長。

伍、問題行為的處理模式

凡事豫則立，不豫則廢，學生問題行為的處理亦然，尤其，導師面對四、五十位學生，更應有計劃、有步驟地進行，才能達成目標。茲說明問題行為的處理模式如下：

$$\boxed{覺察} \rightarrow \boxed{診斷} \rightarrow \boxed{處方} \rightarrow \boxed{輔導} \rightarrow \boxed{評量} \rightarrow \boxed{追蹤}$$

　　圖中包含六個部分，處理時依箭頭方向順序前進，下面的箭頭是回饋的迴路，用以依實際情況檢討和改進。

㈠覺察：覺察隱然、已然的問題行為是處理的第一步，如果導師根本未能察知問題行為的存在，以後的處理步驟就不需要了。因此，導師必須具備「法眼」，發揮敏銳的知覺去捕捉可能的問題，加以處理輔導。

㈡診斷：發現問題後，立即運用有效的方法，如訪問、談話、測驗……等，深入了解問題行為根源之所在，俾作進一步之處理。

㈢處方：處方就是依據診斷結果，找出可能有效的處理輔導方法，作為輔導之依據。

㈣輔導：選好輔導方法後，即訂定輔導步驟，選好可運用的資源，開始進行輔導。

㈤評量：輔導處理的成效，應隨時加以評量，如發現效果欠佳，應循回饋路線，檢查覺察有無偏失，診斷是否正確，處方是否合適，輔導歷程是否得宜，直到完成輔導的目標為止。

㈥追蹤：不良行為的消除和良好行為的建立，常非易事，因此，宜再作追蹤，適時提醒，直到不良行為完全消失，良好行為的表現穩定為止。

陸、問題行為處理應注意事項

一、導師應避免下列誤解：

(一)以為學生愈安靜，學習效率愈好。

(二)以為教師的權威建立在學生對教師命令的服從上。

(三)以為學生的行為即代表學生的品性。

二、導師應該了解，兒童就是兒童，不是小成人，不可用成人的行為標準來要求兒童。

三、導師應該認清真正的問題行為之所在。

四、導師應確認，處理的對象是學生所表現的行為，而不是學生本身，老師只是不喜歡他的行為，不是不喜歡他的人。

五、導師應教導學生知道如何表達其情緒，尤其要避免壓抑，以促進身心健康。

六、導師處理問題行為時，固然是以學生的「行為」為對象，但行為常常只是問題的表現，教師務必先了解癥結所在，才能作有效的處理。

七、教師在處理問題行為時，應當維護當事人的心理反應，以不傷其自尊為宜，尤忌處理不夠周延，原有問題尚未解決，又衍生新的問題。

八、注意方法的運用，如發現原先使用的方法，經一段時間仍無效果，則應適時轉換方法，以免浪費時間，錯失輔導良機。

柒、結 語

　　問題行為的輔導處理不是移山填海的工程，是細針密縫的刺繡；不是金玉良言的傳播，而是苦口婆心的叮嚀；班級經營的成效，不是班級常規的彙編，而是平日導師心血汗水的結晶。導師工作的影響，不是在學生腦海中刻下痛苦的烙印，而是在學生心靈上點燃一盞永不熄滅的明燈（註 41）。問題行為的輔導是導師經營班級最重要的事務之一，值得導師全力以赴。

附 註

註 1：吳鼎（民 63）：教學原理。台北市：國立編譯館，第 412 頁。

註 2：方炳林（民 65）：普通教學法。台北市：教育文物出版社，第 306 頁。

註 3：同註 2，第 302 頁。

註 4：孫邦正（民 58）：教學法新論。台北市：台灣商務印書館，第 127-128 頁。

註 5：同註 2，第 307 頁。

註 6：同註 2，第 307-308 頁。

註 7：高強華民（76）：教室管理的原則及其適用，教師研習天地雙月刊，台北市教師研習中心，第 38 期。

註 8：同註 1，第 413 頁。

註9：伊文柱（民67）：國民中小學校訓導設施。台北市：文
　　　景書局，第198-199頁。

註10：教育部訓育委員會、台灣省政府教育廳、台北市政府教育
　　　局、高雄市政府教育局（民75）：國民小學訓導工作手
　　　冊，第52-55頁。

註11：林清江（民70）：教育社會學新論。台北市：五南圖書
　　　出版公司，第164頁。

註12：同前註，第169頁。

註13：同前註，第167-169頁。

註14：同前註，第166頁。

註15：林清江（民64）：教育社會學。台北市：國立編譯館，
　　　第302-303頁。

註16：台灣省政府教育廳，台北市政府教育局，高雄市政府教育
　　　局（民78）：高級職業學校導師手冊。頁40～42。

註17：同註15，第313-318頁。

註18：李咏吟（民74）：教學原理。台北市：遠流出版社，第
　　　290頁。

註19：請參閱台北市教育局（民75）：國民小學班級經營的理
　　　論與實際，第28-32頁。以及李錫津（民68）：班級經
　　　營之研究，師友，第147期，第37頁。

註20：朱文雄（民78）：班級經營。高雄市：復文圖書出版社
　　　，第216-217頁。

註21：Medland, M & Vitale, M（1984）：*Management
　　　of Classrooms,* CBS College Publishing New York
　　　N. Y. p. 73—74, p.82。

註22：同註 7。

註23：林寶山（民 77）：*教學原理*。台北市：五南圖書出版公司，第 277 頁。

註24：溫士頌（民 69）：*教育心理學*。台北市：三民書局，第 350 頁。

註25：參考註 24，第 350 頁。註 18，第 292-293 頁。

註26：同註 23，第 274 頁。

註27：同註 7。

註28：同註 24，第 361-365 頁。

註29：同註 18，第 293-294 頁。

註30：邱連煌（民 74）：*心理與教育*。台北市：文景出版社，第 43-53 頁。

註31：常規 24，第 362 頁。

註32：同註 21，第 119 頁。

註33：同註 24，第 357-361 頁。

註34：同註 30，第 62-63 頁。

註35：同註 30，第 55-56 頁。

註36：許天威（民 72）：*行為改變之理論與應用*。高雄市：復文圖書出版社，第 1-5 頁。

註37：同註 24，第 353 頁。

註38：馬信行（民 72）：*行為改變的理論與技術*。台北市：桂冠圖書股份有限公司，第 87-89 頁。

註39：同註 21，第 112 頁-119 頁。

註40：參閱註 24，第 366-367 頁。

註41：參閱註 10，第 22 頁。

本章摘要

本章首先說明班級常規輔導的意義和目的，班級常規可用以(1)「維持秩序」、(2)「培養良好習慣」、(3)「啓發求學興趣」、(4)「增進身心健康」、(5)「發展學生自治」、(6)「增進情感」等，使學生身心得以正常發展，並有效學習。

其次，班級常規的內涵很多，大凡學生生活有關者皆可列入。如依日常生活的性質分，可有(1)「點名」、(2)「出入教室」、(3)「上課」、(4)「收發課卷」、(5)「值日生工作」等五種；依常規性質分，可有(1)「禮貌」、(2)「秩序」、(3)「整潔」、(4)「勤學」等四種；依適用常規的場合分，可有(1)「教室規約」、(2)「上下學規約」、(3)「集會公約」、(4)「運動場所規約」、(5)「其他校內規約」、(6)「家庭生活規約」、(7)「校外生活規約」等七種；依生活教育內涵來分，則有：(1)「日常生活常規」、(2)「健康生活常規」、(3)「道德生活常規」、(4)「學習生活常規」、(5)「公民生活常規」(6)、「勞動生活常規」及(7)「休閒生活常規」等。

訂定班級常規，必須了解影響班級常規的要素。本節分析了(1)相關的法令規章、(2)學校特色、(3)社會現存的規範、(4)班級的氣氛、(5)導師的教育理念、(6)社會時論、(7)家長期望、(8)學生期望以及(9)師生互動情形等要素，以供參考。

班級常規，應以先發性的輔導爲優先，其次才是追溯性的管理，因此，我們討論了班級常規輔導原則：(1)積極指導原則、(2)

民主精神原則、(3)共同參與原則、(4)激勵原則、(5)心理發展原則
、(6)自覺自律原則、(7)團體制約原則、(8)個別差異原則、(9)愛心
原則、(10)科學技術原則、(11)輔導原則以及(12)目標管理原則。至於
輔導建立常規的策略，就建立方式言，有(1)自然形成法、(2)引導
形成法、(3)強制形成法、(4)參照形成法、(5)替代形成法；就建立
的管道言，有(1)由上而生、(2)由下而生、(3)平行移植、(4)上下交
融等；就建立時機言，有(1)分波分批式、(2)重疊增強式、(3)分層
漸進式、(4)交互統合式等。同時，為常規建立，常規輔導以及如
何查核所訂常規是否合適等，提供若干建議，以供參考。

　　最後一節解說問題行為的處理方法。首先說明問題行為的發
生，多半由於(1)厭煩、(2)壓力、(3)挫折、(4)尋求注意、承認與地
位，以及(5)外物的誘惑等使然。為了處理問題行為，我們有十二
項原則：(1)管教學生應以可見的行為為主、(2)清楚確立學生的行
為標準、(3)不要酬報不良行為、(4)避免懲罰不良的行為、(5)要以
好的行為取代壞的行為、(6)鼓勵良好行為、(7)顧及處理的一貫性
、公平性和個別差異性、(8)與其處理在後，不如預防於先、(9)找
出良好行為的肇因、(10)機動選用合適的處理技巧、(11)敏於知覺問
題行為的存在、(12)有效借重學生同儕和運用社會資源。至於問題
行為的處理技巧，介紹如下：(1)給予信號、(2)趨近控制、(3)使用
幽默、(4)安排工作、(5)勸離現場、(6)移除媒介、(7)提高興趣、(8)
直接訴求、(9)批評過失、(10)複述常規、(11)制止行為、(12)自食其果
、(13)收回特權、(14)個別談話、(15)停止學習、(16)懲罰、(17)約法三章
、(18)適時獎勵、(19)緊迫盯人、(20)賦以重任、(21)不予理會、(22)小組
運作、(23)樹立楷模、(24)使用法寶、(25)聲東擊西、(26)轉換活動、(27)
注意全體、(28)耳視目聽等。此外，行為改變的技術，代幣制以及

序列式教室問題行爲校正法等，也是值得導師根據實際需要來加以參考運用。

最後，作者歸納出問題行爲的處理模式——覺察、診斷、處方、輔導、評量、追踪等一貫而持續的歷程，作爲實際處理運作之參考，並附加處理問題行爲注意事項，幫助導師在處理問題行爲時，能更具實效。

作業活動

一、班級常規與學習成效之關係如何？試申己見。

二、班級常規的內容很多，分類方法各異，試提一種你自己的分類方法，並說明分類的理由。

三、班級常規的內容很多，您認爲最能影響班級經營成效的是那些？試提八則，並說明理由。

四、依您經營班級爲例，說明訂定班級常規時所考慮的因素，並說明理由。

五、依您的經驗，在訂定班級常規時，最先考慮到的五個因素是什麼？請依優先順序加以排列，並說明排列的理由。

六、試依己見，提出班級常規輔導的原則五項，依優先順序加以排列，並說明排列的理由。

七、依您的經驗，建立班級常規最可行的方法是什麼？爲什麼？

八、試說明您處理問題行爲的原則。

九、問題行爲處理原則中，依您之見，最重要的五個是什麼？請依重要性加以排列，並說明排列的理由。

十、運用問題行為處理技巧時，應該注意些什麼，始能發揮處理
　　的最大效果？試申己見。

參考案例一

我會更好
——選拔班級好兒童

林淑英老師提供

引　言

　　一般傳統的觀念認為：「功課好、成績優秀的才是好孩子、好兒童。」雖然造就了少數兒童變成頂尖人物，可是無形中也埋沒了更多人才。選拔「班級好兒童」活動，是藉著積極的鼓勵作用，來幫助兒童，更積極的了解自己的優點和專長，並能適當的表現自己、肯定自己、建立信心，而能充分發揮自己的潛能，使自己更好。

　　為鼓勵更多的兒童報名參加，當選的名額不限。教師如果善用此項活動，會發現班上的「好兒童」日益增加，而蔚成一股優良的班風。

方 式

　　為了協助兒童培養語言的發表能力、自治能力及法治精神，此項活動透過「選舉」方式進行。平日老師們便以正確的觀念鼓勵兒童多培養自己的良好行為，發現自己的優點，並朝自己的專長去努力充實自己，然後鼓勵兒童主動報名參加選舉。競選者上台報告自己的優點和專長，也可以提出自己的缺點及具體的改進方法。報告完畢，師生以無記名方式投票，票選出「班級好兒童」。為了鼓勵兒童踴躍參加，當選人數不限，只要有勇氣報名，且能說出自己優點者，即可當選。當選者除了接受老師同學的讚美和鼓勵祝福之外，並接受愛心園小記者的訪問。「好兒童」透過小記者有計劃的專訪，使同學更進一步認識他，也使自己更瞭解自己、肯定自己，真是一項有趣又饒富意義的活動。

目 的

　　「班級好兒童」和一般選舉的「模範兒童」不同，它的目的是透過活動達到輔導的功能。所以，活動本身不是目的，也不是要選出成績好的學生。而是藉著具體的活動，幫助兒童認識自己，所以，更重要的是老師著重於平時輔導和活動進行中的引導。老師在平日就要培養兒童正確的觀念：「好兒童應不只是成績優異的兒童，只要學習認真、服務熱心、自動參與家事、樂於助人、和同學和睦相處、有禮貌、愛整潔、守秩序、知勤勉……便是好兒童。」藉著選拔活動，兒童充分了解自己的優點和專長，建立自信心，積極的朝著「好兒童」的目標去努力。

迴　響

張惟萍老師：

　　因為平時上生活與倫理課時，便配合各週德目選出「好兒童」，所以，實施起來更得心應手。學生在獲得「好兒童」的增強後，會變得更好。

林淑卿老師：

　　此項活動，因各班級各自進行，實施的原則很有彈性，老師依自己班級情況而訂定標準，因此，兒童在無拘束中肯定自己，建立積極向上、樂觀進取的人生觀。

蘇憶珊老師：

　　剛公布此項活動時，兒童也許是因為含蓄，也許是因為不敢表現，所以報名的人數很少。靈機一動，先請沒有報名的兒童，上台講出「為什麼不適合參加競選的理由」，經此刺激，小朋友便努力去找尋自己的優點而報名參加了。藉著活動的進行，小朋友對「好兒童」有了新的體認。

　　林思穎小朋友在當選「班級好兒童」後發表了她的感想：「今天我很高興得到班級好兒童的榮譽，我要將這份快樂帶回家和爸爸媽媽分享。以前我從來沒有考過前三名，爸媽對我很失望，我對自己也缺乏信心。可是這次班級好兒童選拔，老師說：『只要遵守校規、尊敬師長、不遲到、不早退、友愛同學……都是好兒童」我便反省自己，我愛整潔、有禮貌、勤讀書，也尊敬師長、友愛同學，就報名參加。想不到終於當選了，除了謝謝老師和同學的鼓勵之外，我要更加努力用功，成為名副其實的『好兒童』。」

問題討論

一、選拔「班級好兒童」與一般「模範兒童」選舉有那些不同？

二、如何鼓勵兒童參與「選拔班級好兒童」活動？

參考案例二

```
榮譽是第二生命
    ——班級榮譽制度
```

林淑英老師提供

引　言

　　有人說榮譽是一個人的第二生命。教師在班級常規輔導方面，如果能善用班級榮譽制度來培養兒童的榮譽心，以積極鼓勵的增強作用，取代消極抑制惡行的體罰，則學生人人重榮譽，自信心和成就感建立起來，責任心和成就感得以增強，便能發揮教育恒久的功效。

方　式

　　榮譽制度可針對個人和班級團體的需要，以「榮譽章」及「榮譽樹」兩種方式齊頭並進。開始，老師和學生商討怎樣的行為可以得到「榮譽章」和「榮譽樹」的鼓勵。例如：作業整潔、待人有禮貌、能幫助別人、遵守秩序、上課專心、做事負責……等個人行為優良者可得一枚「榮譽章」。集有十枚「榮譽章」者可換一張「榮譽卡」；集五張「榮譽卡」者，可獲最高榮譽——接受校長頒發的「榮譽狀」表揚。在團隊精神方面，則以小組為單位，能團體合作、做事效率高、表現優異的小組，則在榮譽樹上長一片葉子；長十片葉子，就可以開一朵花；五朵花就可結「智慧果」。

目　的

　　藉著「榮譽章」來約束個人行為的表現；「榮譽樹」來制裁團體的規範，而使榮譽制度產生最大的功效。當學生榮譽心提昇時，學生行為明顯改變，價值觀念修正，人人以榮譽自我期許。更進而影響及協助同學，發揮團隊精神。班級凝聚力增強，除個人重榮譽外，更重團體榮譽。

迴　響

榮譽樹　　　　　　　　　　　　　　　　　　　羅宇玲小朋友

　　回頭望去，眼看著教室後面的榮譽樹漸漸開出一朵朵美麗的花兒，心中不禁升起一股驕傲。因為那一片葉子、一朵小花，都是我們全班同學不斷努力所得的成果。回想當初，原是光禿禿的

，一片葉子也沒有，更別說是花兒了。而如今，樹葉長出了，花兒開放了，一棵欣欣向榮的榮譽樹，呈現在各位同學的眼前，在不知不覺中，心裏產生了榮譽感。

　　想想開學的時候，老師對我們細說榮譽樹的原則，當我們聽到十片葉子可開出一朵花，而五朵花就可結成「智慧果」時，個個伸長舌頭，心中感嘆，那是多麼難呀！而如今，兩個月過去了，各班各組組員所努力的成果都呈現在大家眼前，十片葉子、二十片葉子、三十片葉子……，一朵、二朵、三朵花，我們再也不嘆息了，我們知道，要追求成功，只有努力，大家一心要爭取最高榮譽。各組可說是不相上下，雖然競爭激烈，但仍保持君子風度，不斤斤計較，為了使六、五的榮譽樹能早日開花結果，我們五十一位小小園丁們，都改掉了以往的壞習慣──愛說話。而大樹也不負眾望，在眾人的齊心灌溉與祝福聲中，綠葉片片，在紅花的點綴下，日漸壯大，紅綠交織，就像在提醒我們，不要驕傲，要更加努力才對。

　　自從班上有了榮譽樹之後，大家都改正了自己的缺點，但我們不能因此而滿足，應更努力，向前邁進一大步，早日結成「智慧果」，得到最高的「榮譽狀」。

榮譽狀　　　　　　　　　　　　　　　　　錢宣竹小朋友

　　有一次上課的時候，老師給我們看一張榮譽狀，而且把獎狀上的話念給我們聽。老師還說：「看那一位小朋友最乖，能最快得到獎狀！」

　　過了幾天，有一位小朋友第一個拿到了榮譽狀，大家都拍手祝福他，他很高興。當時我心裏想：「我一定要做一個更好的學

生，努力用功，聽老師的話，和同學相親相愛。」過了幾天，我真的也得到一張榮譽狀。那是因為從一年級到現在，我已得到老師五十次「榮譽章」的獎勵，我太高興了。

　　我覺得要得到榮譽狀並不難，只要各方面都學好，聽老師的教導，很快就可以到得到「獎」。希望以後還能獲得校長親自頒發的最高榮譽獎，這是我現在努力的最大目標。

問題討論

一、「榮譽樹」和「榮譽狀」在教學上、訓導上、輔導上的價值如何？

二、實施「榮譽樹」和「榮譽狀」的限制和困難在那裏？

參考案例三

做一面小鏡子
——改進缺點增進友誼

林淑英老師提供

引　言

「我怎麼了？」「我又沒怎樣？」這是時下的學生在犯錯以後，受到糾正時，最常有的反應。可見一個人在做錯事時，自己常常不自覺，或者不知道這樣做是錯的，因而會犯錯，甚至一而再的反覆做錯。但是責罵和體罰，並不能有效的抑止錯誤行為的發生。教師可試著採用「一面小鏡子」的遊戲，來達到潛移默化的功效。

方　式

每生發一張白紙，寫上自己的姓名和座號，然後交換抽籤。每位同學均當一面小鏡子，來幫助抽到的小天使改進缺點。小鏡子知道自己的小天使是誰，小天使却不知道自己的小鏡子是誰。當小鏡子看到小天使做錯事時，便寫在紙條上，偷偷地提醒他，讓他改進。

目　的

有些人常常不知道自己犯了哪些過錯？有了過錯又怕別人當面指正有失顏面，而惱羞成怒。透過「小鏡子」的遊戲，可以知道自己的缺點而改進。更難得的是自己的缺點不會暴露在公眾的面前而難堪，便能欣然的接受「小鏡子」的建議而改進了。而「小鏡子」在看見「小天使」的過錯時，也能提醒自己不可犯同樣的過錯。因此，在和諧的氣氛中互相勉勵，潛移默化，班級常規自然而然日益進步。尤其在揭開「小秘密」，知道自己的「小鏡子」是誰之後，友誼的種子便萌芽了。

迴　響

做一面小鏡子

王學梅小朋友

「現在我要跟各位同學做一個遊戲！」老師忽然宣布這句話，不久，一張張的白紙發了下來，老師叫我們把自己的名字和座號填上。這時老師說：「每個人的缺點都寫在背後，需要一面小鏡子來協助他改進，所以，請各位同學當一面小鏡子，幫助你抽到的小天使，這活動是秘密進行的，不公開自己的姓名。」

我抽到的小天使是車立維。剛開始，我總覺得怪怪的，因為他是男生，我是女生。後來，我想反正是通信幫助他，也沒什麼不好意思了，而且他也不知道我是誰呀！從此以後，只要看到他上課說話，或者不守規矩時，我就會傳紙條去提醒他。

經過一個月以後，要揭開小鏡子的秘密了，老師帶全班同學到植物園去，選一片空地，大家圍成一個圓圈，就地坐下，在一首「小秘密」的歌聲中，展開了活動。這時每個人心中盪漾著好奇和溫馨。當主持人叫我上前去找自己的小天使，並贈送自己早就準備好的禮物及親手製作的卡片時，就在我和車立維握手的那一刻，我的眼淚幾乎要掉下來。他感謝我給他的幫助，但在我內心卻吶喊著，應該感謝的是我不是他，我要感謝他，讓我感受到幫助人的可貴，世間無比的快樂，也感謝他使我體會到，男生並不都是那麼淘氣，有時也會善解人意，有缺點只要提醒他，都會立刻改進。

接著下次的活動又開始了，我想小鏡子的亮光，已經在大家的心中點燃了，等到學期結束，這朵友情的花朵，將是光明又燦爛。

問題討論

一、如何利用「小鏡子」活動，來輔導犯錯的小朋友？

二、除了「小鏡子」活動外，還有那些方式可以幫助犯錯的小朋友？

參考案例四

愛要讓他知道
——師生心靈溝通

林淑英老師提供

引　言

　　教師愛學生的心意絕不亞於為人父母者，只是含蓄或表達的方式不當，而使學生對老師敬畏三分，也保持著遙遠的距離。其實，「愛要讓他知道」，教師應透過各種溝通的管道，而達到師生心靈的交流。

方　式

「大聲讚美，小聲譴責。」是最易令學生接受的法則。當學生表現良好時，不要忘了在眾人面前稱讚他，這種正面的增強作用，會使學生充滿自信，而更加努力。當學生表現不好時，不要當眾指責，使他難堪，而產生反抗心理。最好以個別約談的方式，讓他自己思索到底錯在哪裡？並提出彌補的辦法來。另外，還可以利用寫日記和寫信的方式，來說出自己的心聲，老師也可以書面表達對孩子的關懷和期盼。

目　的

讓學生能體會：老師的種種措施，都源自於無限的關懷和愛心，而激發努力向善的力量。

實例：給小朋友的話

之一：給一個不愛寫作文的孩子

記得嗎？我曾為你們講過一個「海寶的故事」。在一個貧困的漁村裡，學校的設備簡陋，但老師充滿愛心，學生也懂得老師的苦心，在老師的熱心指導下，學生天天忙著練習寫作，終於，他們寫的詩印成了詩集，而且名聞遐邇。你只要肯努力，有一天也會成功的。

之二：給一個愛打架的孩子

今天拔河比賽，我們得到冠軍。全班都應該謝謝你，因為在比賽當中，老師看到你的腳受傷流血了，而你仍然忍痛拔完，這

份為團體榮譽盡心盡力的精神，真令人感動。今天老師很高興，看到你最可愛的一面。

之三：給一個功課很差的孩子

今天你的數學雖然考壞了，不要緊，下次更用心些就會進步的。如果有不懂的地方，可以來問老師。你唱的歌很好聽，老師很喜歡聽。

之四：給一個犯規的孩子

上課的時候，老師看見你把紙屑丟到明明的身上去，老師很生氣，所以罵了你，但是老師的內心却隱隱刺痛啊！希望你下次不要再犯錯。

迴響：小朋友的話

之一：「老師，謝謝您的辛勤教導。明天是教師節，祝您佳節快樂！」

之二：「在這世界上，除了父母，就數老師您對我們的恩情最重，所以現在我要對您說──老師，我愛您！」

之三：「老師，我要偷偷地告訴您，將來我的孩子長大了，要讓他念國語實小，也要您來教他。」

問題討論

一、小孩有好表現時，教師如何來讚美他（她）？

二、教師如何透過各種管道，讓小朋友知道教師的愛心？

第七章
教學情境布置

第一節　教學情境與學習

一、**教學情境的意義**

二、**情境設計與學習**

第二節　教學情境設計的原則

一、**教室環境布置設計原則**

二、**教室氣氛的營造原則**

第三節　教學情境布置的內容

一、**教室的布置**

二、**教室外的布置**

第四節　教學情境布置的資源與應用

一、**資源的類別**

二、**資源的來源**

三、**資源的應用原則**

第五節　教學情境布置策略

一、**教學情境布置的原則**

二、**教學情境布置的策略**

第一節　教學情境與學習

壹、教學情境的意義

所謂「情境」，可解釋爲一種環境的狀況。這種環境的狀況含有硬體設施與軟體設施所合成的氣氛與感受。人類置身其中有潛移默化的作用。正如杜威說：「要想改變一個人，必須先改變環境，環境改變了，人也就被改變了。」俗謂：「近朱者赤，近墨者黑」，也就是環境的影響。

我國學校教育，採班級教學型態。教室就成爲師生進行教與

學的場所,因此,這個師生進行教學的環境,應該提供豐富的教學資源,以利師生進行教與學的活動。教室也是師生活動的場所,因此,師生處在此種環境裡,希望能在規律、舒適、安全、朝氣蓬勃而又和諧的氣氛下,愉快的生活。構成班級的環境和氣氛,即為教學情境。由此可見,「教學情境」包含兩種領域,一為柔性的,是指以授業、學習為主,教師和學生間所構成的一種教育氣氛及人際關係而言,為有意識的要素,亦即教學情境的軟體(soft)的領域。另一種則是硬體的,配合軟體領域所需的物質條件和設施。在總體教學情境中,它擔當了重要且不可避免的功用,稱之為硬體(hard)領域。也就是說,除了教學活動外,其餘凡是與教學活動有關的軟、硬體措(設)施,均為教學情境的內涵,都能發揮潛在課程之境教功能。(註1)

貳、情境設計與學習

教學情境之內涵已如上面所述,是在教學活動中所涉及的軟體氣氛與硬體教室環境。構成一個富有親和力的環境因素,是教室的造形、色調、照明、溫度、噪音、空間設計和布置。而營造教室氣氛的因素,是處於這個環境中的每一個「人」。假如教室具有美感,師生間和諧快樂,學校真是兒童的樂園,那麼,學生便不會有「上學恐懼症」,學生會喜歡到學校,會把學習當做一種快樂的遊戲,更會在遊戲中正常的成長。觀看我們的學校建築,教室的興建提供一個堅固的、能遮蔽風雨的教學場所,或許在基本的安全和需求上是足夠了,但是仍嫌呆板無變化。空間侷促,教室長寬比例一成不變,處處稜角,充滿陽剛銳氣,令人難有

好感。教室的設計與配備千篇一律，包括黑板、成績欄、公布欄、生活公約、劃一的課桌椅及色調、無法適當控制氣溫的場所。在這樣的物質環境中，還要擠上四、五十個六到十二歲的兒童，由一位教師在預定的時間內教授技藝與知識。學生活動於這樣的教學情境中，實難有好的學習動機與效果。因此，為講求「境教」功能的發揮，以事半功倍的達成教學目標，就必須在現有的不能拆除的硬體建築與設備，傳統的教室空間設計，無法隨意調整改變之情況下，以新的觀念、新的作法，提供一個溫馨宜人的學習環境，致力教學情境的設計，突破教室布置的常規，師生共同營造一個「學習的家」，教室成為一個適合於學生「學」及教師「教」的理想情境。根據 R. Sommer&H. Olsen（1980）的研究發現，學生在被改頭換面且具吸引力的「軟性教室」（Soft classroom）裡，參與教學活動的情形高於一般教室的二、三倍。又 D. Wollin&M. Montagne（1981）以「呆板教室」（Sterile Classroom）和布置優美的友誼教室做實驗，亦發現友誼教室的學生，其平常考試成績，顯著優於呆板教室的學生（註2）。足證教學情境的設計與學生學習的成效，具有非常密切的關係。一個理想的學習情境，是能夠讓學生始於快樂而終於智慧學習的地方，能培養兒童互助合群的踐履精神，啟發兒童的思考與創造能力。

第二節　教學情境設計的原則

由於教學情境的領域包含硬體的教學環境與軟體的教室氣氛

，因此，教學情境設計原則當從教室環境布置及教室氣氛營造兩方面，於後文分別說明之：

壹、教室環境布置設計原則

一、教育性

教室是學生學習的主要場所，教師除了肩負教導各類學科知識外，更重要的是輔導學生做人做事的道理，能夠明事理、辨是非、別善惡、知榮譽、踐履行善的身教、言教的責任。而春風化雨、潛移默化的境教功能，有賴於富有教育意味的教室布置。減少傳統口號性、教條性的標語，代之以生動、活潑生活化、童語化及親和性的淺易語句。以「啓發」、「溝通」等富人文氣息的教育理念，代替傳統「訓練」、「灌輸」的呆滯觀念。

二、實用性

教室布置的主要目的在促進師生之教學效果，充實師生之生活內容，以達成教學目的。完美的學習環境，不在於華麗的外表，而在於充實、活潑的內容，能使小朋友喜愛、吸收並加以應用。因此，教室布置不能只是裝飾與點綴，應配合教學單元內容之需求，適時布置與教材有關的輔助教學資源，以符合時效及達到實用性。

三、安全性

教室中學童的安全，是一項重要的公共責任，因此，教室布

置於設計時，應考慮可用空間之大小及陳列物之安全性。如布置的性質，容易破損、具有毒性或危險性者，均應特別註明予以警告；若爲懸掛物品應牢固，避免掉落傷人；離地面一八〇公分之間的牆面，切勿留置任何尖銳物。因應兒童之好奇、好動心理，一切布置的用品的安全顧慮不容忽視。

四、整體性

有人以爲教室布置琳瑯滿目，五花八門，熱鬧繽紛爲理想。其實如此不但不美，反而令人眼花撩亂，不知應該注視何者才是。合理化的教室布置應依據教室的空間、教學的進度、教學的科目、教材的性質、單元活動的設計及學生的程度，就布置的材料及色系的選擇，在靜態和動態、主體和客體、平面（二次元）和立體（三次元）的關係上，整體配合規劃設計，以求平衡而統整。無論是教室內外的牆壁、教師用的講桌、辦公桌、書櫃、學生桌椅、清潔用具、飲水用具等，都要列入整體的規劃，以做最好的空間安排和有效的使用與布置，使教室成爲寬敞舒適的學習環境。特別是色彩的設計，更要能顧及教室內的空間、版面的構圖與使用材料的統整調和。因爲色彩本身具有搶眼引人注意的特性，過分的強調，會如滿街絢爛奪目的廣告招牌，令人感覺不協調且不知所云。一般而言，在灰暗色調的背景下，眼睛對燈光的適應較困難，而鮮明的色調則造成燈光反射。靜態布置應考慮以調和的色彩爲主，動態的或屬感性的活動，則可考慮以對比的色彩來處理。因而在適度變化的原則下，教室宜採用怡人和令人振奮的顏色，以利於教學。

五、獨特性

班級由老師一人和學生一群所組成。由於教師的人格特質、專長、個人風格與方法，及兒童同儕團體的價值觀與興趣的趨向，因而形成班級的特殊性，即所謂的班風。所以，教室的布置應按師生的喜好建立，以別於其他班級的特色，以表現各個班級的團體動向與師生互動的熱烙景象。例如，有喜愛文藝性的，有發展科學性的，有如同生活在童話世界中的。班級成為師生教與學的樂園，而增益同學對班級的向心力與歸屬感。

六、創造性

有創造性的教室，把學習環境變成一間鼓勵學生用腦思考及讚美學生們成果的實驗室。學生在學習過程中變得更積極、更快樂。學生人人有機會嘗試自己的想法，若有滿意的結果，則可發展學生的自信心及團體互動的力量。B. Frankline 曾說：「停止了創造的思想，便是停止生命。」在創造的過程中，學生如果能真正的投入，則不需要太多的指導，甚至可放手讓班上的同學自行去發揮，教師可享受學生的創造發明，學生也產生濃厚的學習動機。創造力的培養，是現代教育的主要目標之一，教室布置的設計，即應提供學生有創造思考的天空。

七、生動性

教室布置理念的突破，應一反過去「一勞永逸」的布置方式，趨向現代的不拘形式、富彈性、動態化、家庭化及具有人文氣息。使班級教室呈現活潑生動及富變化性的教學情境，引起學生

的好奇，吸引學生的注意及興趣，引發學生學習動機。如徵答或書寫心得發表感想等動態活動設計，應合乎生動性原則。

八、經濟性

所謂經濟，是以最少之經費發揮最大效能。教室布置由於要時常更換，所需材料和經費自應考量其經濟性。原則上以利用廢棄物或社區資源，由師生共同設計，減少成品的購置，可達經濟又實用之效果。

九、美觀性

教室布置的格局、造形、色彩和氣氛，會影響學生的性格和學習情緒。不同的色彩，不同的造形，都會引起不同的心理反應。所以，教室布置的造型設計及色彩選擇，應力求平衡協調，予人舒適、愉悅之感。例如布置素材的種類和造形變化多，則色彩應單純和諧，切忌雜亂無章，滿室彩帶。

十、發展性

兒童不斷的在成長發展，教學情境的設計應能助長兒童的發展。舉凡教室布置的創意、生動、獨特與教育性，即具有發展的特徵。它促使兒童的創造性、個人特質獲得更多的教育與發展，以增進兒童思考應變的能力。由於教室布置提供有關的資源，可擴展學習的深度及廣度，提高學習的效率，增長其為人處事的能力。因此，教室布置的設計要具有發展性的原則。

貳、教室氣氛的營造原則

一、「人性化」教育

　　因科技發展導致物質文明的進步，一切講求科學化、效率化、標準化、數據化，一切依法行事，視人如物，生活水準固然是提高了，但人與人的心理距離却拉遠了。於是有存在主義的哲學家胡塞爾（Husserl, 1859～1938）、卡繆（Albert Camus 1913～1960）、沙特（Jean Paul Sartre 1905～）提出視人如人，重視人的生存價值，使人過一種有「人味兒」的生活的主張，才導引教育走上所謂「人性化」教育（註3）。人性化的教育理念是把學生當做一個「人」，一個有感性、理性、美性、活活潑潑的人，不是吸收知識、儲存知識的倉庫；確認「教」是手段，「學」才是目的。教師的「教」是爲了學生的「學」；教師不僅是教「教材」，更重要的是要教「學生」。教學生學習生活必備的條件、生存的意義與目的。學生是有個性的，教師要了解學生的個性，欣賞學生的個性，尊重學生的需要，由「因材施教」而達「人盡其才」。基於以上所提人性化的教育理念，必須建立以「學生需要」爲基礎的教室氣氛，尊重學生文化。他們不是小大人，不是成人的縮影，不能以成人的角度來決定教學情境。例如，教室裡張貼作品，不只是好學生的作品，中下程度學生的作品也應張貼，人人都受尊重，都獲得鼓勵。

二、傳統文化的薰陶

　　科技的發達、交通的便捷、衛星的傳真，縮短了世界空間的距離。加上當前我國的經濟、文化等逐漸走向國際化，中國傳統的東西逐漸消失，食衣住行各方面的東西逐漸脫離中國化。如麥當勞、漢堡、Ｔ恤、牛仔褲、公寓洋房、進口小轎車，都是些洋化的東西，長此以往，對於中國文化將會十分陌生。因此，教學情境的設計，應該能保存固有的文化，如每日一辭、每日一詩、傳統書畫、中國音樂介紹等均具有傳統文化氣氛。如此日積月累的使學生接觸傳統文化，可發揮中國文化保留與傳承的功效。

三、學習的樂園

　　學習的最大意義是不斷追求新知，抒發情感，建立良好的人際關係，發揮潛能與創造力。班級教室必須提供兒童這些需求，才能使兒童活潑健康的成長。可是今日劇變的社會，兒童都要承受前所未有的精神壓力，昔日童年天真瀾漫的時期大為縮短。如布侖博士說：「今天的兒童在還沒有技巧與能力去應付環境之前，已經日益被迫凡事獨立自主。」甘農說：「我們根本不許兒童停下來嗅一下玫瑰的芳香，今天的孩子被迫得團團轉。」孩子失去遊戲的時間，面對教室裡激烈競爭的挑戰，接受偏重知識灌輸式的教育，產生學習困擾和適應問題，走進教室如入虎口。要使學習愉快而富吸引力，使教室成為學生喜愛的地方，必須注重教學情境的設計，以滿足學生的需求，注重人格陶冶，享受遊戲中學習的樂趣，注意師生間、學生間的互動。營造輕鬆活潑的教室氣氛，使教室成為學習的樂園。

四、教師的王國

目前國民小學的級任導師，不只是教學者，也是行政領導者、訓導工作推動者、心理輔導者、社會工作者，扮演著多重且重要的角色。因此，教室應有理想的硬體設施，例如專屬的教學研究用資料專櫃、學生晤談座椅、資訊傳達系統……等。使教師能潛心於教學研究，發揮教師的敬業精神，激發教師的潛力，增進教學品質，培育出優秀的人才，改善社會風氣。軟體的配合上應便於下課時多與學生接近，與學生聊聊，以發現在上課中無法知道的事情，教師覺得學生是這般活潑可愛，如此必可領導學生和樂的學習。

五、愛心的園地

今日社會變遷、家庭轉型，破碎家庭、父母失和或是父母忙於自己的事業，無暇照顧子女的生活，造成親子疏離、親情淡薄的現象。家長對子女的教育，不是漠不關心，將教育子女的責任完全委請學校，就是教育媽媽，求好心切，期望子女成為龍鳳，要十項全能（如書、畫、琴、舞……等）。學校與家庭間的距離拉巨，學生得不到適切的關懷與鼓勵，當然減低學生求知興趣與學習效果，因此，教學情境設計，應使學習環境成為充滿愛心的園地，教師與家庭保持密切的聯繫，輔導家長有正確的管教子女的態度與方法，了解子女的性向與能力，對子女建立適當的期望水準。教師富有教育愛，做學生的經師與人師，以真誠與關懷建立良好的師生關係，協助學生解決學習上的困難，使教室成為具愛心的園地。

六、合理的課業

　　傳統的課外作業指定，缺乏彈性且偏重機械式的抄寫與背誦，不能適應學生的興趣與需要。教室內教學缺乏生動感，考試的題目生硬強記，缺少思考與創意，學生窮於應付這種了無生趣的課業，因而學習變得單調乏味，不能引起強烈的學習動機。因此，訂定合理的、適量的、具啟發性、創造性的家庭作業，選擇適當的考試時間（不在放假後考試），正確的評量觀念，改進命題方式，多做形成性評量與學生自我比較等，是教學情境設計應考慮者，如此當可提高教室裡學習氣氛，增益學習效果。

七、成功的滿足

　　現今的班級教學，教師未能依照學生的個別差異因材施教，因勢利導。不同智力、不同興趣和需要的學生，在同一教材、教法與相同的課程進度下，學生得不到適當的指導與鼓勵，無法適性的發展及發揮潛能。尤其是學習能力較差的學生，更被冷落一邊，甚至遭受歧視或排斥，沒有成功的機會，自然缺乏成就感，當然學習興趣喪失。可見教學情境的設計，應顧及低成就的學生，也注意個別學生的差異，使各類學生都能享受成功的滿足感，自然影響眼前及日後長遠的有效學習。因此，提供學習成功的機會是促進學習的動力。

八、生動教學法

　　專家學者的研究中，已有多種實驗成功的教學方法（創造、思考、發現、欣賞、練習……），若能靈活運用，避免教師單純

「教書」，學生單調「讀書」的靜態注入式的教學，以循序漸進、生動活潑、注重啓發思考的方式，避免一張嘴、一枝粉筆、一本教科書奮戰到底，強迫吸收的個人秀的教學型態。因此，依據教材性質選用適當的方法，注重師生間及學生間的互動，尤其讓學生於教室中的學習，有成功的經驗，也有容忍挫折或失敗的時機，當是設計教學情境，生動教室氣氛所應考慮的原則。

九、富有安全感

　　教室的氣氛融洽，是兒童快樂的學習園地，處處充滿師生的愛，教師愉快勝任教學工作，提供合理的課業，使兒童依據其個別能力獲得成就的滿足感，也勇於面對挫折或失敗，始終保持熱烈的學習欲望，則可意味著學習的環境具有充分的安全感，能安定學生情緒，才能安心學習。因此，使教室具有安全感的氣氛，是情境設計應把握的原則。

　　教室是兒童學習的天地，教學情境的設計，就硬體之設備布置及軟體之氣氛營造，能依據教材性質，把握上述原則以迎合學生的能力、興趣及需要，不斷的求新求變，教室洋溢歡笑，免於壓力，且具安全感，學生自然喜歡上課，樂於學習了。

第三節　教學情境布置內容

　　教學情境有軟、硬體之分別，而軟體的班級氣氛是一種感覺，深受硬體設備和布置的影響。於此探討教學情境布置的內容，以教室環境的布置爲重點，說明布置的內容。它可能受人、時、

地、事、物的不同而包羅萬象。茲於此就教室內及教室外的布置分別敍述之。

壹、教室的布置

㈠單元重點：按各科教學進度，配合新單元重點，師生共同蒐集有關資料，以語文天地、小天地大世界、數學角等專欄方式或已學過單元擬加強之重點再現，如生字難詞、數學解題方法、社會或科學常識等，以增進教學效果。

㈡作品展示：隨時都有我的作品，而不是只有優秀小朋友的作品展示，以收相互觀摩與激勵之效。作品可包括作文、寫字、美術、勞作、作業簿、心得感想（閱讀、旅遊、幫做家事……）等，輪流展示，並激勵同學寫短評（甲⇄乙、乙→丙→丁→……），使展示作品動態化，以引起學生注意。

㈢公布欄：教師將學校要讓學生明白的事務或班級提醒同學的事項，公布在公布欄，使學生的學校生活有所依循。

㈣榮譽榜：爲激發個人榮譽及團體向心力，將班級的榮譽或個人優良表現的錦標、獎狀張掛於榮譽榜上。如優點大轟炸（自己或別人寫出優點）、拾金不昧、助人事蹟……等。

㈤新聞焦點：關心國家大事，認識世界動態，可於國語日報之一週新聞專欄中挑選重要者，以放大字體及彩筆書寫張貼，提高兒童對時事的注意。

㈥生活點滴：內容可以師生共同議定的生活公約，以醒目彩字書寫張貼，且於達到理想後更換，非一成不變。然常見有許多學校，以統一採購的生活公約刻板條列，語詞生澀，雖經

年累月張貼，然而對學生並不產生警示作用，實非理想。生活花絮可點綴班級氣氛，如學生生活照，加上有趣的話，予以美化張貼。或將每週班上的趣事，點點滴滴收集彙記於有色卡紙張貼，可增益班級同學情誼。

(七)圖書設置：班級應訂閱報紙（國語日報、兒童書報），並設置圖書角，鼓勵學生課餘閱讀的興趣，增廣其見聞。圖書來源一般是班級購買、機構贈送或家庭提供等。教師應技巧設計，促使兒童閱讀，而非只是擺設，使班級氣氛有濃郁的書香氣息。

(八)益智角：如美言佳句、優美詞語、動動腦、趣味問答、文字遊戲、猜謎……等有趣及益智的問題，使全班同學腦力激盪，以訓練學生靈活的創造思考能力，增進學習的情趣。

(九)裝飾類：為使班級環境布置更為美化，所有專欄可以彩繪、插圖、彩帶、彩球等加以裝飾。為使教室綠意盎然，可有盆景、鮮花點綴，若能加裝窗簾則更理想。

(十)器材類：教室有如家庭，需有許多實用器材，例如整理儀容的鏡子、培養時間觀念的時鐘、維持環境整潔的清潔工具、下課消遣的娛樂器材（皮球、跳繩、象棋、跳棋……等）、備忘愛心盒、衛生用品、工具類（剪刀、釘子……）、電氣類（收錄音機……），使教室的學習環境如家一般的溫馨與方便。

(土)養殖類：如水族箱、小動物之飼養（小白兔、小雞……），以營造教室之親切氣氛及盎然生機，藉此培養仁愛心與責任感。

貳、教室外的布置

在逐漸狹窄的學校環境裡，生活於其間的孩子們，勢必要藉美化校園、綠化校園，以改進校園景觀，淨化空氣，減少噪音，使有優雅的戶外環境，以陶冶學生身心，促進視力保健。教育當局有鑑於改善學校環境的重要，通令各級學校（台北市）規畫校園綠化，各班學生亦應極力配合，教師應知這是不容忽視的工作。茲於此介紹教室外的布置內容：

㈠綠化走廊

配合校園綠化、美化運動，教室走廊擺置盆栽或裝設花台、花槽，以便於兒童由做中學，親身體驗種植與照顧的責任。由於花草的成長，帶來學生成功的喜悅，也培養合作的態度，更美化了校園。

㈡柔化走廊

學校教室的建築多是堅實冰冷的水泥磚牆，於進門口懸掛日課表及班級標示牌則稍覺柔軟，然而不夠吸引人的日課表、班級牌，學生往往視若無睹，並未發生布置上的作用，若能在造形及色彩上加以設計，必能達到理想、實用且增益視覺舒適感的效果。常見走廊牆上張貼嚴肅的標語及不夠生動的民族英雄事蹟圖，而且一勞永逸，實難收布置之效。若能配合兒童年齡的差異，以日常生活中兒童所熟悉的物品，如球拍、保麗龍成品、地板墊……等，加以造形設計，配以鮮暖色系的親切語句，或以兒童作品加以裝框，輪流懸掛，可吸引兒童的注意力，達到布置的效果。

　　總之，教室布置的內容形式多種多樣，教師配合學校的設備及學生的需要與班級特色，適當的選擇，巧妙的設計，充實與變化其內容，必有利於教學，對兒童心靈的啓發及潛在課程的效益無可限量。

第四節　教學情境布置的資源與應用

壹、資源的類別

　　由於教學情境布置內容包羅萬象，布置資源的應用配合內容的需要，有各種不同的類別，分項說明如後：

一、依資源的性質分類

　㈠生物類：包括種植的盆景植物或鮮花及飼養的水族類或小動物等，可配合教學需要，並且增加教室的生機。

　㈡實物類：彩球、彩帶、鏡子、時鐘、備忘愛心盒、皮球、象棋、跳棋、清潔工具、衛生用品、工具用品、電氣用品……等，以應不時之需。

　㈢文字類：如報章雜誌與圖書、學生作業、單元重點、益智資料、生活點滴表達等，皆可含於文字類，文字類是布置教室使用相當廣泛的資料，藉此充實知識與刺激思考活動。

二、依資料的功能分類

㈠教學類：配合各科教學需要所提示的單元重點內容及學生的成品或作業及圖書閱讀等是，可輔助教學及激勵學習。

㈡材料類：如製作用紙張、顏料、彩筆、圖釘、鐵絲、碎布、磁鐵、絨布板、不織布、塑膠布、棉線、膠帶、黏着劑、保力龍板、彩球、彩帶……等。

㈢器物類：清潔用具、電氣用品、剪刀、釘鎚、花瓶、花盆、水族箱、鏡子、時鐘……等。

㈣娛樂用品：調劑學習生活、舒展身心用者，如皮球、跳繩、下棋、跳棋、音樂欣賞用品、益智玩具……等。

㈤裝飾類：目的在賞心悅目，如盆景、插花、美勞作品、插圖、彩繪、彩球、彩帶……等。

三、依資源型態分類

㈠平面與立體：許多教室布置仍停留於平面資料的張貼，如單調的生活公約條文、不加修飾的文字資料，不易引起學生的注意力。若要使教室生活化、生動化，則立體裝飾的配合是很重要的。如擺設或懸掛實物類，平面圖表或文字資料都可立體設計，變化造形，讓學生發揮創意。

㈡靜態與動態：布置都是靜態的平面展示則過於平淡乏味，可採用立體的展現，或可變換位置的動態情境，讓布置能和學生產生互動。如平面展示另附備註說明，提示兒童閱讀欣賞並發表心得看法，即可透過布置，引起學生不同反應，真正達到布置的效果。

㈢**硬體與軟體**：凡教室的空間及所使用的材料，都可歸之為硬體資源型態，它可裝飾、富化學習環境。而軟體資源型態則指教室氣氛，如硬體布置及色彩配置所引發的氣氛感覺，教室環境中師生間、同儕間的教室行為所產生的心靈感動。如有系統的交替使用「注意」、「稱讚」、「獎賞」及學生座位的調整，可使學生的學習行為得到預期的改變。所以，教師依情境需要而以「變」的開放心胸、接納的態度，虛心的把學生意見併入每日的教學方案，可激起高昂的學習興趣及參與感。

總而言之，無論資源的類別如何，以多種多樣的變化方式，有平面、有立體，有懸掛、有動態，配合良好的軟體氣氛之應用，才是理想切實的學習環境。

貳、資源的來源

布置教室資源的取得有多種方式，以下說明資料的來源：

㈠**搜集**：教室布置需要許多資源，有為教學用，有為欣賞用，有為啟智或娛樂用，有的則是一般工具，種目繁多，有屬圖文類，有非圖文類。師生於布置前共同審慎地作整體性的設計，然後把全班學生分組，並指導其就所分配之內容進行搜集工作。

㈡**自製**：有些布置資源可購買材料或廢物利用，由師生共同製作，一方面提供學生做中學的機會，一方面可更配合教學實際需要，不致浪費，但是比較浪費時間與精力。然而在教育

的意義及效果上，絕對是最多的。

㈢購置：有些教室布置資源比較精緻，不易自製或製作費時費力，可購買補充之。但應計算班費或學校補貼之金錢，適當配算，以不浪費爲原則。

㈣捐贈：像報章雜誌、圖書或其他器材（電扇、電腦……）等，其來源方式有由老師捐贈，有由學生提供或借用，有的由學校分期購置，有的則由社區人士、家長或生產機構贈送。而教師必須依據資源內容，配合兒童程度與教學需要，精心選擇使用，避免使教室空間擁擠，阻碍了兒童的活動。

叁、資源的應用原則

教室布置資源來自於各種管道，因此，適用與否尚需經過一番過濾，以作取決應用，筆者認爲最應注意之事項如下：

㈠富有教育意義：並非所有取得之資源都具有教育價值，毫無選擇的堆置，反徒增麻煩。尤其學生所搜集者，更需要經過教師的檢核，因爲學生的經驗與認知程度有限，尚無能力做取捨。

㈡富安全性：有些資源對學生的安全頗具威脅，因此，對已取得的資源，應認定其安全程度，非使用不可者，需加安全措施或標示其危險性，提高警惕作用，以維護學生學校中學習生活之安全。

㈢具實用性：目前國內之國民小學班級人數，有嫌擁擠現象，學生在教室的活動空間有限，因此，搜集或捐贈的資源，必須是實用性最高者，它不但能輔助教學，而且是學生最必要

的，方能達到布置的功效。

㈣**具創意性**：若將所獲得資源不另加設計或裝飾，除原來造形已特殊者外，多不易引起學生特別注意，因此，別出心裁而富創意地加以改造，可使學生生活於富有培養創造力的教室，心情愉快，提昇學習課程的效果及適應多變之社會環境的能力。

第五節　教學情境布置的策略

教學情境的設計與布置及布置資源的應用理想與否，除對學生正規課程的學習有密切關係之外，更對學生人格陶冶的潛在性影響有深度的威力，能發揮教室境教的功能。因此，教學情境布置需講求策略，擬於本節分別探討布置的原則與方法。

壹、教學情境布置的原則

一、師生共同參與

教室園地是屬於師生共同活動的場所，布置應由師生共同設計製作，尤其年級越高學生做的比例應越高。最好以學生爲主，教師站在輔導的立場，學生透過設計、資料搜集、張貼布置、搬挪擺設，體驗嘗試錯誤之失敗經驗，最後有成功的滿足感與喜悅心情，感受愛與隸屬，產生自信心，更達到學生做中學和珍惜布置成果的目的。

二、多元的教育功能

傳統教育之士大夫觀念,萬般皆下品,唯有讀書高,甚而十年寒窗苦讀,不與外界接觸的作知識的學習與吸收,與現代多變的社會有疏離感。因此,要培養適應多元化社會生活的人,則必須採用多元化的教育方式,亦即除知識學習外,同時強調技能訓練與情意陶冶。多元的教室功能,學生可得到老師的啟發、身教的感化、制教的規範及境教的薰陶,使學生獲得智、德、體、群、美五育均衡的發展。教室情境布置的多元化教育功能是像家一般溫馨,如社會一般資源豐富,又提供教師教學及學生學習有力的輔助效能,一改過去單調乏味及內容固定的布置方式,教室成為師生互動的共做、共學、共享、共賞的生動教室。

三、有生命感的布置

教室布置,希望不是靜態的,而是動態的、可經常更換的,是有生命、有成長、有延續、有回饋的。例如,學生的作品揭示出來,可以讓同學寫出或發表看了之後的感想,再張貼在這件作品的旁邊,讓其他同學觀摩。或從布置的資料中(新聞焦點、剪輯),設計一些問題並作徵答活動,或寫閱讀感想、意見,張貼於同一欄裡。如此,布置使師生間、同學間有了互動,而產生生生不息的生命感,學生不只是看看而已,可學習接受別人批評的雅量,培養給別人建設性的批評與建議的能力,也學習給人衷心的讚美,而得以培養正確的判斷能力。

四、班級特色的發展

　　教室布置是教學進行中的一部分過程，而且是延續不斷的過程。每個年級、每個班級的教學進度快慢不一，各班的教師及成員各有差異，需要也不同，切忌用統一規格的作法。例如，每班布置科目、資源、位置及時間都一致的話，勢必各班布置大同小異，全校成為一個模式，沒有班級的特色，不是班級的需要，則容易流於形式，學生不能對自己班級有向心力。所以，發展有班級特色的布置，才不致失去教室情境布置的意義。

五、創新的布置理念

　　例如，摒棄過去陳義過高、一勞永逸、不適用於今日的生活公約，改以由學生共同決定一週或數週內所要做到或改進的具體行為目標，以鮮明字跡加上美工的小黑板或書面紙公布。標語的簡明生活化短句，材料利用廢物或日常生活易得之物（如瓶罐、盒袋、球拍、免洗碗盤、鍋墊……）等巧奪天工，比之往昔更富變化及新鮮感的創新布置，才能符合現代學習的需要。

貳、教學情境布置的策略

　　教學情境布置是使教室成為最適合教學與學生學習生活的環境，以便於達成教學的目標。因此，如何進行情境布置，才能合乎教學與學習需要，就必需講求方法了。茲於後文作綜合性的探討，具體言之，可有下列方策：

一、教室內空間的合理規劃與運用

　　依據教學情境設計原則，將教室情境合理規劃，配合布置內容適當的運用。教室空間除了教室後面的整面牆壁外，尚有教室前面黑板之上下及左右牆面，天花板、牆角、窗戶與窗戶之間的柱子及走廊等都可利用。教師應將這些可茲利用的空間加以規劃，使每種布置內容都應佔有一席之地。為了使整個教室布置美觀實用，所以，要劃定每個主題的欄位，加以造型設計與色彩統整。確定欄位之後，隨時更換或補充內容。至於情境氣氛，除教師之教學方法選用外，當推學生座位的安排方式，因其對學生學業

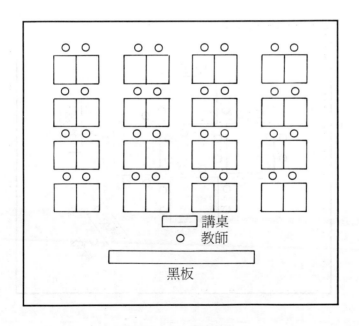

圖 7-1　排排坐

成就、參與感及學習態度有很大的影響。根據 F. L. Stroteck & L. H. Hook （1961）研究發現（註4），變動教室桌椅的擺放方式，學生的行為就會有改變。坐在視野良好位置的學生，進行教學活動時，較主動活躍。Willard Waller （1939）研究發現（註5），喜歡坐在前面的學生通常較具依賴性，追求挑戰或者特別用功；而坐在後面的學生，較具叛逆性，成就動機較低。Herberwalberg （1969）研究發現（註6），喜歡坐在前面的學生，對學校、對自己的能力，持有非常積極的態度；喜歡坐在後面的學生則不然。又坐在前面及中央的學生，有較高的學業成就及參與感。基於此，傳統教室學生座位的「排排坐」的

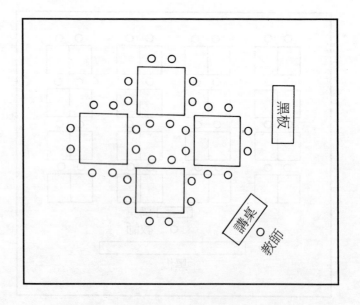

圖 7-2　小組型式

方式（見圖 7-1），有必要依據科目、教學方法的不同加以調整。如圖 7-2 的座位型態，利於社會科的分組討論與自然科的小組實驗，可促使更多眼對眼的接觸及非語言式的溝通，有助於學生間的互動。圖 7-3 則適用於個別化教學，讓每位學生有較大的活動空間及較不受干擾的個別學習活動。圖 7-4 適用於講述教學法，其優點是前面學生不會擋住後面同學的視線，老師也能注視到全體同學。圖 7-5 可用於問題討論教學，每個同學必須面對全體，較有情境壓力，不適於內向、害羞、沈默的學生（註 7）。其他亦可嘗試梯形、六角形或圓弧形的變化。低年級之唱遊課若沒有特設的體能空間，為便於活動，則需指導學生搬動桌子，靠向

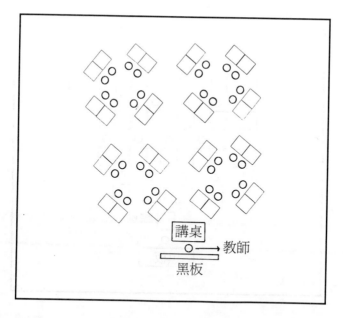

01

圖 7-3　個別教學型式

四週牆壁，椅子圍在課桌內圈，空出中間以利小朋友表演活動，學習情境亦富新鮮感。可見教室空間的合理規劃、適切使用，是教學情境布置首應考慮的方法。

二、配合學生心智發展

低年級大單元設計，以具體簡單的圖案為主，避免過於抽象和繁雜。所謂遠看一幅畫，近看具內容，並以鮮艷色彩配合之，小朋友更易被吸引。中、高年級則逐漸轉「圖為主，字為輔」為「字為主，圖為輔」的增進閱讀能力及關心別人與自己的布置方式。

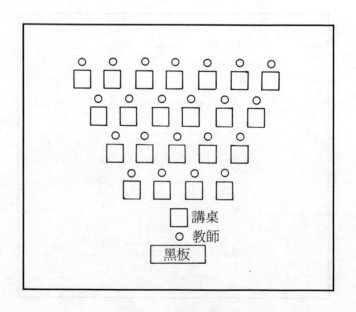

圖 7-4　講述教學型式

三、分工合作，強調班級的團結

　　教學情境的布置，絕對避免教師一人獨攬或由少數表現較優的學生承做。應注意養成班級學生都能主動關心自己學習與生活環境的情操。以分工合作的方式，讓每一個學生都有機會，且有一份責任，參與單元學習需要的情境布置。也可適時反應出小朋友的學習成效，並且因有自己的耕耘而喜歡自己的班級。

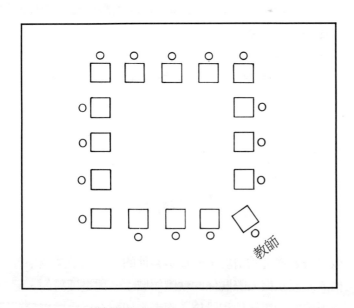

圖 7-5　問題討論型式

附　註

註 1：吳榕峯（民 77）：創造良好的教育環境，使青少年快樂
地成長，教與學，21 期。

註 2：湯志民（民 78）：淺談教室布置，師友，267 期。

註 3：洪正雄筆錄（民 77）：建立以學生需要爲主的校園規畫
理念，教與愛，22 期。

註 4：同註 2。

註 5：朱立德（民 78）：座位安排方式之探討，研習資訊，54
期。

註 6：同註 5。

註 7：同註 5。

本章摘要

　　教學需要適當的情境，一種是柔性的，指以授業及學習者所共同構成的氣氛與人際關係的軟體領域；一種是硬體的，配合軟體領域所需的物質條件和設施。兩者密切配合以完成境教功能。

　　教學情境應加以設計與布置，其設計原則應顧及硬體環境的富教育性、實用性、安全性、整體性、獨特性、創造性、生動性、經濟性、美觀性及發展性。教室氣氛的營造，則應重人性及傳統文化薰陶，提供合理的課業與生動有趣的教學方法，使學習園

地成爲學生的樂園，在愛心與具安全感的護衞中獲得成功的滿足感。

　　教學情境內容及可用資源均多種多樣，在於老師能依據班級特性，師生共同參與計畫，選擇應用，使教學情境能成爲多元性功能，有生命感及創新特色表現，師生均能如沐春風，而得班級經營最理想效果。

作業活動

一、試述教學情境的意義。

二、試分析情境設計與學習的關係。

三、試述教室環境布置設計原則。

四、試述教室氣氛經營的原則。

五、試述教學情境布置的原則。

參考案例一

> # 大家一起來——美化環境

林淑英老師提供

引　　言

「孟母三遷」說明了環境的重要，因此，教學的情境更不容忽視。在一個學校裡，大至校園規畫、走廊布置，小至教室布置，都必須經過精心規劃，才能提供學生良好的學習環境。

方　　式

無論是校園規畫、走廊布置、教室布置，能讓大家共同參與是最好的。事先能運用腦力激盪的方式做好計畫，再動手去做，如此手腦並用，才能體會「一分耕耘，一分收穫」的喜悅。

內　　容

㈠校園規劃——除了注重實用性及安全外，要特別注重綠化美化環境，使學校像公園。

㈡集會場所——像禮堂、會議室、師生交誼室，應按照功用而有

不同的布置。

㈢專科教室——像自然科教室、社會科教室、音樂教室、美勞教室，均應依各科的需要而布置。

㈣文化走廊——這是學生吸收新知的地方，應妥善規劃，最好以專欄方式呈現，像：語文世界、科學教室、錦繡河山、臥遊環宇、新聞天地等等。

㈤教室布置——這是和學生關係最密切的地方，所以在布置前，最好能全班共同討論布置的方式、內容及人員的分配，以收事半功倍之效。

1.生活公約——全班共同討論，訂定生活公約，讓大家共同遵守。

2.標　　語——針對班上同學的缺點，提醒大家不再犯錯，或是積極鼓勵的話。

3.班級書箱——成立小小圖書室，大家共同捐書，並訂定借書規則。

4.感謝專欄——開闢一個感謝專欄，專供同學溝通心聲，互道心曲，拉近情誼。

5.意　見　箱——設置小小意見箱，可對班上提出有效而具體的建議事項，使班級更好。

6.教學資料——搜集各科的教學資料，利用影印、繪畫、圖表或實物，張貼在教室後面，使同學更容易學習。

7.快樂園地——展示同學的作業簿及美勞作品，比比看，到底進步了沒有？

8.窗台走廊——教室的窗台和走廊，可布置盆花，使盈眼綠意帶來滿心歡喜。

9.女 兒 牆──女兒牆上可設置花台,除了種花外,還可設置「小小實驗花圃」,以供自然實驗用。

10.打掃用具──打掃用具一定要收拾在專用櫃,不可亂擺。

迴　響

布置教室
張郁珽小朋友

　　記得升上五年級時換了新教室,一進門,眼前一片零亂,看起來真不舒服,老師就吩咐我們打掃教室。大家分工合作,很快的打掃完畢。頓時桌椅整齊,窗明几淨,教室煥然一新。老師說:「這就是團結的好處,現在教室裏一塵不染,是讀書的好地方。可惜美中不足的是,教室後面太空洞了,好像缺少了甚麼似的,讓我們大家來為教室打扮打扮吧!」

　　說着,老師又為大家分配工作,剪的剪、畫的畫、寫的寫。我和范芳宇、陳淑貞一同畫中華民國地圖,三個人七手八腳畫起來,連地上也塗了青一塊、紫一塊的色彩。一會兒完成了,貼在教室後面,老師說:「畫得很漂亮。」我們感到無比的快樂和光榮。其他的同學,畫了幾張自然的圖片貼上去。老師剪了兩隻鳳凰,叫我們貼在兩邊,一隻比較幸運,貼得乾淨俐落,就像要飛起來的樣子。另外一隻很可憐,因為正要貼第二隻的時候,「噹!噹!噹!」老師開會的鐘聲響了,把老師叫走了。我和陳淑貞兩人手忙腳亂的把頭貼歪了,再想弄正,一不小心就把頭弄斷了,一會兒連翅膀也斷了,搞得一塌糊塗,不知如何是好?啊!救星來了!老師回來了,一看到斷頭斷翅的鳳凰,就哈哈大笑的說:「這隻『落湯雞』,實在好可憐啊!」後來老師東拼拼,西補

補，好不容易才拼好，挽救了牠一條性命。又把我們的簿子和美術作品掛在成績欄裏比賽，看誰的作品最好，布置得多采多姿。等男生將標語和班訓貼好，就大功告成。

　　這次布置教室，給我一個很大的啟示——團結就是力量。分工合作，各人盡自己的力量，就會開花結果。但願這一年，在新的環境裏讀書，能快快樂樂的得到更豐富的知識。

問題討論

一、「孟母三遷」、「近朱則赤，近墨則黑」，這些話在教育上的涵義如何？

二、如何鼓勵小朋友來綠化和美化班級教室環境？

第八章

班級氣氛與學習

第一節 班級氣氛及其評量方式

一、班級氣氛的意義
二、班級氣氛的評量方式

第二節 師生關係與班級氣氛

一、教師期望與學習成就
二、教師教導方式與學習成就

第三節 班級氣氛與認知學習

一、學習動機
二、學業成就

第四節 班級氣氛與情意學習

一、學習態度
二、人格陶冶

第五節 增進班級氣氛的原則與策略

一、原則
二、策略

　　學校有其校風（School Climate），每一個班級也都有其獨特的班風（Classroom Climate）。班級氣氛有的可從有形的環境加以評量，有的可從潛在的因素加以觀察。無可諱言的，班級氣氛與學生的各種學習息息相關；「有怎樣的班級氣氛，就有怎樣的學習結果」，此言頗具深義且發人深省。

第一節　班級氣氛及其評量方式

壹、班級氣氛的意義

　　班級教學是現代學校教學過程中最普遍的一種教育型態，它

通常是由一位或數位教師以及一群學生所組成。由於教學情況中各種因素錯綜複雜，教師、學生、目標、課程、教學方法、班級結構以及彼此間的互動關係等，都會影響班級氣氛。一個班級可以說是一個心理團體，也可以說是一個大社會的縮影。學生在這個團體生活，也在這個團體學習，不可避免的會受到團體的影響，這種團體的力量塑造了個人的態度、期望、價值以及角色行為，也影響了學生在教室中的各種學習活動（註1）。由於成員間的相互影響，久而久之，自然形成一種獨特的氣氛，影響著每一個成員的思想、觀念和行為模式，這種班級中各個成員的共同心理特質或傾向，就稱為「班級氣氛」。這種由教師以及教與學的社會心理和物理環境互動所產生的「班級氣氛」，依韋伯格、弗拉瑟（Walberg, Fraser & Walberg）（註2）分成下列十五個種類：學生間的團結或親密、多樣的興趣及活動、班級規範、學習的進度、物質環境、學生間衝突與緊張的關係、班級目標、教師的偏愛學生、學習困難、學生表現冷漠、具民主精神、學生間有派系、學生對活動滿意、班級組織散亂以及課業、活動彼此競爭等。

照一般的說法，這種氣氛可能是溫暖或嚴肅的，悅納或敵意的，熱忱或冷淡的，緊張或輕鬆的，團結或散漫的，愉快或痛苦的，和諧或衝突的等。（註3）

就心理學上來說，有的從民主、專制或放任（註4），有的從以教師為中心或以學生為中心（註5）以及是開放或封閉的（註6）等方面加以研究。

麥金尼等人（Mckinney, Mason, Perkerson & Clifford, 1975)曾探討教室行為與學生學業成就的關係，發現二者相關達

.60；國內楊國樞的研究發現：班級氣氛愉快與否對學生的學業成績有所影響，班級氣氛愉快的有較好的學業成績；反之則較差（註7）。創造並維持一個良好的班級氣氛，藉以促進師生間良好的關係，從而建立學生積極的自我觀念，是師生共同的職責。

貳、班級氣氛的評量方式

班級氣氛的研究是晚近幾十年才開始受到重視。研究者或採社會學觀點，如葛傑爾和泰倫（註8）等人將班級視爲一種社會體系。從心理學觀點著手研究的則以團體動力學（Group dynamics）和社交測量（Socio-metry）的理論爲主。在國外的學習者首推美國芝加哥大學的韋伯格（H. J. Walberg）、史丹福大學的慕斯（R. Moss）以及澳洲的弗拉瑟（B. Fraser）等人。國內有關班級氣氛的評量，有吳武典修訂的巴克雷班級氣氛量表（BCCI）、林寶山修訂的學習環境量表（LEI）、學校氣氛問卷（SLEQ）以及何榮桂修訂的班級學習環境量表（MCI）等。（註9）

下面將這些理論的基本模式以及國內修訂有關評量的工具加以說明：

一、葛傑爾和泰倫班級社會體系基本模式

葛傑爾和泰倫以爲影響班級中教師行爲的包括「制度」和「個人」兩方面的因素，前者屬於團體規範，受文化因素的影響；後者屬於個人情意，受生理因素的影響。其基本模式可由下列簡圖表示之：（註10）

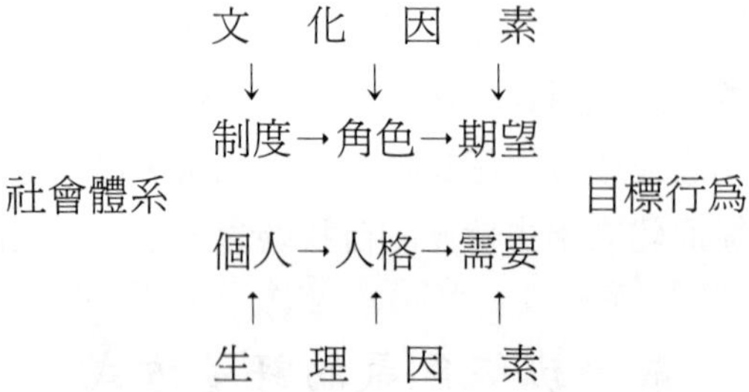

文　化　因　素
↓　　　　↓　　　　↓
制度→角色→期望
社會體系　　　　　　　　　　目標行為
個人→人格→需要
↑　　　　↑　　　　↑
生　理　因　素

圖 8-1　班級社會體系簡圖

　　為再詳細探討班級的特質，葛傑爾和泰倫以為在制度和個人間應再加一個「團體」（group）作為二者間的折衝。其詳圖如下：（註11）

圖 8-2　班級社會體系詳圖

　　此一班級社會體系，強調每一個體具有獨特人格的需要；此

外，歸屬感以及制度的合理也占有舉足輕重的地位。

二、巴克雷班級氣氛量表（ BCCI ）

巴克雷班級氣氛量表（ Barclay Classroom Climate Inventory ）是一種採取多重社會互動模式來評量班級氣氛的量表。此量表係 1972 年美人巴克雷（ J.R. Barclay ）所編製，內容包括：(1)自我的覺察，(2)友伴的印象，(3)教師的評定。透過統計分析的結果，以了解班級活動中的行為問題以及輔導方式。吳武典教授於民國六十三年將其修訂並引進國內。

三、學習環境量表（ LEI ）

學習環境量表（ Learning Environment Inventory ）係由韋伯格（ H. J. Walberg ）、弗拉瑟（ B. J. Fraser ）以及加拿大的安德遜（ G. J. Anderson ）所共同發展出來的測驗。林寶山教授於民國七十一年將此種測驗介紹至國內。此量表包括十五個分測驗，每個分測驗各有七個題目，總計一百零四題。十五個分測驗分別評量十五種教室內的心理社會氣氛（ Psycho-Social Climate ）：團結（ Cohesiveness ）、多樣性（ Diversity ）、班規（ Formality ）、進度（ Speed ）、物質環境（ Material Environment ）、衝突（ Friction ）、目標導向（ Goal direction ）、偏愛（ Favoritism ）、困難（ Difficulty ）、冷淡（ Apathy ）、民主（ Democracy ）、派系（ Cliqueness ）、滿意（ Satisfaction ）、組織散亂（ Disorganization ）以及競爭（ Competitiveness ）。

舉凡師生關係、同儕關係、學生與教材關係等，均可由此測驗的分數得知，對班級氣氛的了解頗有助益。 （註 12 ）

至於學習環境量表（MCI）以及學校氣氛問卷（SLEQ），係由何榮桂及林寶山教授所修訂，讀者可分別向國立台灣師範大學及高雄師範大學借閱或索贈此二種測量工具。

第二節　師生關係與班級氣氛

壹、教師期望與學習成就

期望，是個人對他人或自己所形成的意識或潛意識的評價，致使評價者（evaluator）對被評價的人有視其所持評價為真的態度，以致於他會期許被評價的人表現與其所持評價一致的態度（註13）。自從美國學者羅森泰和賈克遜（註14）在「教室中自我應驗的預言作用」（Pygmalion in The Classroom）一研究中，主張教師期望（Teacher expectations）具有「自我應驗的預言效果」之後，有關教師期望的研究便如雨後春筍。為了考驗教師期望是否具有自我應驗的預言效果，羅森泰與賈克遜於1968年，將小學六個年級的學生分為實驗組和控制組，於學期開始之初對他們實施一種普通能力測驗，並且告訴實驗組的教師：他們班級的學生是未來智慧的開花者（Late intelletual bloomers），日後會有不尋常的發展；控制組的教師則沒有給予任何實驗處理。在學年終了時，實驗者再對受試者實施相同的實驗，結果發現實驗組的測驗成績比控制組顯著的增加，尤其是一、二年級的學生。根據此研究結果，兩位學者均承認：教師期

望具有其自我應驗的預言效果。亦即教師的期望產生後，可引發教師一連串和其期望相符合的情感、態度與行為，最後導致教師原來的期望成為事實。（註15）

根據波希爾（Persell, 1977）的研究發現：學生的特質、社經背景、測驗分數、動作快慢、容貌、行為、性別以及過去的成績，都會影響教師對一個學生的期待；教師本身的心向（Mental set）和偏見，也往往會形成他對學生的期望；此外，社會規範、資深教師對新進教師的影響和學校能力分班、分組等因素，都是影響教師期望的重要因素。

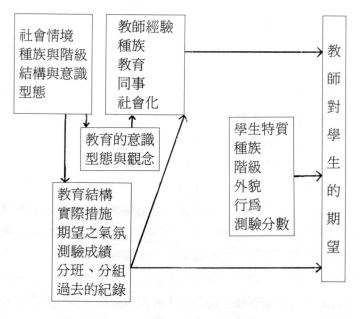

圖 8 - 3　教師期望的影響因素

　　克拉克（Clark）和貝克（Becker）指出（Rosenthal,1968）
，教師對學生的期望常能影響學生的學業成就表現。教師基於先
入為主觀念，常按其對學生期待水準的高低衡量施教教材內容、
教學方法、講解技術，以及投入精神與時間的多寡，學生學習質
量因之有高有低。其次，從學生立場而定，教師期望影響學生自
我認定，例如：學生成就動機的高低常依教師的態度而定。「資
優班」、「放牛班」之分，不同教師的期望，顯然學生的受益就
有高低之別。

　　顧里（C.H. Cooley）的「人鏡自我說」強調：團體組成份
子間，彼此各以對方為鏡，個人藉他人的反應形成對本人的看法
。米德（G. H. Mead）「類化他人論」則認為：個人常將他人
對本身的行為，綜合成一個整體印象，再根據這個印象，就他人
的角度衡量本身的行為及儀容。（註16）

　　教師是學生在校學習活動的指導者、行為表現的主要評審人
，學生想了解自己功課的好壞、排名高低、行為對錯……等，主
要得自教師對他的反應。無疑地，教師是學生心目中的重要人物
，老師寄望的高低當然會影響學生的各種學習。

　　古德（Good）（註17）的研究發現，在教室中高成就生比中
高、低成就生有更多的反應機會。傑克森等人（Jackson & La-
haderne, 1967）曾以累積十小時觀察四班六年級學生的上課情
形，發現在同一班上，教師與某生之接觸有多達一百二十次者，
亦有少至五次者。羅勃特等人（Rothbort, Dalfen & Barrett）
研究教師對高低期望學生的增強，發現教師對高期望的學生投以
更多的注意。（註18）

此外，古德、寇博以及布雷凱（Good, Cooper & Blakey）（註19）歸納出十一種教學行為會因期望不同而有所差異：

1. 對低成就學生等待較少的時間。
2. 在失敗的情境中，不支持低成就學生。
3. 酬賞了低成就學生不適當的行為。
4. 對低成就學生的批評較對高成就學生的批評更多。
5. 對低成就學生的讚賞較對高成就學生的讚賞為少。
6. 對低成就學生的反應未給予回饋。
7. 對低成就學生較少注意。
8. 較少叫低成就學生起來回答問題。
9. 在中、小學情境中，與高低成就學生有不同的交互作用型態。
10. 離低成就學生的座位較遠。
11. 對低成就學生的要求較少。

羅森泰（Rosenthal）（註20）根據多項研究，認為產生比馬龍效應（Pygmalion effect）的影響因素包括：氣氛（climate）、回饋（feedback）、輸入（input）和輸出（output）。在社會情緒方面，高期望的學生比低期望學生得到更多微笑、點頭、傾身、目光的友善的支持；在情意回饋方面，高期望的學生比低期望的學生得到更多的稱讚，反應恰當時得到較多的讚美，問題答錯時所得的批評較少；在語言輸入方面，高期望學生比低期望的學生得到更多學習新教材與難度較高教材的機會；在語言輸出方面，高期望學生比低期望學生有更多回答問題以及和教師溝通的機會。

普洛特（Proctor）（註21）的研究亦發現，教師與低期望學生有不良的師生互動現象，其表現情形如下：

(一)教學輸入（質與量）

1.在教學情境中較不注意低期望學生。

2.忽略低期望學生的意見。

3.較少叫低期望學生回答。

4.低期望學生回答問題時，教師等待的時間較少。

5.在失敗的情境中，不支持（如鼓勵或提示）低期望學生。

6.對低期望學生提供較少的課程講述。

7.常打斷低期望學生的行為表現。

8.與低期望學生較常討論與課業無關的活動。

9.花較多時間與低期望學生做控制導向的常規接觸。

10.對低期望學生的工作及努力要求較少。

11.接受低期望學生的不佳行為表現。

12.提供低期望學生較少學習新教材的機會。

13.很少賦予低期望學生責任。

14.很少利用低期望學生的想法和觀念。

(二)人際溝通

1.將低期望學生的座位排得離老師較遠。

2.較少提供低期望學生積極的情意溝通（微笑、眼光接觸、有禮、興趣、溫暖、個人接觸等）。

(三)教學回饋（量與質）

1.對低期望學生較少表現出酬賞導向的行為。

2.較常批評低期望學生的不正確反應。

3.很少獎賞低期望學生的良好表現。

4.獎賞低期望學生的無關緊要的反應。

5.對低期望學生提供較少的回饋。

6.對低期望學生提供較不正確或不詳細的回饋。

　　兒童自入學後，與教師的接觸日益增加，教師對兒童的期望透過師生交互作用與教師行為而傳達，對兒童的人格、自我概念、成就動機以及學業成就，有著不容忽視的影響力量。為避免期望太高造成兒童過多的壓力與挫折，以及期望過低助長其怠惰與消沈，教師對班上學生應有合宜的期望水準，以激發其學習動機與努力的熱忱。如此，方能有一和諧而且人人樂觀進取的班級氣氛。

貳、教師教導方式與學習成就

　　教導在本質上是一種師生的交互作用，以達成學生身心健全發展及有效學習，從而實現教育目標的一種行為。

　　教師會使學習產生不同的結果，不同的教導方式，往往造成不同的班級氣氛及不同的學習成就（Good, 1979）。教師對學生的學習有著至深且鉅的影響。下面分由單層面（Uni-dimension）、雙層面及三層面（Bi-dimension or tri-dimension）的各種理論及實證研究，分析教師教導方式與學生學習成就的關係。

一、單層面的教導方式與學習成就

　　勒溫（K. Lewin）、李比特（R. Lippitt）及懷特（R. White

）等，於一九三九年在美國愛俄華大學（University of Iowa）實驗研究領導類型對團體及個人行爲的影響。他們提出民主（Domocratic）、權威（Authoritarian）與放任（Laissezfaire）三種不同的領導方式。

勒溫等人的領導理論，旋及被應用到教育行政各部門及有關教師的教導方面。以下係就其中與教師有關的理論基礎及實驗研究加以說明。

阿多諾（T. W. Adormo）等人的實驗研究，亦與勒溫等人的分類一樣，係將教師的教導方式分成民主、權威與放任三種方式加以研究。他發現：權威型的教師使人望而生畏，師生間溝通不易，在學習行爲各方面影響必然不若民主型教師，尤有進者，民主型教師教導下的學生較少學習困擾。

克瑞福（A. Kraft）則把教師的教導方式分爲教師中心型、學生中心型及師生交互作用型（Kraft,1975）。他以爲「教師中心型」是一種最自然、最機械、又爲人們所熟悉的方式；此種教導方式能快速的解決問題，給予學習者安全感。

「學生中心型」可以使學生對教師的反抗減至最少；學生知覺自己是獨立的；學生具有想像力。

「師生交互作用型」能使全班每個人都參與活動，沒有人在學習過程中被遺忘，因而衝突減少；學生的自我觀念加強；師生間溝通的機會亦增加。

安德森和布列瓦（H. H. Anderson & H. H. Brewek）的研究是採專斷型人格（Dominative personality）及統合型人格（Integrative personality）加以分析的。前者的教師教導採用命令、威脅與責罰；後者則是同意、讚賞、接受與協助。

布列斯等人（G. M. Blairs, R. H. Simpson & B. S. Jones）則把權威型教師再細分成嚴厲專制型與開明專制型，加上放任型與民主型，共四種教導方式。他發現：嚴厲專制型的教導方式，學生的學習態度較差，情緒不穩，教師一離開教室，學生的學習效果急速低落。開明的專制型，雖易養成學生依賴性而缺乏學習動機，但一般而言，學習效果令人滿意。民主型的教導方式則易形成融洽的班級氣氛。

克朗巴哈（L. J. Cronbach）提出有名的三種教導活動類型，而且將其對學生學習的種種影響說明的非常詳盡：（註22）

㈠不加指導的活動類型（Undirected activities）

「做你認為最好的」是這種教導方式的主旨。凡事由學生自己摸索，自己找興趣，具有發現教學法的優點，但很容易流於放失行為。

㈡教師控制的活動類型（Teacher-controlled activities）

這種教導方式，不論在教材、教法或課程的安排、獎懲標準方面，教師都掌握了極大的權力。在活動過程中，教師如果使用合理的權威，則師生關係和諧；若使用不當，則教師缺乏愛心、溫暖與擬情作用（empathy）。

㈢團體成員控制的活動類型（Group-controlled activities）

這種教導方式，師生打成一片，教學上比較能適應個別差異，學生們共同擬定工作計畫，教師只是頷首表同意或略給暗示而已。（註23）

弗南德的 FIAC 研究（Flanders　Interaction　Analysis

Category）是以「教師影響」的方式來探討教室氣氛及師生之關係。（註 24）

綜述二十三篇有關教室行爲分析的研究，其中十五篇顯示：教師間接影響的方式，對於學生的學業成績之表現，顯然優於直接影響；其他八篇則未支持此種論點。弗南德以爲：只要學習目標明顯，直接或間接的影響，其成效應不分軒輊。惟應用此二種方式時，宜配合學生的年齡、程度、性別及家庭社經背景。弗南德的研究發現，的確發人深省。

艾雪黎、柯芬及史拉特（B. J. Ashley, H. S. Cohen & R. G. Slatter）的班級教學型式以爲一個教室體系至少須具備下列四個條件：（註 25）

(一)型式的維特（Pattern-maintenance）：即依賴何種力量以維持班級團體，使秩序不致紊亂。

(二)體系的統整（System integration）：即如何約束學生，使班級團體發揮統整的功能。

(三)目標的達成（Goal-attainment）：即師生在班級教學中，應實現何等教學目標。

(四)適應的作用（Adaptation）：即如何因應外界社會的變化，而調適其教學功能。

基於這四個條件，艾雪黎等人將師生班級教學的型式分爲三類：

(一)教師中心：採用強制性的訓導方式來管制學生，強調獎懲方式的使用，培養學生守法守分。

㈡學生中心：採用輔導方式引起學生的動機，強調學習過程的重要性。

㈢教材中心：採用實利（Utilitarian）觀點，重視教師權威的取得與強調系統知識的重要性。

二、雙層面及三層面的教導方式與學習成就

俄亥俄州立大學企業研究中心（The Burean of Business Research of Ohio State University）所發展「領導行為問卷」（IBDQ, Leadership Behavior Descripitive Questionnaire），將領導行為區分為倡導與關懷（Initiating structural consideration）兩個層面。（註26）

第一種領導方式是「高倡導、高關懷」：領導者對工作績效及成員需要二者兼重。這是一種理想的領導方式，布萊克和毛頓（R. R. Black & J. S. Mouton）以為一個領導者如果採用此種方式，他就能依情境之需要而適時的運用領導技術。

第二種領導方式是「低倡導、高關懷」：注意成員的需要勝過工作的要求。這種領導方式所產生的效果，有關的研究結果不甚一致。部分研究以為這種領導方式與高生產力及成員的滿足成正相關，部分研究則不支持此論。

第三種領導方式是「高倡導、低關懷」：領導者所關心的只是工作產品、工作績效，甚少表示對工作人員的關懷行為。許多的研究發現，這種把人當機器看待的領導行為，雖有較高的生產力，但相對的也有較多的抱怨、怠工和離職現象。

第四種領導方式是「低倡導、低關懷」：領導者對工作及成員需要皆不予注重。此種方式之結果和勒溫試驗的「放任組」一

般，導致低生產率及成員的不滿足。

　　美國管理學者布萊克和毛頓依前者的架構，發展管理方格（Managerial grid）理論，將領導之基本方式分成五種；費德勒（F. E. Fiedier）繼其後，提出「有效領導的權變模式」，以為領導效果之有無，須依情境是否有利而定。他採取領導者與成員的關係、工作結構及領導者所處職位與權力，做為是否有利領導的三個情境變數。

　　雷汀（W. Reddin）綜合了布萊克及費德勒的理論，在「工作」及「關係」層面中加上「效能」層面，於是雙層面的領導理論發展成三層面（Three-dimension）（Hersey,1977）。這種雙層面及三層面的領導方式，亦被應用在教師的教導方式上。

　　皮特森（P. L. Peterson）的參與、結構理論係採用雙層面以研究教師的教導方式（註27）。皮特森以為教師教導學生所使用的方法，需依學生獨立性、順從性（Conformance）及其焦慮性（Anxiety）程度之高低而採用不同的方式。他的研究方式係利用結構（Structure）與參與（Participation）兩個層面交織而成「高結構、高參與」、「高結構、低參與」、「低結構、高參與」及「低結構、低參與」四組。透過這種劃分方式，研究個別差異的學生在何種教導方式下有較好的表現。皮特森把學生按其獨立性的多寡、順從性的高低加以分類，結果發現比較順從的學生，宜採高組織、低參與的教導方式；獨立性較強的學生，在低組織、高參與的教導方式下，有較好的學習表現。此一研究結果說明了施教的方式，宜因學生的個別差異而有不同的適應。

至於國內的研究也有如下的發現：

許錫珍的研究指出，教師態度的優劣，在學生的成就動機上所產生之差異，影響非常顯著。

汪榮才認為教師行為與學生學習成就之相關，因學生內外制握（internal & external control）、性別、科目的不同而有差異，且女生各方面學習的表現與教師行為的相關高於男生。（註28）

郭生玉在其「教師期望與教師行為及學生學習行為關係之分析」一文中的研究結果顯示，除懲罰這項教師行為對女生的成就動機佔較大的影響外，溫暖是一項影響男女自我關係、成就動機與學業成績的最重要的教師行為。（註29）

永春國中陳秀蓉在吳武典的指導下，研究該校學生知覺教師的教導方式與其學業成績及生活適應之關係，結果發現：權威型的教導方式會使學生產生生活適應上的困難，但在功課方面則較有利於教師所擔任的課程；而民主型的教導方式較有利於全面的學習，學生有較少的學習焦慮。

興福國中楊萬賀在程法沁、林邦傑指導下，研究教師管教態度與學生人格特質、學業成就之關係，發現權威型的管教方式較寬鬆型更有助於男生的學業成就；女生則兩種方式都與其學業成就具有顯著的相關。

張春興的研究顯示，一般教師都對男生抱以較大的希望，但也一致的對男生的學習行為表示較多的失望。女學生顯然和教師之間有著較好的師生關係。（註30）

筆者在「國小教師教導方式與學生學習行為之關係」研究中發現：採用高關懷、高權威的教導方式，學生有較好的行為表現

；權威的教導方式，男生有較高的學習動機；教師採關懷的教導方式，可使學生產生較少的學習困擾。（註 31）

　　林清江教授以爲認知成就（Cognitive achievement）的評量方法各不相同。應以獨立處理問題能力之增長作爲標準，或以知識接受之多寡作爲標準，並無定論。因爲裨益於獨立思考及解決問題的技能與方法，不一定有益於知識傳遞和接受。因此，權威或民主對教室中教學效率之影響，是很難下定論的。

　　黃昆輝教授認爲，教師應於何種情況下表現偏於教學目標的行爲，而於何時表現重於個人需要的行爲，實無絕對的尺度可衡量。不過，教師應該知道這兩種行爲都是可用的，可以因人、因地、因事而作隨機的制宜；因爲個人的人格特質及行動，常因「社會場的變化而不同」，教師扮演此角色時，須視特殊情境而定，方能事半功倍。

　　綜觀以上的研究，可得下列結論：

㈠爲要實現不同的教學目標（認知、情意及技能），必須採用不同的教導方式。

㈡教師應視教學目標的不同、學生個別差異及教室情境的不同，適時的應用權威與關懷。

㈢探討教師的教導方式與學生學習成就之關係，宜考慮師生間的交互作用。

㈣教導方式至少包括權威與情意（關懷）兩個層面。

第三節　班級氣氛與認知學習

壹、學習動機

動機（Motivation）是指個體內在驅力而使其導向目標的一種歷程或作用，包括自發性或外爍性兩種。在學習領域裏，凡能促使學生自願學習的行為，皆名之為學習動機。

認知學習要成功，一般而言，須有下列三個條件：（註32）

㈠動力方面──要有相當強烈的學習動機，情緒要穩定。

㈡教學方面──要有正確的學習方法、良好的學習態度，以及良好的學習習慣與學習環境。

㈢工具方面──沒有特殊的學習障礙，即智力相當正常。

近來有頗多研究證明，智力並非學業成就的唯一因素，學生的成就表現仍有一大部分受到非智力因素的影響（註32）。此等造成成就變異的非智力因素中，動機因素頗受重視，因為它是促使個體發生行為的內在力量，具有引發、維持與導引行為的功能。（註34）

有關動機的研究，由於馬克里蘭（D. C. McClelland）致力於成就動機的社會起因及其對社會的影響，艾特肯遜（J. K. Atkinson）專注於建立成就動機的科學理論，使得成就動機成為動機心理學的主流。艾特肯遜的報告中指出：個人在任何競爭的情

境中，均會產生兩種心理傾向，一為「追求成功的動機傾向」（Tendency to achieve success），即個人表現趨向目標或工作，追求成功的心理傾向；另一為「避免失敗的傾向」（Tendency to avoid failure），即個人設法從工作情境中逃避，以避免失敗的心理傾向。這兩種動機傾向的強弱程度，艾特肯遜以為視個人的動機（Motive）、預期（Probability or expentency）以及外在的誘因（Incentive）這三個變項的交互作用結果而決定，即 $T = M \times P \times I$（T = tendency, M = motive, P = probability, I = incentive）。

現代心理學和行為科學家逐漸了解，引發學習動機是成功教學活動所不可或缺的一部分。雖然在缺乏動機的情況下，有意義的學習也可發生，但是動機有助於學習的進展，卻是不可否認的事實。桑代克（E. L. Thorndike）、布魯納（J. S. Bruner）及蓋聶（R. M. Gagne）等幾位心理學家實驗的結果，認為學習動機強的兒童，在學習結果的表現上，比缺乏動機的小孩來得優越。學習動機的強度因人而異，其對個人學習成就的影響，許多研究均證明二者之間有顯著的相關。高富（H. G. Gough）的研究，二者的相關是.52，可見學習動機對學業成績的影響分量，與智力等量齊觀（註35）。艾特肯遜及費若爾（N. J. Feather）更指出：個人的成就動機可以被有效的激發。學習動機和成就動機一樣，常因情境而異。在有成就導向的情境裏，工作成績較高；在放鬆導向的情境裏，工作成績較差。

理想的教學條件之一，是讓學生經常維持高度的學習動機。氣氛散漫的班級，如果學生對所學缺乏動機，則教室裏花樣百出；氣氛緊張的班級，儘管學生不打盹、不交頭接耳、不東張西望

，但教師不能確保每個學生都是聚精會神，動機高昂的在教室學習。教師在學生學習的過程中扮演著「動機管理者」（A motivation manager）的角色，其主要任務之一乃在幫助學生學習，教師對他所引導的學生愈了解，愈知道他們的經驗、能力、發展和興趣，愈能將學生所學的科目知識和學生的需要動機串起來。「動機管理者」的角色是否適當，往往也是影響班級認知學習的重要因素，身為教師者不可不慎。

貳、學業成就

國小階段，學業佔學生生活上的重要部分。因此，不僅學校生活本身直接影響或間接促成他們產生適應困難；而且，兒童在學校以外，若遭遇到適應困難，也往往會在他們學習動機、學習態度和學業成績表現出來。良好的學習適應，除本身的學習能力外，課程、教材、教法以及班級氣氛，在在皆足以影響學習的適應，其中更以班級氣氛為最重要。班級氣氛的重要，可由華爾堡「學習與教導的一般模式」（A Model for Research on Learning and Instruction）觀之：

$L = f(I_i, A_j, E_k)$；（L = Learning, I = Instruction, A = Attitude, E = Environment）

$L = f1(I_i) + f2(A_j) + f3(E_k) + f4(I_i, A_j) + f5(I_i, E_k) + f6(A_j, E_k) + f7(I_i, A_j, E_k)$

此公式表示：學習乃教導、性向、環境及其間相關係數的函數。可見，班級氣氛對學習的重要之一斑。學習環境的範圍，大至社會、家庭，小至學校、教室的心理與物質環境。就學校、教

室的學習而言，物質的環境，包括有形的建築的地理位置以及學校風氣、班級秩序；心理的環境，則指在學習過程中，是否有人指導以及是否能被教師或同儕間接納。

　　吳武典在其研究中指出，學習問題的根本癥結爲：⑴自我能力，⑵團體關係（師生或同學間），⑶語意溝通能力，⑷自制能力，⑸精神、體力因素，⑹學習動機，⑺學習態度，⑻學習過程中的焦慮與挫折經驗（註36）。這些根本因素往往交織連鎖，相互影響。譬如：成績低落，往往是由於學習動機缺乏、學習態度欠佳，或在學習過程中過多的焦慮與挫折經驗所致；好鬥的行爲，根本上是團體關係與自制能力的問題；逃學行爲和師生、同儕團體及學習動機、學習態度、學習過程中的受挫行爲有著密切的關係。他在民國六十七年的研究發現：教師的民主領導行爲有助學生的學業成就；黃恒的研究發現（民67）：學業成就是影響師生關係最重要的因素；朱經明（民70）亦發現：友伴關係和學業成績呈正相關。

　　此外，鮑爾的研究發現（Bower, E. M., 1960）：學業成就、基本學科技能和學校的適應之間有密切的關係。學業成就低落的原因，除個人的智力、學習方法以及情緒困擾等有關因素外，教師的人格特質、教導方式以及期望等因素所形成的班級氣氛，亦具有舉足輕重的影響力。布魯克瓦的研究發現（Brookover, W. B., 1974）：班級氣氛可以使學生產生較好的學習成績，但是，一旦外在的要求消失了，學生會產生茫然不知所措之感；羅森泰爾等人（Rosenthal, T., 1969）深信：在溫暖、自我穩定（

Self-strength）、熱忱、進取、有計劃的班級中，學生有較好的學業成就；歐羅特調查小學三年級的學生發現（Yollott, A. W., 1970）：同儕關係、教學評定、適應和學業成就的關係達顯著水準。此外，筆者的研究發現：教師宜靈活的運用「高關懷、高權威」的教導方式，一方面關懷學生，一方面給予學生合情合理的要求，如此有助於學生的學業成習；不過，要減少學生在學習方面的種種困擾，則教師非多「關懷」不為功。（註37）

　　由以上各種研究可知：班級氣氛影響學生的學業成就甚鉅，如何使學習環境一片和諧與積極，學生個個奮發向上，此乃教師不容忽視之職責。

第四節　班級氣氛與情意學習

壹、學習態度

　　學習態度是指學習者對學習事物的內容，所持正向或反向的情感或評價，以及贊成或反對的行動傾向。

　　態度是精神準備，或形成行動的傾向。態度不是與生俱來的，它的形成原因相當複雜，認知（Cognitive source）、情緒（Emotional source）、社會（Social source）及行為（behavioral source）都可以是態度產生的原因（McNeil,1978）。同樣，態度也可藉著新知識的獲得、個人與團體關係的改變、接觸與溝

通的關係而改變。下面略述態度改變的理論與研究。藉以說明班
級氣氛對學習態度的影響。

一、凱勒曼態度改變的三種程序說（註38）

（Ke-lman's Three-process Theory of Attitude Change）

凱勒曼（H. C. Kelman）指出：在三種社會情境影響下，態
度有改變的可能。第一種是遷就，遷就個人因順從他人或順從社
會時，能得到有益的反應，而願意被影響的態度。第二種是模擬
，一個人爲滿足個人與其他人之間的良好關係，而將他人的行爲
特性併入個人的人格結構中。第三種產生於個人內在化的價值因
素改變後，使個人的行爲符合於現行的新價值體系。這三種心理
程序都能滿足個人的欲求。

二、盧森柏格的情意認知一致說（註39）

（Rosenberg's Theory of Affective Cognitive Consistency）

以往改變態度的理論都從認知因素著手。盧森伯格（M.　J.
Rosenberg）卻以爲改變態度，如從情意方面著手，比改變認知
更合乎邏輯。他認爲當情意改變時，認知體系也會改變。當情意
和認知一致時，個人的態度穩定；二者差距甚大時，表現出來的
態度則不穩定。

三、卡茲的態度機能說

（A Functional Theory of Attitude）

卡茲（F. E. Katz）以爲就態度的功利方面來說，每個人的
態度都有爭取最大的報償和減少刑罰的傾向。就態度的自我防禦

而言，當一個人的社會地位受到威脅時，個人會設法轉移此種威脅。態度有其價值的表現，此種表現乃是提高自己身價和自我觀念的方法，一個人如果從行動中得到滿足，則態度易發生改變。

由以上的理論看來，態度之所以影響學習，乃是由於它有定向功能（Orienting function），影響知覺活動及選擇反應。凡與個體態度一致或為個體所喜愛的學習活動，個體必全力以赴，積極進行。反之，則注意力分散、學習不認真，而且具有逃避的傾向。因此，除非學生對學習具有正確的態度，否則讓他學習是件困難的事。國外許多的研究都證明，學習態度與學業成就有正相關。紀文祥修訂包何二氏學習態度、學習習慣之研究，發現二者與學業成就，在大學男生的相關是.42，女生的相關.45，高中的相關為.45。

學習態度可以改變是毋庸置疑的，身為教師者應將學習態度的培養與知識、技能的教學予以同樣的重視，並且以身作則。在教育的過程中，教師不僅應該了解學生如何學習，也應該了解學生為何學習；亦即教師應了解學生如何感覺、如何行為，他們的喜、惡是什麼，以及此種態度如何形成，宜用何種方法加以改變。一種良好的學習態度，一個樂學的班級氣氛，對學生的學習有很大的裨益。

貳、人格陶冶

現代心理學和精神醫學已經證明，除了一小部分的內因性疾病（遺傳性精神病），和極少數由於慢性大腦症候群所引起的反

社會行爲外，大部分的精神疾病以及少年犯罪行爲的發生，乃是由於這些人在其適應社會環境，或在社會交互行爲的過程中，遭遇到困擾或失敗，而未能以社會所允許的建設性方式解除困難；或因未能獲得其基本需要的滿足，以致在日常生活中呈現病態現象。對於這些個案，若追溯其過去的生活史，不難發現大部分的精神病患或少年罪犯，並不是在某些時間和某些環境下突然發病或犯罪，而是遠在他們的發病或犯罪前，當他們遭遇到適應上或人際關係上的困擾時，他們已經採取不健全、非建設性的方式去試圖解決他們的困難。

「國民小學教育，以培育活活潑潑的兒童、堂堂正正的國民爲目的，應注重國民道德之培養，身心健康之鍛鍊，並增進生活必需之基本知識。」此一目的明顯地指出，國小教師的任務不僅在傳授知識技能，更重要的是在於促進學生人格的均衡發展。

班級氣氛的歡愉或嚴厲，處處影響著學生的人格發展，其中尤以焦慮和挫折爲最緊要，下列分述此二情緒與學習的關係：

一、焦慮與學習的關係

焦慮是個人的良好狀況受到威脅所造成的一種準備應變及接受痛苦的心理狀況。焦慮總是伴隨著一種煩燥不安的情緒狀態，使個體維持著經常的緊張，而影響到神經系統的正常作用。

學習心理學家毛爾、杜拉及彌勒（O. H. Mower, J. Dollard. & N. Miller）等人以增強學習的觀點來說明焦慮是學習的驅力（Fisher,1970）。社會學習理論大師羅特（J. B. Rotter）認爲，焦慮的對象是「對成功的低期待」或「對失敗的高期待」（註40）。艾特肯遜則以爲焦慮是一種逃避失敗的動機（註41）。

焦慮對學業成就的影響，可由馬堪德斯（B. R. McCandless）及尼柯聖（W. M. Nicholson）的實驗得到證明：前者的研究發現，焦慮分數和六年級學生的學業成就呈負相關（註42）；後者以十二個難以學習的無意義音節，經過四十五次試驗，結果發現焦慮的學生成績進步得比無焦慮的學生緩慢而且不純熟（註43）。

適度的焦慮雖也可以促動學習作用（註44），但是許多學者都指出，焦慮對學生多半不利，主要乃是因爲焦慮使得我們的認知場地變得狹窄（Malmo,1966），阻礙我們對問題的沈著判斷；焦慮會對所學的內容，產生不相關的干擾反應與抑制、逃避的傾向（註45）；焦慮使學生的認知型態變爲刻板，結果影響其不能嘗試與不願改變現狀，而喜歡模仿與堅持某種已不適應的行爲。

由以上觀之，焦慮不僅產生情緒困擾，也是複雜認知學習的障礙。學習活動是一個完整的過程，在這個過程中任何一部分發生障礙，均足以減少學習的效果，甚至使學習活動完全無法進行。教師要從各角度鑑別有學習困難的學生，確定其學習困難所在，發現學習困難的成因，然後對症下藥，則學生的學習效果必能事半功倍。

二、挫折與學習的關係

挫折是一種生活目標或基本需要的滿足遇到阻礙的情況。此種情況總是伴隨著失望、憤怒、悲哀、憂惶與抑鬱等不愉快的心理狀態。

亞瑟爾（A. Amsel）於一九五八年提出一種挫折理論，他認

為挫折的來源為預期可以獲得報酬而未能得到報酬的反應。亞瑟爾認為挫折可以提高一般驅力，也可視為一種反應，此種反應被約制，所以經過一連串的無酬嘗試後，個體將預期到挫折。無論是內在或外在因素所構成的挫折，都會對個體構成一種情緒上的打擊與威脅。個體受挫後，表現的情緒反應是非常複雜的，其中可能導致攻擊行為、逃避、幻想、固置的刻板行為（Stereotype）、冷漠、自尊心與自信心的喪失、失敗感與愧疚感的增加，以致使學習的進行受阻，甚至毫無效果。

學習是一個複雜的認知歷程（Cognitive process），從「訊息的輸入」到「結果的產出」，其間所涉及的因素很多。適應困難的兒童，只單純呈現一、兩項問題是很少的。「主要問題」不過是整個冰山浮出水面的一部分而已，教師應該觀察學生生活的每一部分，包括他的生理、智能、心理、性格、家庭、學校及社會的種種因素，才能了解學生人格偏差與適應欠佳的癥結所在。「沒有兩個學生在教室裏學習時，有著相同的學習情緒與學習方法」，這個事實常為許多教師所忽略，教師們也許從學習心理學的研究中獲得若干派別的學習理論，歸納一些學習的原理原則，就奉為施教的圭臬。因此，往往把教室當成了「施金納箱」（Skinner's Box），學生們宛若被增強的白鼠（Reinforced rat）一般。事實上，學習的背後，往往潛藏著另一些因素，像非智力因素的身體狀況、學習情緒、學習環境、學習習慣、學習方法、學習興趣、學習態度、學習動機等，這些都影響學生的教學效果。

學校教育，主要的目的在教學目標的實現，而教學目標之達成，又須視學生學習行為是否有良好的改變。因此，如何締造一

個能進德修業，幫助學生快樂成長與學習的班級，實是教師責無旁貸的重任。

第五節　增進班級氣氛的原則與策略

壹、原則

良好教室氣氛的增進與維持是師生共同的責任。下面加以說明：（註46）

一、教師的職責與態度

㈠積極的指導為主，消極的管理為輔。

㈡培養良好的行為於先，獎懲及管理於後。

㈢對學生友善而有幽默感。

㈣民主式的領導與同理心的溝通。

㈤減少造成不良行為的校內及校外影響因素。

㈥有積極正確的人生觀，常給學生適時的鼓勵。

㈦支持與參與學生的正當活動。

㈧能以他律為始、自律為終的目的與態度，對學生循循善誘。

㈨瞭解生並給予學生適度的期望。

㈩能針對認知、情意與動作技能等不同學習領域，實施不同的教導方式。

二、學生的職責與態度

㈠要有積極、熱忱的學習態度。

㈡了解教師的期望並努力完成。

㈢對班級有高度的隸屬感與榮譽感。

㈣能為自己的行為結果負責任。

㈤自信且信任別人。

㈥遵守校規及班規。

㈦能持民主、開放與坦誠的態度與教師進行溝通。

㈧同儕團體間彼此鼓勵與支持。

㈨願意聽從教師的指導及同學的規誡。

㈩能自重同時也尊重他人。

貳、策略

　　班級氣氛往往是影響師生教與學的最大因素。目前國內的教育型態偏重「升學掛帥」與「智育第一」的要求，因此，班級氣氛的和諧與否，也往往操之智育的學習。事實上，潛在課程的諸多因素要比正式課程更影響著一個班級的氣氛。下列提出增進班級氣氛的策略，供教師經營班級以及提高學習效果的參考：（註47）

一、建立正確的教師價值觀

　　教育為有意義的變化行為與氣質的歷程，也可以說是價值創造的歷程。價值表現於選擇性的行動，同時指導行動的選擇，所

以，價值體系雖為概念性的構設，却在行動中完成。價值有指導個人行動、維持人格統整的作用。在人們由內在導向的性格轉變為他人導向的性格、師生距離愈來愈形疏遠、教育中愈來愈多壓抑與強制學習、講求自由却不為自己行為負責任，以及凡事以同儕團體的好惡為價值判斷下，正確的教師價值觀是不容忽視的。至於如何建立此種價值觀，可由下列三方面著手：

　㈠培養師範生教學的志趣及教育專業的襟懷。

　㈡加強人文陶冶等通識教育的內容。

　㈢選擇具有教育愛及教育專業的老師，輔導師範生的教學實習，以樹立優良教師的典範及正確的價值觀。

　㈣建立正確的教師期望及靈活性的教導方式。

二、人性化教育目標的強化

　　我國教育智育過度膨脹，而忽略人格陶冶；強調成人價值的導向，而忽視學習者的重要與尊重；提供成套的他人知識，却不具創造性，處處違反人性發展。為使教育成為人性化滋育的場所，正視人性化教育目標，實有其必要性，如此的教育導向，不僅目標正確，而且可以增進班級氣氛。其方法如下：

　㈠以兒童為本位的教育目標之強調。

　㈡重視人格教育。

　㈢改善行為目標的教學。

三、正式課程與潛在課程並重（註48）

　　目前國內的教育，對於課程界定已採較寬的角度，尤其對正式課程以外的潛在課程已予以更多的關注。這種強調學習環境的

注重、良好的師生以及同儕的關係，以及意識型態的批判，對班級氣氛的提昇有很大的助益。吾人可從下列三方面加以努力：

　　㈠加強情意教育。

　　㈡改善學校環境。

　　㈢減少認知課程的灌輸，以及人格、動作技能教育的重視。

四、生動活潑的教學方式

　　填鴨式的記誦之學以及考好成績爲教育最終目的，此二者往往導致班級氣氛的緊張與嚴厲。爲使目前國小的教室氣氛更溫暖、更生動、更活潑，下列的教學方式不妨運用於班級教學中：

　　㈠問題討論法可以使學生察覺問題的存在以及能力。

　　㈡設計活動課程，使孩子能從遊戲中學習。

　　㈢探質、量並重的研究方法，多方面了解學生的學習狀況。

　　教學是一種科學，更是一種藝術。如何透過教學完成教人成「人」的神聖使命，是每一位教師責無旁貸的任務，希望透過班級氣氛與學習關係的介紹，使教師們個個都能成爲班級經營的能手。

附　註

註1：吳武典（民68）：國小班級氣氛的因素分析與追踪研究，師大教育心理學報，第12期，第133頁。

註2：H.Walberg（1979）：*Educational Enviorments and Effects,* Berkeley, C.A.: McCutchan Publishing corporation, P.114。

註3：同註1，第136頁。

註4：K. Lewin, R. Lippitt, & R.K. White（1939）. ``Patterns of aggressive Behavior in Experimentally Created Social Climate″ *Journal of Social Psychology.*（10），P.318。

註5：J. Withall,（1949）：``The Development of A Teachnique for The Measurement of Social Emotional Climate in Classroom.″ *Journal of Experiment Education,*（17）。

註6：A.W. Halpin & D.B. Croft（1963）：``The Organizational Climate of Schools″ *Administration Notebook,*（11），P.75。

註7：楊國樞（民66）：影響國中學生問題行為的學校因素，載於中研院民族研究所社會變遷中的青少年問題研究論文，第13頁。

註8：J.W. Getzels, & H.A.Thelen,（1972）：``A Conceptual Framework for The Study of The Classroom as a Sccial System. *The Social Psychology of Teaching,* P.141。

註9：林寶山（民77）：教學原理，台北市：五南圖書出版公司，第240頁。

註10：黃光雄（民77）：教學原理，台北市：師大書苑，第360頁。

註11：同前註，第362頁。

註12：同註九，第240頁。

註13：J.D.Finn,（1972），"Expection And The Educational Environment". *Review of Educational Research,* 42（3），PP. 387-410。

註14：R.Rosenthal,（1973），"The pygmalion Effect Lives", *Pyschology to Today,* 7（4）PP.56-60。

註15：郭生玉（民69），教師期望與教師行為及學生學習行為關係之分析，載於師大教育心理學報第13期，第133頁。

註16：林清江（民71）：教育社會學新論，台北市：五南圖書出版公司。

註17：T.L.Good,H.M.Cooper &S.L.Blakey（1980）："Classroom Interaction As A Function of Teacher Expertions, Student Sex, And Time of Year," *Journal of Educational psychology,* 72（3），PP.415-421。

註18：孫敏芝（民74）：教師期望與師生交互作用，師大教育研究所碩士論文，第23頁。

註19： Good, *op, cit,* P.421 。

註20： Rosenthal, *op, cit,* P. 60 。

註21： C.P.Protor,（1984）：〝Teacher Expectations: A Model for School Improvement,〞*The Elementery School Journal,* 84 （4）, P.67 。

註22： L.J. Cronbach （1973）：*Educational psycholngy,* Taiwan, P.64 。

註23：吳子輝（民68）：教室行爲與教學藝術，載於教育廳師友，第139期，第64頁。

註24： N.A. Flanders,（1963）：〝Teacher Influence in The Classroom〞. in A.A. Bellack （ed.）*Theory and Research in Teaching.* Columbia University, Teacher College, PP.39-48 。

註25：陳奎憙（民69）：教育社會學，台北市：三民書局，第241頁。

註26： F.E. Finch,（1976）：*Managing for Organizational Effectiveness,* N.Y.: McGraw-Hill, P.126.

註27： P.L.Peterson,（1977）：〝Interactive Effective of Student Anxiety, Achievement Orientation And Attitude〞, *Journal of Educational psychology,* 69 （6）, P.791 。

註28：汪榮才（民68）：教師行爲、學生制握信念與學業成就，載於南師學報，第12期，第112頁。

註29：同註15，第133頁。

註30：張興春（民65）：國小學生學習行爲的差異及其教師性

別差異的關係，載於師大教育心理學報，第9期。

註31：盧美貴（民69）：國小教師教導方式與學生學習行為之
　　　關係研究，師大教育研究所碩士論文，第164頁。

註32：郭為藩（民59）：特殊教育，台南市：開山書店，第
　　　189頁。

註33：陳英豪（民66）：教師人格特質及教學態度對教學成績
　　　預測效果之研究，載於高師學報，第5期，第322頁。

註34：H.J.Eysenck（1973）：*Encychopedia of psychology,*
　　　（1）P.286。

註35：H.G.Gough（1953）：〝What Petermines The
　　　Academic Achievement of Hight School Students？
　　　〞*Educational Research*（46），P.321。

註36：W.F.Fisher（1970）：*Theories of Anxiety,* N.Y.：
　　　Harper & Row,PP.60-72。

註37：同註31，第167頁。

註38：李長貴（民59）：社會心理學，台北市：中華書局，第
　　　197頁。

註39：同前註，第118頁。

註40：E.J.Phares（1972）：*Social Learning Theory：
　　　Approach to Applications of A social Learning The-
　　　ory of Personality, N.Y.: Holt, Rinehart & Winston,*
　　　PP.446-449。

註41：J.W.Atkinson,（1964）：*Introduction to Motiva-
　　　tion,* N.Y.: P.117。

註42：B.R.McCandless,（1956）：〝Anxiety in Children,

School Achievement And Intelligence〞, *Children Development,* P.379。

註43：W.M.Nicholson,（1958）：〝The Influence of Anxiety upon Learning：Interference or Drive Increment.〞 *Journal Personality,*（26）, PP.303-319。

註44：R.B.Malmo,（1966）：〝Studies of Anxiety, Some Clinical Qrigine of The Activation Concept,〞 in C. D. Spielberger （Ed.）, Anxiety and Behavior,N.Y. ：Academic Press, P.177。

註45：S.B.Sarason,（1960）：*Anxiety in Elementary children,* N.Y. John Wiley & Sons, P.20。

註46：同註9，第243頁。

註47：盧美貴（民79）：夏山學校評析。台北市：師大書苑出版社，第247頁。

註48：陳伯璋（民75）：潛在課程研究。台北市：五南圖書出版公司，第318頁。

本章摘要

　　學校有校風，班級亦有其班風。一個班級可以說是一個心理團體，也可以說是一個大社會的縮影，師生在此互動而且彼此影響，這種團體的力量無形中塑造了學生的人格特質、期望水準、價值觀、角色行為以及學習動機，同時也影響了學生的學業成就

。本章就班級氣氛對學生「全人」發展的影響加以縷述，最後提出增進班級氣氛的原則與策略，冀盼經由這種體認與了解，使教師教的專業而認眞，學生學的充實而愉快。

作業活動

一、何謂班級氣氛？如何評量？

二、師生關係如何影響班級氣氛？

三、傳統式與開放式的教育方式對認知、情意以及動作技能學習有何影響？試討論之。

四、說明增進班級氣氛的原則與策略。

參考案例一

搭起友誼的橋樑
——慶生會

林淑英老師提供

引　言

　　每個人都有一天最值得慶祝與歡欣的日子，那就是生日。為了建立同學之間的情誼，可藉「慶生會」的活動來搭起友誼的橋樑。

方　式

　　在這物質豐富的時代裡，「班級慶生會」不吃蛋糕、不喝汽水、不送禮物，而以「贈送小卡片」、「優點大轟炸」、「唱祝福歌」等活動，而有別於「家庭慶生會」。教師可在活動進行之間，和學生討論慶祝的方式和活動進行的程序。教師提醒小朋友：賀卡最好自己畫、祝賀語要誠懇、盡量找出壽星的優點、祝福歌可以自己創造編寫。

目　的

　　藉「班級慶生會」的活動，搭起友誼的橋樑，增進班級和諧的氣氛，進而能提高學習的興趣。同時藉著賀卡的製作、祝賀信的書寫、祝福歌的編寫等活動，而表現美勞、語文、音樂等科的學習成果。

迴　響

慶生會　　　　　　　　　　　　　　　　　施宜慧小朋友

　　「祝你生日快樂……」在同學齊聲高唱「生日快樂歌」時，拉開了九月份慶生會的序幕；壽星們一個個踏著快樂的節拍走上講臺。

站在臺上的壽星們一一許願，一個個真誠又甜蜜的願望，使人好像處在粉紅色的天堂一樣。許完願後，老師送給壽星們一張小小的卡片或一個親切的握手，但是我相信，這裏面包含了一千個、一萬個，永遠說不完的無限祝福。

再來是「優點大轟炸」，由老師先說出壽星的優點，再由同學來轟炸他的優點。那些被轟炸的同學，有些平時很少有人讚美他的優點，卻經常被人批評缺點，今天能夠站在臺上，讓大家都知道他的優點，心裏面一定非常的興奮。轟炸結束，司儀要壽星上臺，說出感謝的話，每一位壽星面帶著微笑，心中充滿喜悅和感激，對著臺下的同學，說出了心中的感謝，讓同學間一道深厚的友誼，化成溫馨，洋溢了整個教室。

最後，大家齊唱「朋友我永遠祝福你」這一首歌，臺下同學走到臺前，在這一首歌的祝福聲中，與壽星一一握手；此時，壽星們感動得無法用言語來形容。

雖然這一次的慶生會，沒有香噴噴的蛋糕，沒有甜甜的糖果，沒有可口的汽水。但是，朋友的祝禮、老師的親切、教室的溫暖，足夠同學們分享、飽餐一頓了！

問題討論

一、如何利用班級「慶生會」來增進同學之間的情誼？

二、如何與小朋友討論「班級慶生會」的方式與內容？

參考案例二

建立良好的師生關係
——敬師活動

林淑英老師提供

引 言

「老師愛學生，學生敬老師」雖是天經地義的事，可是由於中國人含蓄的天性，往往心存感恩，而不知如何表達。為了激發兒童尊敬師長的情誼，可透過「敬師活動」來培養學生「敬」老師、老師「愛」學生的倫理精神。

方 式

教師在事前先召集班級幹部討論活動的方式和內容，宜提醒學生，敬師的對象不只局限在級任老師，像校長、主任、組長及各任課老師，都應包括在內。至於活動的內容可呈多樣化，像：送自製賀卡、感恩卡、感謝卡、感謝信、自製小禮物、獻花、朗誦詩歌、唱自編敬師歌，或出奇不意的給老師來個優點大轟炸，甚至將自己努力的成果獻給老師……都可靈活運用。

目　　的

藉「敬師活動」培養兒童對師長「常存感謝心」。並在給老師的優點大轟炸和愉快的回饋與祝福中，充分流露出學生平日深藏內心深處的關懷與敬慕之情，讓老師感到自己的心血沒有白費，而建立良好師生關係。

迴　　響

感人的一幕
羅宇玲小朋友

下午第一節，我們全班雖然像平日一般，站在走廊做視力維護運動，但教室的門卻關著，窗簾也拉下來了，而我們又不時伸長脖子，盯著辦公室大門，如在期待什麼似的，不知情的人一定會誤認我們「有毛病」，其實，說穿了，原來今天是教師節的前夕，大家為了感謝老師一年多來的辛勤指導，準備給老師一個意外的驚喜。在班長的策劃下，教室的黑板已充分利用，「吾愛吾師」四個大字更是醒目。送給老師的特大號卡片，也都貼在黑板上了，在那四開大的卡紙中，有我們五十一位同學對老師的敬愛及祝福的話語。

呀！林老師已從走廊的盡頭來了，班長立刻請大家進教室坐好，這時，我們心中興奮得「蹦！蹦！」的跳著。當老師把門打開的那一刻，嘩！燈亮了，窗簾也拉開了，我們一面拍手，一面唱著：「老師，我永遠祝福您！」頓時，同學們一張張可愛的笑臉及老師滿足的微笑，交織成一幅快樂的圖畫。

下午的太陽和煦，六年五班的教室更是溫和，老師高興笑語，同學誠心的祝福聲，灑落在教室的每一角落，也爬進了每一個

人的心房。

接著，我代表同學站起來說：「在我們成長的過程中，老師就像一盞明燈照著我們，指引我們走向康莊大道；老師，您像一位辛勤的園丁，我們好比無數棵期待開花結果的種子，您不分日夜，辛勤的灌溉園中的幼苗，希望我們苗壯、成長，最後開花結果。您為我們不計較一切的犧牲，種種恩惠，比山高，比海深。在這世界上，除了父母，就屬老師您對我們感情最深，所以，我現在要對您說：『老師，我愛您！』。」

這時，臺下響起了如雷的掌聲，「吾愛吾師」的敬師活會，在同學們的掌聲中歡愉的結束了，而這感人的一幕却令我難忘！

問題討論

一、如何培養小朋友感恩的心？
二、如何召集班級幹部討論「敬師活動」的方式和內容？

參考案例三

讓學習成為學生的最愛
——生動活潑的教學

林淑英老師提供

引　言

「教師講，學生抄」的教學方式已經落伍了。「怎樣使教學生動活潑，讓學習成為學生的最愛。」才是今日教師最關切的課題。其實，教學是一種藝術，運用之妙存乎一心，只要教師肯多費一點心思，設計一些生動活潑的教學方式，讓學生在最最愉快的情境中學習，那麼，教室像電影院、學校像兒童樂園，學生就會把學習當成一種享受，上學當成一種快樂。

方　式

教師在設計教學活動時，要順應兒童好奇的天性，採多樣的變化，來提昇學習的興趣。例如，國語科可採分組討論、心得報告、小記者專訪、角色扮演、戲劇表演、專題演講、辯論會、猜謎語、語文遊戲、創作練習、製作立體書……等活動進行；自然

科可採資料搜集、觀察、實驗、參觀、觀賞錄影帶、幻燈片、投影片‥‥‥等活動；數學科可採挑戰、遊戲、實測、圖解、小老師‥‥‥等方式進行。社會科可採講故事、參觀、資料搜集、臥遊環宇、時光隧道‥‥‥等方式進行。

目　　的

以生動活潑的教學方式，激發兒童學習興趣，讓學校生活多采多姿，而使學習成為學生的最愛。

有趣的動態教學　　　　　　　　　　　　　　洪雍雯小朋友

盼望著的一天，終於來臨了，今天是十一月份的動態教學。這次的主題是布偶戲的表演，演出者既緊張又興奮，每天利用課餘時間加緊練習，做好的布偶經過多次的排演、把玩，早已弄得缺手斷腳的，真是「慘不忍睹」。

第一節鐘響了，我們迫不及待的進入會場，由劉景寧、黃玉堃兩位同學擔任司儀，他們從容不迫的為這次演出揭開了序曲。

第一個節目由六年一班演出，他們以清晰的臺詞、精湛的演技，敘述一群快樂的小孩子，在廣大的空地設立了遊樂場所，讓小朋友能快樂的遊戲，這條巷子就叫「快樂巷」。

「世界上有真也有假，假假真真，我們不能以假亂真，做人要腳踏實地，講求內在，不可虛有其表，現在，我們就來欣賞六年四班所演出的『真假孫悟空』。當唐僧師徒出現在舞臺上，臺下的同學、老師們發出陣陣喝采，真假孫悟空一會兒騰雲駕霧的在天上比畫，令人看了好像身入其境似的，好不熱鬧。本班的演出，也受到好評，劇情是描寫義賊廖添丁一生變化曲折的傳奇故

事。印象較深的，還有十二班的「玫瑰城堡」，告訴我們有善良、純潔心的人必有好報，這是很有意義的節目。

有的班級為了加強戲劇的效果，還灑了乾冰製造煙霧，使場面增添不少生動的氣氛。論情節、論演技，真是可以比美電視上的木偶劇團。最後黃主任為我們講評，她說：「這次的動態教學最令校長高興，因為這次辦得很成功，最值得我們欣慰的是：每個同學在老師的指導下，都很辛苦的參與了編劇、製作布偶、錄音工作，才有豐碩的成果，各班的布偶既做得漂亮，演技也突出……。」同學們聽見黃主任的誇獎高興極了。一場愉快的動態教學，在讚美聲中結束了。

生動的國語課　　　　　　　　　　　　南怡如小朋友

當我們討論到「驪山烽火」的寫作特色時，林穎同學提出來說：「本課用許多對話，增加真實感。」才說定，班上喜歡演戲的同學，就懇求老師讓我們實地扮演劇中人，老師本來不肯的，但經不起全班五十三根三寸不爛之舌的要求，終於點頭答應：「好吧！我們在星期五的第二堂課演戲。」頓時，全班爆出一陣歡呼聲，尤其有演戲癮的同學更是興奮。

時間在期待和積極準備中過去了，盼望的星期五到了。上完第一節後，各組便忙著準備道具，有的組還帶了媽媽的化妝品，為褒姒化妝，塗上口紅，擦上胭脂，再畫上一道眉毛，就像畫中的古典美女了。本組是由張繼中男扮女裝，飾演褒姒，打扮得唯妙唯肖。

噹！噹！

上課了，各組組長上臺去抽籤，我們第六組，抽到第二號。

第四組先上臺，揭開序曲，他們的演技還不錯。接著輪到我們這組了，全組組員戰戰兢兢的走上臺，先向全班敬禮，就開始演戲了。我們的褒姒張繼中，由於他平常就像個女生，所以演起褒姒出神入化，博得全班熱烈的喝采。故事的情節到了幽王被殺，進入高潮，全班都專心的注視臺上的人物，連老師也全神貫注地看。表演完畢，我們再一次得到全班熱烈的掌聲，心裏樂得很。

輪到第二組表演，他們還帶了錄音機，配上音樂，效果更是精彩。

最後上臺的第一組，剛上臺時演得平平淡淡，但演到後來，外敵攻進驪山時，飾演外敵的同學橫衝直撞，好像喝醉酒的士兵一般，把幽王殺死在地上，笑死人了！快樂的時光像箭一般的飛過，轉眼，一節課就在歡笑聲中結束了。好多同學意猶未盡，還想再重演一次呢！

有人希望教室像電影院一樣，我們這節課，把課本改編劇本，不但讓我們發揮演戲的天份，也讓我們對課文內容更進一步的了解，真是一舉兩得。

難忘的自然課

張郁珽小朋友

看看功課表，明天就要上自然了，忽然，老師向我們宣布：「明天上自然，第二課講微生物，裏面有酵母發酵，我們實驗後可以蒸饅頭，不知你們同不同意？」我們一聽到有吃的，不約而同大叫：「願意！」老師便吩咐我們要帶的用具。

第二天，大家迫不及待的先把髒兮兮的狗爪洗淨，拉高袖管，十隻狗爪都下到加了酵母粉的麵粉裏，怎不叫人噁心呢？經過每隻髒狗爪抓過的麵粉已變黑了，才算大功告成，但願明天會有

好成績。

　　第二天早晨醒來，看見窗外下著大雨。天啊！明知我們今天要嚐那香噴噴的饅頭了，怎麼偏和我們作對呢？在這冷冰冰的天氣裏，麵粉一定難發酵了。

　　到了學校，把麵粉團拿出來一看，扁平得像牛肉乾一樣，真氣死人了！好想一下把麵粉團扔到垃圾桶裏，可是為了「吃」心又軟了下來，捏了幾個月球表面，三步併二步，飛也似的端到廚房下鍋。

　　上課時，大家一點也沒心情上，只期待熱騰騰的饅頭趕快出爐，下課鐘聲一響，大家你衝我擠奔到廚房，爭著看自己的傑作，大家搶著端到教室，一人啃一個，狼吞虎嚥，老師笑著說：「你們好像三千年沒吃過似的。」惹得大家都笑了。

　　饅頭的香味充滿了教室，真是難忘的一天啊！

問題討論

一、教師如何設計教學活動，激發學生興趣？
二、不同學科教學如何採取不同的教學方式？

參考案例四

快樂時光
——分享活動

林淑英老師提供

引　言

　　「一日之計在於晨」、「好的開始是成功的一半」這兩句話在在的說明：每天的第一堂「生活與倫理」課是多麼重要。但是有些教師往往利用這短短的二十分鐘時間來處理一些班級雜務，或者利用這段時間來訓導學生，有些老師則依中心德目來訂規條、實踐、反省等，以致使「生活與倫理」課成為枯燥乏味的呆板課程。其實，只要稍費心思，在晨檢結束及德目檢討後，利用剩下的十幾分鐘時間來做「分享活動」，則「生活與倫理」時間不但是一天學習的暖身運動，更是學生歡樂的時光。

方　式

　　「分享活動」的內容可以包括多方面，像知識的、趣味的、時事的、新奇的、煩惱的、或心得報告……等等。舉凡學生所看

到的、聽到的、想到的、做到的、甚至是嘗到的事物，均可利用「分享活動」提出來報告給其他同學們聽，讓同學們也能分享到多方面的知識。

目　　的

透過同學們所發表包羅萬象的內容，可以讓全班同學吸收到更多的知識。而要上台報告的學生，會自動的尋找報告的新題材，因而對自己身邊的人、事、物，會更細心的去觀察，無形中培養了敏銳的觀察力和判斷是非的能力，並養成自動閱讀的習慣和勇敢上台說話的能力，真是一舉數得。

迴　　響

分享活動

上星期，老師和我們約法三章，只要我們得到整潔和秩序的錦旗，這個星期的「生活與倫理」時間就不會做生活檢討，而改為「分享活動」時間，讓同學有機會上台，隨心所欲的報告讀書心得、旅遊見聞、電視新聞、家庭趣事或心裡的話，讓同學們能分享大家的快樂和憂愁。

皇天不負苦心人，在本班同學的合作下，終於贏得兩面錦旗。於是這個星期的「生活與倫理」課，就改頭換面成為生動活潑的「分享活動」。每天雖然只是短短的十幾分鐘時間，但是同學們均能把握住報告的重點，使我們獲得許多寶貴的知識。

這星期中，同學們的報告，令我印象最深刻的是：一權報告他在暑假中遊大陸的觀感，他的焦點是住在台灣比大陸舒服安定多了；上宜說她家附近新開了一家規模很大的「電器百貨公司」

，她在裡面看到各式各樣的電器用品，種類多的令人咋舌；立群說她的爸爸和媽媽離婚了，她心裡很難過，同學們聽了也替她難過，我想以後我該對她好些，她才會忘掉這不愉快的事。

「分享活動」讓我們學到許多課本上學不到的知識，也看到同學另一面多采多姿的生活，希望老師能讓我們常常舉行「分享活動」。

問題討論

一、如何利用「分享活動」於其他學科（除生活與倫理外）？
二、「分享活動」對學生的學習和人格發展有那些幫助？

附錄一　保密誓詞

　　我 _____ 在此宣言，我在觀察教室的所見所聞一定受我保密，謹守不宣。

　　我瞭解這些資料是用來促進教師的發展，因此我一定保守這些資料的機密性。

簽章：_____

日期：_____

附錄二 「中斷上課之觀察」實施說明

這份「中斷上課次數」（Time off Task）觀察工具的目的，是以一節預定好的閱讀課或數學課爲例，將學生們所有的課堂行爲中無意義的時間耗費記錄下來。以下將學生的課堂行爲分爲「中斷上課」（off-Task）和「上課」（on-Task）兩類。

中斷上課行爲

C＝私語（chatting）
低聲說話或耳語，使其他同學中斷上課的傳紙條

D＝干擾（disruptive）
打擾其他同學、大聲說話、丟東西、推擠或打架

P＝個人需求（Personal needs）
削鉛筆、上廁所、喝水、拿紙或課本

W＝等待（waiting）
舉手等待老師注意，等待傳過來東西

上課行爲

＊閱讀「指定的」教材
＊參與「課業性」的遊戲

　　＊傾聽指示

　　＊傾聽課業性的內容或互動

　　＊注意與課業相關的示範活動

　　＊書寫與課業相關的功課

　　＊大聲報告、詢問或閱讀

　　＊進行與課業相關的活動，如一項實驗或計畫

活動

　　當學生中斷上課時，我們還要注意瞭解老師原期望學生做什麼。是否預定他們在座位上做功課（默書或寫功課），傾聽老師的分派或組織（傳作業和書本），傾聽老師的教學或解釋，大聲閱讀，參與問答活動（包括在黑板上演算題目），或是排隊拿東西。

　　S＝座位活動（seat work）

　　　　學生在座位上默讀或寫作業

　　O＝組織（organizing）

　　　　傾聽老師的分派或組織，傳作業和書本

　　I＝教學（instruction）

　　　　傾聽老師對內容或教材的解說

　　R＝口誦（reading oral）

　　　　學生大聲閱讀

　　Q＝詢問／回答（question ／ answer）

　　　　老師詢問學生問題，包括學生在黑板上的演算問題

　　W＝等待（waiting）

排隊等待拿東西

程序（每四或五分鐘記錄一次）

觀察須有一張列有學生名字的座位表。表上空格宜大，足供填入數項記錄。低年級學生常在班上來回走動，假如你不認識這些學生，則須在學生身上別一個大名牌。

在表格上填入老師姓名、日期和時間。一開始上課，就從你進入門開始，順時鐘將整個教室環視一次。遇有任何干擾上課的學生，均以下列符號記錄下來：

C＝私語

D＝干擾

P＝個人需要

U＝未參與

W＝等待

Z＝睡覺

現在畫一斜線（／），然後在斜線後寫下老師指定學生做的事情：座位活動(S)、教學(I)……等等，如活動表上所列。記號畫小一點，好讓空格中能填入數項資料。

注意時鐘，每五分鐘環視教室一次，直到下課為止。計算你掃視的次數，並記錄在表格內。

在表一中，我們發現小明在十次掃視中有四次未參與，分別出現在教學、座次活動以及背誦時，小明究竟有何問題？志華在教學和座談活動時未參與；大年和士忠在準備時間和座位活動時竊竊私語。老師可以判斷在每個案例中，如何幫助各個學生有效

運用自己的時間。

學生中斷上課的總比率，可運用下列公式算出：

每次觀察中學生中斷上課之人數的總和
學生人數×掃視教室次數

例如：在一個三十人的班級中，作了十次觀察。第一次觀察有二個學生中斷上課，第二次觀察有四個學生，第三次三人，第四次五人，第五次三人，第六次一人，第七次二人，第八次四人，第九次七人，第十次六人。將這些數代入公式，我們可以得到下列的比率：

$$\frac{2+4+3+5+3+1+2+4+7+6}{30 \times 10} = \frac{37}{300} = 12.3\%$$

因此，我們這節課有 12.3% 的學生中斷上課。

（節錄自史坦林觀察系統）

附錄三　學童中斷行為觀察記錄表

教學班級：＿＿＿＿教室：＿＿＿＿＿＿　科目：＿＿＿＿單元：＿＿＿＿

教學老師：＿＿＿＿性別：＿＿＿＿＿＿　觀察者：＿＿＿＿＿＿＿＿

日期：＿＿年＿＿月＿＿日星期＿＿上午第＿＿節
下

學生人數：＿＿＿＿人（男＿＿＿＿人，女＿＿＿＿人）

觀察順序										
觀察時間										
教學活動										

(教室前面)

學生中斷上課暗碼

C＝私語

D＝干擾

P＝個人需求

U＝未參與

W＝等待

Z＝睡覺

教學活動暗碼

I＝教學

Q＝詢問／回答

R＝口誦

S＝座位活動

O＝組織（常規）整理

G＝分組操作

學生性別暗碼

男□　　女□

小計 項目 \ 環視		1.	2.	3.	4.	5.	6.	7.	8.	9.	10.	合計 (人次)	百分比
教	I												
學	Q												
活	O												
	R												
動	S												
	G												
學	C												
生	D												
	P												
動	U												
	W												
態	Z												
合計 (人次)													

（北卡羅萊納大學 U. Schaffer 設計，台北市立師院附小修訂）

學童中斷行爲觀察記錄表（範例）

教學班級：＿一6＿教室：＿＿＿＿＿科目：＿國語＿單元：＿＿＿＿＿

教學老師：＿李淑女＿性別：＿＿女＿＿觀察者：＿＿＿＿王小明＿＿

日期：＿79＿年＿4＿月＿20＿日星期＿四＿上下午第＿四＿節

學生人數：＿＿40＿人（男＿20＿人，女＿20＿人）

觀察順序	1	2	3	4	5	6	7	8	9	
觀察時間	11:25	11:29	11:37	11:37	11:41	11:45	11:49	11:53	11:57	
教學活動	O	S	S	S	I	S	S	S	S	

（教室前面）

	P/5	P/5			U/2 P/6 P/7	D/3 P/6	W/1 D/7
				D/3	D/3	D/3	
P/7			P/7		D/4		D/3 D/4
		D/4	D/3 D/4 W/6				D/3 D/4 W/5
C/2		C/1 D/4 P/5 D/8	C/1 D/4 P/5	C/2 D/9	C/2		W/1
U/2 D/3 P/4 P/5 P/9		P/1	P/1 P/8				

學生中斷上課暗碼

C＝私語　（低聲說話）

D＝干擾　（打擾別的同學，丟東西）

P＝個人需求　（削鉛筆、喝水……）

U＝未參與（沒進入情況）

W＝等待　（等待老師注意）

Z＝睡覺　（白日夢）

教學活動暗碼

I＝教學　（老師講述教材）

Q＝詢問／回答　（發問）

R＝口誦　（學生大聲閱讀）

S＝座位活動　（學生在座位上讀或寫）

O＝組織(常規)　整理

G＝分組操作（分組實驗討論）

學生性別暗碼

男□　　女□

小計 項目 ＼ 環視		1.	2.	3.	4.	5.	6.	7.	8.	9.	10.	合計 (人數)	百分比
教學活動	I					6						6	
	Q												
	O	6										6	
	R												
	S		5	8	8		3	3	2	3		32	
	G												
學生動態	C	3	1									4	
	D	1	2	8	7				2	2		22	
	P	1			1	5	1	3		1		12	
	U		2				1					3	
	W	1				1						2	
	Z						1					1	
合計 (人次)		6	5	8	8	6	3	3	2	3		44	12%

$$\frac{44}{40 \times 9} = \frac{44}{360} = 0.12 = 12\%$$

教育現場 6　班級經營

作　　者：吳清山、李錫津、劉緗懷、莊貞銀、盧美貴
總 編 輯：林敬堯
出 版 者：心理出版社股份有限公司
社　　址：台北市和平東路一段 180 號 7 樓
總　　機：(02) 23671490　傳　　真：(02) 23671457
郵　　撥：19293172　心理出版社股份有限公司
電子信箱：psychoco@ms15.hinet.net
網　　址：www.psy.com.tw
駐美代表：Lisa Wu　　tel: 973 546-5845　fax: 973 546-7651
登 記 證：局版北市業字第 1372 號
印 刷 者：東縉印刷有限公司
初版 一 刷：1990 年 6 月
初版十八刷：2006 年 3 月

定價：新台幣 400 元　■有著作權・侵害必究■
ISBN 957-702-036-4

讀者意見回函卡

No._____　　　　　　　　　　　　填寫日期：　年　月　日

感謝您購買本公司出版品。為提升我們的服務品質，請惠填以下資料寄回本社【或傳真(02)2367-1457】提供我們出書、修訂及辦活動之參考。您將不定期收到本公司最新出版及活動訊息。謝謝您！

姓名：_____　　性別：1□男　2□女

職業：1□教師 2□學生 3□上班族 4□家庭主婦 5□自由業 6□其他____

學歷：1□博士 2□碩士 3□大學 4□專科 5□高中 6□國中 7□國中以下

服務單位：_____　部門：_____　職稱：_____

服務地址：_____　電話：_____　傳真：_____

住家地址：_____　電話：_____　傳真：_____

電子郵件地址：_____

書名：_____

一、您認為本書的優點：（可複選）

　❶□內容 ❷□文筆 ❸□校對 ❹□編排 ❺□封面 ❻□其他____

二、您認為本書需再加強的地方：（可複選）

　❶□內容 ❷□文筆 ❸□校對 ❹□編排 ❺□封面 ❻□其他____

三、您購買本書的消息來源：（請單選）

　❶□本公司 ❷□逛書局⇨_____書局 ❸□老師或親友介紹

　❹□書展⇨____書展 ❺□心理心雜誌 ❻□書評 ❼其他_____

四、您希望我們舉辦何種活動：（可複選）

　❶□作者演講 ❷□研習會 ❸□研討會 ❹□書展 ❺□其他____

五、您購買本書的原因：（可複選）

　❶□對主題感興趣 ❷□上課教材⇨課程名稱_____

　❸□舉辦活動 ❹□其他_____　　　　（請翻頁繼續）

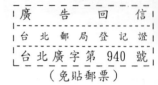

廣　告　回　信
台　北　郵　局　登　記　證
台北廣字第 940 號
（免貼郵票）

 心理出版社 股份有限公司

台北市 106 和平東路一段 180 號 7 樓

TEL: (02) 2367-1490
FAX: (02) 2367-1457
EMAIL:psychoco@ms15.hinet.net

沿線對折訂好後寄回

六、您希望我們多出版何種類型的書籍

　❶□心理 ❷□輔導 ❸□教育 ❹□社工 ❺□測驗 ❻□其他

七、如果您是老師，是否有撰寫教科書的計劃：□有□無

　書名／課程：_____

八、您教授／修習的課程：

上學期：_____

下學期：_____

進修班：_____

暑　假：_____

寒　假：_____

學分班：_____

九、您的其他意見

_____

謝謝您的指教！　　　　　　　　　　　　　41006